University Governance in Transition: World Trends and Implications for Japan

大学の管理運営改革
日本の行方と諸外国の動向

江原武一・杉本 均 編著

東信堂

はじめに

江原　武一

国立大学の法人化と大学の管理運営改革

　日本の高等教育は現在転換期にあり、改革の大波に洗われている。この行政主導の大学改革は、1984(昭和59)年に当時の中曽根康弘首相が設置した臨時教育審議会を起点にしてはじめられた。このときから今日まで20年間にわたり、行政側の改革に限ってみても、高等教育全般について数多くの答申や報告が出され、さまざまな大学政策が矢継ぎ早に実施されてきた。

　そうした改革の一環として、2003(平成15)年7月には「国立大学法人法」が公布され、国立大学はいよいよ2004年度から国立大学法人が設置する国立大学として再出発することになった。この国立大学の法人化により、国立大学と政府や社会との関係、大学の財務運営、学内の管理運営、教職員の雇用形態など、国立大学の管理運営の仕組みは従来と大きく変わる。それだけでなく公立大学の法人化も準備されており、私立大学の管理運営のあり方もあらためて問われている。

　日本の大学改革論議ではこれまで、管理運営の改革は常に話題になりながら、具体的な政策に反映されることはあまりなかった。しかし教育や研究、社会サービスをはじめ、大学で行われるさまざまな活動は大学組織が円滑に動かなければ十分に遂行されないので、管理運営の再構築は現代日本の大学にとって避けて通れない緊急の解決課題である。

ところで、このような大学改革は日本だけでなく、世界同時進行の形で実施されている。グローバルな観点からみると、各国の高等教育をとりまく社会経済的状況は1970年代の2度にわたるオイル・ショックや90年前後の社会体制の再編成などを契機に様変わりし、それにともなって、どの国でも高等教育のあり方があらためて問われ、抜本的な大学改革が進められてきた。この近年の大学改革の顕著な特徴は、どの国の政府も基本的に、市場競争の原理の効用を強調する新保守主義の考え方にもとづいた「小さな政府」による大学政策を策定し、その推進をはかっていることである。

しかし各国の社会経済的条件や大学制度の歴史的文化的背景、高等教育の普及度などは非常に異なるため、大学改革の具体的な内容はもとより、その実施手続きや実施過程で生じた解決課題にも、国によって大きな違いがみられる。日本の大学改革では、主としてアメリカをはじめ先進諸国の改革事例を参考にしてきたが、日本社会にふさわしい新しい大学のあり方を構想し、それにもとづいて実質的な改革を実施するには、改革の基礎的条件や基盤の異なる国ぐにの改革動向を体系的に分析し、その成果を「合わせ鏡」として活用する必要がある。

本書はこうした観点から、転換期における大学の管理運営改革の動向を、先進諸国と発展途上諸国を含めた国際比較研究により幅広い視野から解明し、日本の大学改革にとって有益な知見を得ることをめざした共同研究の成果をまとめたものである。少数だが集中的な多国間比較分析を行うために、先進諸国として日本、アメリカ、イギリス、ドイツを、また発展途上諸国として中国、マレーシア、トルコをとりあげた。

本書の構成

この本は序論に続いて、第1部「日本の動向」、第2部「欧米諸国の動向」、第3部「アジア諸国の動向」の3部構成でまとめられている。序論「大学の管理運営改革の世界的動向」は、本書全体の導入をかねて、転換期の大学改革を促す社会的背景について社会のグローバル化を中心に整理するとともに、大学の未来像を試みに「企業型大学化の進展」をキーワードにして素描した

後、後半ではおもにアメリカの改革動向を素材にして、日本をはじめ他の国ぐにの改革動向も視野に入れながら、大学の管理運営改革の課題と方向を探ってみた章である。

第1部「日本の動向」は、日本における大学の管理運営改革を国立大学の法人化に焦点をあてて論じた3つの章によって構成されている。第1章「国立大学法人化の射程」は、日本の国立大学を近代大学の成立形態の3類型のなかで「国家施設型大学」として位置づけ、この類型の大学のもつ高度な自律性と財政的な政府依存性という矛盾(二重性)を解消させようとする脱政府化の動きが、今日の「国立大学法人」誕生の原動力であると論じている。そして実際にはその設計の多くの側面においてこの矛盾が引き継がれている事実が、新大学の性格や行方をあいまいにしていると分析している。

第2章「国立大学の法人化と日本の大学制度」では、国立大学の法人化にかかわる課題や問題点について、国立大学の法人化が構想された背景を含め、政府と大学との関係の変化、大学の管理運営の実際など、さまざまな観点から分析が行われている。そのうえで、国立大学が法人化のメリットを活かして、自主自律の大学としてその存在意義を保ち、今後も社会のインフラとして必要不可欠なものとなるための前提条件を論じた章である。

第3章「国立大学独立行政法人化と国立学校特別会計」は、国立大学の法人化にともなう国立学校特別会計の廃止が及ぼす影響を検討し、その代替スキームである「全体調整システム」を批判的に吟味した章である。旧国鉄や道路公団民営化の改革スキームや、新しい施設整備スキームであるPFIにも言及している。

第2部「欧米諸国の動向」を構成するのは、アメリカやイギリス、ドイツといった先進諸国における大学の管理運営改革を論じた4つの章である。最初の第4章「アメリカの大学における管理運営モデルの変遷」は、社会のグローバル化と高等教育のユニバーサル化を所与の条件としたうえで、アカウンタビリティ(説明責任)をキーワードにして、アメリカの大学における管理運営改革の動向を、管理運営面と教学面の改革に焦点をあてて分析した章である。その際、管理運営面については経営的視点にもとづくアメリカの代表的な大学の管理運営モデルを整理するとともに、急激な財源縮小に対処するため

にカリフォルニア州で導入されようとした新しい財政管理運営モデルの事例をとりあげ、権限共有型管理運営(shared governance)との軋轢に直面したこのモデルの意味を検討している。また章の後半部分では、2002年に実施したサウスカロライナ州とノースカロライナ州の調査にもとづき、教学面の改革を意図した改革動向について吟味し、その日本の高等教育にもたらす意味について考察している。

　第5章「エンロールメント・マネージメントとアクセスの平等性」では、大学に対する公的支出が抑制されるなかで、授業料収入への依存度を高めるアメリカの大学が、学生確保にむけて全学的な連携をはかりながら展開してきたエンロールメント・マネージメントの取り組みに焦点があてられている。その大学制度全体としての成果は、1990年代における大学進学率と学位取得率の大幅な上昇に反映されている。しかしながら、大学の階層構造と、ステータスの異なる大学間の在籍学生の社会的属性にかかわるバイアスはより顕著になっており、高等教育機会の拡大過程においてアクセスの平等性はむしろ低下してきたことが示されている。

　第6章「イギリスの大学における管理運営改革」は、政府による上からの大学改革が80年代以降急速に進行しているイギリスの管理運営改革を論じた章である。イギリスでは新保守主義的なイデオロギーのもと、効率的で効果的な大学の管理運営が求められており、同僚制的な大学運営から法人制・企業制的な大学運営へと変化している。ただしそのあり方は大学の使命や社会的威信などによって異なっており多様であること、また強力な大学経営陣による大学の管理運営は計画の立案では有効だが、その実施は大学教員の協力がなければ円滑に進められないことが示唆されている。

　第7章「ドイツにおける国立財団型大学の成立」は、これまでの国(州)立大学から新たな設置形態である財団型の大学への転換をめぐる議論をとりあげている。ドイツでは緊縮財政を背景とする大学財務の改革に続いて、大学組織の改革が進められており、なかでもニーダーザクセン州では州立大学の一部を財団型の大学へ転換した。本章では、この先進的な事例をドイツにおける大学の設置形態に関する議論の文脈のなかに位置づけ、従来の国立大学は経営面において法人の実質がないという認識が、そうした政策を促進したこ

とを明らかにしている。

　第3部「アジア諸国の動向」は、中国やトルコ、マレーシアといった発展途上諸国の大学における管理運営改革を論じた章によって構成されている。第8章と第9章では、中国における大学の管理運営改革の動向を2つのレベル、つまり政府と大学との関係と大学内部の管理運営に分けて分析している。政府が大学政策に強く関与してきた中国では、1980年代から権限の下方委譲が進められてきた。政府と大学との関係に焦点をあてた第8章「中国の高等教育における行政改革の進展」では、この権限の下方委譲が加速した90年代後半以降、中央政府と地方政府との関係および政府と大学との関係が変化し、将来的には大学評価を通じて、自主裁量が拡大した大学と政府との間に新たな均衡関係が形成される可能性があることを指摘している。

　中国では1950年代後半以降、一部の時期を除いて、共産党委員会が大学の管理運営を指導する体制がとられており、現在は「党委員会の指導のもとでの校長責任制」となっている。この党委員会と校長を中心とする執行部との関係は大学によって異なるが、第9章「中国の大学における管理運営改革」は、大学内部の管理運営を明らかにするために、代表的な大学を事例としてとりあげ、両者が業務を分担しつつ協力するために設けている仕組みを体系的に分析した章である。

　第10章「トルコの大学における管理運営改革とグローバル化」は、依然として高等教育の拡大期にあるトルコの大学をめぐる変化を論じた章である。高等教育の拡大期にあるという点で学生数の減少が見込まれている多くの先進諸国とは異なるものの、トルコの大学改革の方向性は序論で指摘されている世界的な潮流と多くの点で一致している。ただし、トルコでは法人制の要素を凌駕するほどは企業制の要素が強まらないと予測したうえで、グローバル化の影響を受けつつも、その国家の独自性をふまえた方策を模索することの重要性が指摘されている。

　第11章「マレーシアにおける大学法人化と民営化」は、同じく高等教育の拡大期にあるマレーシアの大学政策の急転換とその問題について論じた章である。それまで保護主義的な大学政策を貫いてきたマレーシアの高等教育は、1990年代の情報化社会とグローバル経済の到来に対応するため、180°に近

い政策の転換をとげた。私立セクターの爆発的拡大や日本にも先行する国立大学の法人化はその結果の一部である。しかしその改革は政治問題や民族問題などの影響により中途半端な側面が残り、大学の管理運営も古い体制と新しい理念の並存による矛盾と分断化の危険をかかえることになった。

　もちろん、これらの諸外国の改革事例は世界の動向の一部にすぎず、他にもオーストラリアやカナダ、ニュージーランド、韓国、シンガポールなど、その国の実情に即したユニークで興味深い大学改革を進めているところも少なくない。しかし本書では、少数だが日本の大学の管理運営改革に大きな示唆を与える国ぐにを選び、国際比較研究を試みた。

　いま求められているのは、大学改革をめぐる諸問題について、大学改革の行政担当者や学内外で改革を進めている大学関係者はもとより、大学の構成員である大学教員や職員、学生をはじめ、社会の各分野で活躍している多くの人びとが、それぞれの立場から活発に議論し、日本の人びとにとって最も適切な大学改革を実現することである。その際に、この本に収めた研究成果が少しでもお役に立てば幸いである。

目　次／大学の管理運営改革―日本の行方と諸外国の動向―

はじめに ……………………………………………江原　武一　iii
　図表一覧（xvii）

序論　大学の管理運営改革の世界的動向 ………………江原　武一　3
　1　転換期の大学改革の背景 …………………………………………… 3
　　世界同時進行の大学改革（3）
　　転換期の大学改革を促す要因（4）
　　社会のグローバル化の特徴（5）
　　グローバル化の進展（6）
　2　大学の未来像の予想 ………………………………………………… 8
　　未来像の全般的傾向（8）
　　大学の未来像：1つの見取り図（10）
　3　アメリカにおける大学の管理運営改革 …………………………… 12
　　既存の管理運営の特徴：アメリカ（12）
　　管理運営改革の動向（14）
　　パフォーマンス・ファンディングの進展：改革事例(1)（18）
　　戦略的管理運営の導入：改革事例(2)（20）
　4　大学の管理運営改革の方向 ………………………………………… 22
　　マクネイの大学組織モデル（22）
　　大学組織の変化：同僚制・官僚制から法人制・企業制へ（29）
　5　改革の課題と展望 …………………………………………………… 35
　　「小さな政府」の大学政策と大学の社会的役割（35）
　　日本の大学における管理運営改革の行方（37）
　　法人制と企業制の分岐点（41）
　　大学の管理運営に不可欠な同僚制の組織文化（42）
　注（43）
　引用文献（43）

第1部 日本の動向 …… 47

第1章 国立大学法人化の射程 …… 金子 元久 49

1 「国立大学」の意味 …… 49
　大学・政府関係の3つのパターン (49)
　国家施設型大学の理念と制度的構造 (51)
　国家施設型大学の限界 (55)

2 国家施設型大学の「脱政府化」 …… 56
　脱政府化のベクトル (56)
　統　制 (57)
　資源配分 (59)

3 「国立大学法人」の設計と現実 …… 61
　国立大学法人の設計 (61)
　国立大学法人の位置 (67)
　変化の力学 (69)

4 結　論 …… 70

引用文献 (71)

第2章 国立大学の法人化と日本の大学制度 …… 山本 眞一 72

1 国立大学の法人化とその概要 …… 72
　国立大学法人法の成立とその施行 (72)
　法人化と大学改革 (73)
　問われる大学の姿勢 (75)
　法人化後の国立大学の選択肢 (76)

2 政府と大学との関係 …… 76
　後退する大学の立場 (76)
　文科省の霞が関化・大学の学校化 (78)

3 国立大学をとりまく環境変化 …… 79
　改革の10年と大学 (79)
　進む資源の重点配分化 (80)

4 大学の管理運営の実際 …… 81
　充実・活性化か、管理強化か (81)

国立大学法人は企業や学校法人ではない（82）
　　　末端組織に裁量と活力を（83）
　　　大学間競争は激しさを増す（84）
　　　熾烈化する学内の競争（84）
　　　異分野間の競争には難しい問題が（85）
　　　政策による解決を（86）
　5　国立大学法人の今後 ……………………………………………87
　　　経営人材の質とマインドは重要（87）
　　　教育研究あっての経営（88）
　注（88）
　引用文献（89）

第3章　国立大学の法人化と国立学校特別会計 ………………高見　茂　90

　1　国立学校特別会計の機能と廃止の影響 ……………………90
　　　本章の狙い（90）
　　　国立学校特別会計の概要と機能（91）
　　　国立学校特別会計の廃止とその影響（92）
　2　国立学校特別会計の機能を引き継ぐ「仕組み」整備の必要性 ………94
　　　国立学校特別会計に内包される機能の維持（94）
　　　旧国鉄の分割・民営化、道路公団民営化時の既存債務の
　　　　承継、長期借入債務の償還（95）
　3　「仕組み」による長期債務の承継と償還 ……………………97
　　　２つの選択肢（97）
　　　いずれが合理的か（99）
　4　施設整備の財源調達と全体調整システム ………………100
　　　施設整備をめぐる論点（100）
　　　具体的整備スキームの検討（100）
　　　３つの類型の特徴（102）
　　　政策的実行可能性（103）
　　　PFIの導入による施設整備（104）
　　　今後の展望と課題（105）
　注（108）
　引用文献（108）

第2部　欧米諸国の動向 ……………………………………111

第4章　アメリカの大学における管理運営モデルの変遷 ……山田 礼子 113

1 大学改革の背景 …………………………………………………113
2 管理運営改革の動向 …………………………………………116
    1980年代までの代表的管理運営モデル (116)
    大学におけるTQMモデル (118)
    新しい管理運営モデルの導入をめぐるUCLAの対応 (121)
3 教育改善を意図する政策の動向と支援体制 ………………124
    大学の卒業率、リテンション率の低下 (124)
    サウスカロライナ、ノースカロライナ両州の大学制度の特徴 (126)
    サウスカロライナ州におけるパフォーマンス・ファンディングの事例 (126)
    教育改革、組織改革を支えるIR部門 (128)
    「教育改善」の象徴としての「1年次教育」と「評価(アセスメント)」 (130)
4 日本への示唆………………………………………………………132
注 (134)
引用文献 (135)

第5章　エンロールメント・マネージメントとアクセスの平等性 ……深堀 聰子 138

1 アメリカの高等教育機会拡大の構造 ……………………138
    はじめに (138)
    アメリカの大学のタイプ分類 (139)
    高等教育機会の階層的で二元的な拡大 (141)
    高等教育機会の拡大とアクセスの平等性の問題 (142)
2 ポスト大衆化時代におけるアメリカの大学の課題………144
    学生確保による大学経営の安定 (144)
    企業型管理運営体制の構築 (146)
3 「冬の時代」のエンロールメント・マネージメント ………147
    学生確保への組織的取り組み (147)
    入学者選考の取り組み (148)
    学生援助の取り組み (151)
4 エンロールメント・マネージメントの成果 ………………155
    成果の指標 (155)

　　　　大学進学率と学位取得率の上昇（157）
　5　学生確保とアクセスの平等性 ……………………………………160
　　　　拡大する社会的不平等（160）
　　　　公共財としての大学の使命（161）
注（162）
引用文献（163）

第6章　イギリスの大学における管理運営改革 …………鈴木　俊之 165

　1　大学改革の背景 ………………………………………………………165
　　　　イギリスの大学改革の背景（166）
　2　管理運営組織の構造 …………………………………………………169
　　　　伝統的大学の管理運営（170）
　　　　旧ポリテクニク大学の管理運営（172）
　3　管理運営改革の歴史的・政策的変遷 ………………………………173
　　　　大学教員主導の管理運営(1970年代まで)（173）
　　　　ジャラット報告（175）
　　　　1988年教育改革法，1992年継続・高等教育法，デアリング報告（177）
　4　組織文化の変容 ………………………………………………………180
　5　管理運営改革の問題点 ………………………………………………183
　　　　「距離をおいての操縦」と監視の概念（183）
　　　　大学運営のあり方（185）
引用文献（187）

第7章　ドイツにおける国立財団型大学の成立 ……………金子　勉 190

　1　大学政策の展開 ………………………………………………………190
　　　　国立財団型大学への転換（190）
　　　　立法過程分析の視点（191）
　2　国立大学の非国有化 …………………………………………………191
　　　　国立財団型大学の概念（191）
　　　　従来の国立大学（192）
　　　　国立財団型大学の事例（193）
　　　　財団評議員会の構成（194）
　　　　大学評議員会の構成（196）

財団化の手続き（196）
　　　国立財団型大学の教職員の身分（197）
　3 意思決定機構の簡素化 ………………………………………198
　　　二重性の変質（198）
　　　全学協議会の廃止（199）
　　　評議会の任務と規模（199）
　　　総長部の構成（200）
　4 大学の法的地位再考 …………………………………………201
　注（203）
　引用文献（204）

第3部 アジア諸国の動向 ………………………………207

第8章 中国の高等教育における行政改革の進展 ………楠山 研 209

　1 高等教育の管理運営改革の背景 ……………………………209
　　　拡大を続ける中国の高等教育（209）
　　　改革の背景としての経済体制の転換（210）
　2 高等教育管理体制の形成と変遷 ……………………………212
　3 高等教育に関する1990年代後半からの改革の動向………215
　　　教育部の復活と権限関係の変化（216）
　　　「多数省庁所管方式」の変化（219）
　　　高等教育機関の自主裁量の拡大（222）
　4 評価による新たな管理体制構築の可能性 …………………224
　5 まとめと日本への示唆 ………………………………………227
　注（228）
　引用文献（228）

第9章 中国の大学における管理運営改革 ………………南部 広孝 231

　1 法人格を有する大学 …………………………………………231
　　　法規上の規定（231）
　　　大学内部の党組織（232）

2　大学内部管理運営体制の変遷 ……………………………………233
    第1期——「校長責任制」(233)
    第2期——「党委員会の指導のもとでの校務委員会責任制」(234)
    第3期——文革期の管理運営体制 (235)
    第4期——「党委員会の指導のもとでの校長分担責任制」(236)
    第5期——「校長責任制」の試行 (237)
    第6期——「党委員会の指導のもとでの校長責任制」(238)
  3　現行の管理運営組織 ………………………………………………239
    党系統の管理運営組織と行政系統の管理運営組織 (239)
    近年の管理運営組織改革 (242)
  4　全学レベルでの党系統と行政系統との関係 ……………………244
    党系統と行政系統の分担関係 (244)
    両者の組織をつなぐ方策 (245)
  5　学院・系レベルでの党系統と行政系統との関係 ………………246
    歴史的変遷 (246)
    現行の体制 (247)
    全学レベルと学院・系レベルとの関係 (248)
  6　総括と日本への示唆 ………………………………………………249
    大学組織モデルからみた中国の管理運営体制 (249)
    管理運営体制に対する教職員の意見 (250)
    国立大学法人への示唆 (250)
  注 (252)
  引用文献 (253)

第10章　トルコの大学における管理運営改革とグローバル化……宮崎 元裕　255

  1　トルコの大学をとりまく状況 ……………………………………255
  2　トルコの大学の歴史 ………………………………………………256
    トルコ共和国の成立と大学制度の確立(1993年高等教育法) (256)
    学部の自治権強化による大学内の意思決定の分断化
          (1946年高等教育法) (257)
    高等教育審議会の設立と廃止、地方への高等教育の拡大
          (1973年高等教育法) (258)
    高等教育審議会の再設置による管理運営の中央集権化
          (1981年高等教育法) (259)

3　高等教育の管理運営組織 ……………………………… 260
　　全国レベルの管理運営組織（261）
　　大学・学部レベルの管理運営組織（262）
　　大学管理者・教員の選考方法（263）
4　1980年代以降の大学をめぐる変化と管理運営改革 ……… 264
　　高等教育の量的拡大と多様化（264）
　　大学に対する公的支出の抑制および大学評価システムの導入（265）
　　中東工科大学における管理運営改革（266）
5　発展途上諸国におけるグローバル化の影響とその意義 ………… 268
引用文献（270）

第11章　マレーシアにおける大学法人化と民営化 …………杉本　均 272

1　マレーシアの国立大学法人化 ………………………… 272
　　コーポラタイゼーション（272）
　　大学および大学カレッジ法と大学憲章（274）
　　各大学の取り組み（277）
　　マレーシア理科大学の法人化のケース（280）
2　国立大学法人化の背景 ………………………………… 282
　　規制の緩和と管理の強化（282）
　　マレーシアの大学政策の転換（284）
3　マレーシアの私立セクターの拡大 …………………… 286
　　急速に拡大する私立セクター（286）
　　大学の質と水準の評価（289）
4　大学改革の動向と日本への示唆 ……………………… 290
注（293）
引用文献（293）

おわりに ……………………………………………………杉本　均 295

索　引（298）

図表一覧

表序-1　管理運営における意思決定の構造（1980年代）（13）
図序-1　大学組織モデルの分類（23）
表序-2　大学組織モデルの特徴（24）
表1-1　政府・大学関係の変化のベクトル（56）
図2-1　独立行政法人と政府との関係（74）
図2-2　競争パターン変化のイメージ（85）
図3-1　個別大学法人による直接償還方式（97）
図3-2　全体調整システムを受け皿とした間接償還方式（98）
図3-3　全体調整システムの信用保証付直接償還方式（98）
図3-4　個別大学法人を核とした施設整備スキーム（101）
図3-5　全体調整システムを核とした施設整備スキーム（101）
表3-1　施設整備財源と措置主体（103）
図3-6　国立大学財務・経営センターを核とした整備スキーム（107）
表5-1　入学要件の採用率における変化（150）
表5-2　低所得層学生の学生援助受給率と平均受給額（1994年）（155）
表5-3　1972年・1980年・1992年高卒コーホートの大学進学率と学位取得率（158）
図6-1　バース大学の管理運営構造（170）
表6-1　ある旧ポリテクニク大学における組織文化の変容（182）
図7-1　新大学法の定める国立財団型大学の概略（195）
図8-1　中国普通高等教育機関の主管部門の変遷（221）
図9-1　南京大学の運営組織（1971年）（236）
図9-2　瀋陽師範学院の管理運営組織（1980年）（240）
図9-3　瀋陽師範学院の管理運営組織（2000年）（241）
図9-4　北京大学における管理運営組織改革（1999年）（243）
図10-1　トルコの管理運営組織（1981年）（260）
表10-1　トルコの国立大学の財政構造の変化（266）
表11-1　マレーシアの公立大学（273）
表11-2　法人化した大学の関連組織（277）
図11-1　マレーシア理科大学とユーサインス・ホールディングスとの関係（280）
表11-3　外部学位プログラムとフランチャイズ学位コースの比較（282）
図11-2　セクター別マレーシアの中等後教育人口の変遷（1985-1999年）（287）

大学の管理運営改革

―― 日本の行方と諸外国の動向 ――

序論　大学の管理運営改革の世界的動向

江原　武一

1　転換期の大学改革の背景

世界同時進行の大学改革

　世界の大学は現在激動の転換期にあり、どの国でも抜本的な改革により従来の大学を再編成し、新しい大学のあり方を構築することが求められている。この序論では、社会のグローバル化をはじめとする急激な社会変化、とくに市場競争の原理の浸透に対応して各国で推進されている大学の管理運営改革の特徴と課題を考察し、その将来の方向を探ることを試みる。こうした改革は日本を含めた先進諸国だけでなく、多くの発展途上諸国でも同時進行の形で(シンクロナイゼイション)行われているが、この序論でおもに事例として注目するのは、大学改革の「合わせ鏡」として各国でしばしば参照されてきたアメリカの大学における管理運営改革の動向である。

　全体の構成は次のとおりである。まずはじめに、本書全体の導入をかねて、転換期の大学改革を促す社会的背景について社会のグローバル化を中心に整理するとともに、大学の未来像を試みに「企業型大学化の進展」をキーワードにして素描する。大学は企業や官庁、労働組合などの他の社会制度とは異なった組織文化をもっており、その特徴は今後も大きく変わらないと考えられる。しかし近年の大学改革の動向をたどってみると、大学は企業に特徴的な組織文化の色彩を強める方向に進んでいるからである。続いて後半では、お

もにアメリカの改革動向を素材にして、日本をはじめ他の国ぐにの改革動向も視野に入れながら、大学の管理運営改革の課題と方向を探ってみたい。

転換期の大学改革を促す要因

現在の各国の大学改革を促す要因についてはいろいろ議論されているが、その大きな特徴は、現在の改革は大学の内部の要因よりも、主として学外の諸力によって引き起こされているという指摘が多いことである。それらの諸力を整理してみると、(1)社会のグローバル化、(2)多文化主義の浸透、(3)情報技術革新の進展、(4)意思決定の政治化の4つにまとめられる。[1]

このうち社会のグローバル化については、この序論の後段で説明する。多文化主義(マルチカルチュラリズム)とは、ある社会の内部に複数の文化が共存することを積極的に評価し、とくにその社会の主流派よりも社会的に不遇な立場にある少数派の文化のプラス面を強調する考え方や運動を意味する言葉である。この多文化主義は70年代以降、国民国家の国家統合との関連で広く社会的な関心を集め、大学改革でも大学へのアクセスや大学教育のカリキュラム編成、大学の管理運営などにおける文化的多様性をめぐる改革を左右するようになった。

情報技術の革新は世界的規模で急速に進んでおり、その大学に対する影響は90年代後半以降、遠隔教育の革新をはじめ、国境や大陸を越えた研究の交流と推進など、大学改革の議論では不可欠の検討課題になっている。大学をめぐる政治の問題には、西欧における近代大学の歩みをたどってみても、宗教的伝統と近代科学の対立や学問の自由の問題、国民国家と大学の関係など、厳しい政治的な対立と葛藤の長い歴史がある。現在の各国の大学改革でとくに目立つのは、改革そのものが行政主導で行われ、政府の影響力がきわめて強いことである。

現在の時点から未来を見通した場合、これらの4つにまとめた学外の諸力のうち、最も重要で影響力があるのは社会のグローバル化である。ただし4つの学外の諸力は相互に重なり合いながら、各国の大学のあり方を強く左右しており、しかもその影響の方向は必ずしも同じではない。また国際比較の観点からみると、社会のグローバル化と意思決定の政治化は長期的な歴史傾向

であり、現在その影響がはっきりした形をとってあらわれている。それに対して、多文化主義の浸透と情報技術革新の進展はより新しい傾向であり、今後大学の将来を形成する重要な要因になると考えられる(Inayatullah and Gidley, 2000b, pp.6-7)。

社会のグローバル化の特徴

社会のグローバル化とは、モノやカネ、ヒト、それから情報などに代表される人間の諸活動が次第に国民国家の国境を越えて交流・流動化し、ついにはその拘束を離れて独自の展開を示すようになる経済的、政治的、社会的、文化的空間の増加拡大過程をさす言葉である[2]。このグローバル化はその過程で、そうした人間の諸活動をどちらかといえば個別化よりも普遍化、標準化の方向へ、また多元化よりも一元化の方向へ変えるように作用する。しかしこの社会のグローバル化には、依然として根強い国民国家を中心にすえた考え方や、地域的なまとまりを重視する地域主義(リージョナリズム)、あるいは世界的にも国内でも主流派よりも少数派の文化的伝統を重視する多文化主義の考え方などといった、対立的な考え方や運動が対峙して、綱引きをしている。

また社会のグローバル化は実際には、世界全体に経済や政治、文化、思考様式にわたる西欧流の近代化が波及することを意味するが、それと同時に、グローバル・イッシュー、つまり環境問題や有限な天然資源、人口問題、開発、平和問題などのような地球規模で解決しなければならない問題群はこのまま近代化を進めても解決しない課題であり、近代化には限界があることも指摘されている(山本、2000年、269頁)。

さらに社会のグローバル化の過程では、どの国民国家の様式が最終的に優位な位置を占めるかをめぐって対立や葛藤が起こるが、通常はすでに優位な位置を確保している主流派で支配的な国の諸様式が周辺の国ぐにに影響を及ぼすという形で進行する。しかしグローバル化の影響を考察する際に重要なのは、特定の中心国による周辺諸国への影響や支配もたしかにみられるが、特定の国民国家の拘束を離れて独自に展開して形成される普遍的で一元的な様式やあり方も想定されており、しかもそれは必ずしも特定の国、たとえば

アメリカがもっているものと同じではないということである(マイヤー、2000年、91頁)。

　大学史のなかの例として大学のドイツ・モデルをとりあげてみよう。近代国民国家の建設の過程で、大学のドイツ・モデルは世界各国に移植され、その特徴の1つである「研究を重視する大学」という大学像は、どの国でも広く受け入れられたが、その具体的な制度化は国によってそれぞれ違っていた。しかも100年後の今日では、本家本元のドイツが、その影響も受けてアメリカで独自に発展した大学のアメリカ・モデル、つまり学部に加えて大学院をあわせもつ大学制度を「合わせ鏡」にして、大学院を制度化しようとしている。

　また「教育と研究の統一」という神話は、ドイツでも研究のための部門や施設が相次いで導入されたために早々と崩壊して、教育と研究は分離するようになり、その後はどの国でも、「教育と研究のバランス」をはかるための大学のあり方や様式の探求が、大学が解決すべき普遍的な問題として問われ続けてきた。これと同様に、グローバル化もすべての国民国家になんらかの影響を及ぼすと考えるべきだろう。つまりグローバル化にともなって、周辺諸国だけでなく中心諸国も、非西欧諸国だけでなく西欧諸国も、発展途上諸国だけでなく先進諸国も、その影響を受けると考えられる。

　それに加えて、社会のグローバル化の影響は国境を越えてみられるだけでなく、各国の国内の大学にもそのタイプや大学をとりまく外的環境などの違いに応じて異なった結果をもたらすことをあらかじめ指摘しておく必要がある。グローバル化という同じ学外からの圧力に対して、たとえばすでに優位な位置にある大学と不利な条件しかもたない大学とでは、その対応や予想される結果に当然違いが生まれると考えられるからだ。

グローバル化の進展

　社会のグローバル化の進展を経済、政治、文化の3つの領域に分けて整理してみよう。第二次世界大戦後についてみると、社会のグローバル化はなによりもまず経済の領域で顕著にみられるようになった。1973年と79年の石油危機を契機にして、国民国家としての先進諸国の経済は一挙に低成長時代に移行したが、これは主として石油産油国が原油価格を上げたという、各国の

政府が直接関与できない国外の条件の変化によりもたらされたものである。

　資本主義経済圏では、どの国でも企業の生産過程や市場、資本や商品、経営様式の仕組み、技術などが国境を飛び越えて移動するようになったため、国民経済は今や同時に地球規模のグローバルな経済にくみこまれ、ますますグローバルな経済活動の動向に左右されるようになった。多国籍企業の活動が目立つようになり、EU（欧州連合）やFTAA（米州自由貿易地域）などといった新たな貿易圏も発展してきている。

　経済のグローバル化にともなって、政治の領域もグローバル化した。なによりもまずグローバル化した経済の動きは、主としてG-7諸国や世界銀行などの国際財政機関、それから多国籍企業といった、個々の国家を超えたグループによって統制されている。

　資本主義体制の国ぐには第二次世界大戦後、社会主義体制の国ぐにに対抗して、社会民主主義型の「大きな政府」による福祉国家の建設をめざしていた。しかし70年代後半以降経済が停滞すると、その経済危機を乗り切るために市場主義の復権をはかり、国家の役割は「小さな政府」をもつ方向に転換した。この「小さな政府」がめざしたのは国民の自助努力を強調し、社会的な経費を削減し、教育や医療、住宅、社会保障などの公的サービスから撤退することである。また経済的規制緩和や財産税の軽減、公共組織の民営化などを通じて経済のみならず社会組織全般の運営の効率化をはかり、国家単位で経済的な国際競争力を促進しようとした。

　このケインズ主義から新保守主義への転換は、アメリカやイギリスとその旧植民地諸国を中心に導入されたが、1989年にベルリンの壁がなくなってからさらに進み、多くの国ぐにでますます目にみえる形で進められるようになった。過去の歴史をふりかえってみれば、社会的な富の生産はともかく、その再配分まで市場にゆだねることはできないし、国民国家は今でも依然として政治的権力の中心に位置している。しかし国家と市場のバランスの問題を考える際に、新保守主義の考え方が国境を越えて多くの国ぐにに浸透し、ますます重視されるようになった。

　文化の領域におけるグローバル化でよく指摘されるのは、ハリウッド映画やマグドナルド、コカコーラ、ジーンズ、ディズニーランドが世界的に広ま

ったことだろう。しかし大学改革との関連で重要なのは、大学で発見・統合・応用・教育する知識の考え方やあり方が変わったことである。科学哲学や科学史の研究によれば、17世紀にヨーロッパの地に誕生した近代科学は、19世紀中頃の「第2の科学革命」により、社会にとって役に立つ産業技術と結びついて著しく発展した。この「社会制度としての科学」の成立と発展に、大学のドイツ・モデルが大きく寄与したのはいうまでもない。2つの世界大戦を経て、近代科学の担い手としての大学の役割はいっそう広く認められるようになり、60年代以降の高等教育の大衆化を促す要因として作用した(江原、2000年、27頁)。

　ところで、80年代以降の新保守主義の考え方にもとづく教育政策の特徴は、大学における教育と研究が国家や国民の将来の経済的繁栄にとってこれまで以上に重要だとみなす、国際的な合意が生まれたことである。日本もそうだが、60年代の教育投資論が華やかだったときに劣らず、あるいはそれ以上に、教育の充実による国家の経済的生産性の維持・向上が求められるようになった。経済的生産性を左右する4つの要素のうち、天然資源はもはや不可欠な要素ではなくなり、資金力もこれまでほどものをいわなくなったが、研究開発により科学技術力を強化することと、労働力全体の質を向上させることはますます重要視されるようになったのである(サロー、1993年、60～61頁)。

　そのため大学制度は全体として、一方では、(1)先端的な科学技術を研究したり開発するだけでなく、他方では、(2)高学歴人材の養成、つまり(高等教育レベルの教育機会をできるだけ開放して国民全体の基礎学力を向上させる)人的資源の全般的な底上げと、(先端的な科学技術の研究と開発を支える)先端的な人材の養成を果たすことを期待されるようになった。さらにその過程で知識の生産と普及そのものの商品化(コモディフィケーション)も進んで、個々の大学はそうした知識の提供者として何ができるかを問われている。

2　大学の未来像の予想

未来像の全般的傾向

　こうした社会のグローバル化をはじめ、学外の諸力は大学にどのようなこ

とを要請しているのか[3]。それは端的にいえば、次のようにまとめることができる。

　まず第1に、大学制度全体と政府との関係についてみると、一方では、これまで政府が提供してきた公的資金が減少し、大学における資金獲得のための自助努力や大学組織の効率的で効果的な運営が強調されるようになったために、大学は全体としてその組織のあり方が私的企業化するとともに、他方では、国家単位の経済的な国際競争力の促進をめざして、これまで以上に先端的な科学技術研究と高学歴人材の養成が求められるようになった。つまり大学は削減された公的資源を自助努力によって補うために企業型大学化するとともに、増大する政府の規制をクリアしながら、グローバル化した社会にふさわしい人材の養成をはからなければならなくなってきている。

　ただし重要なのは、大学は初等・中等学校や保健医療機関、刑務所などと同様に、公共的なサービスを提供し、政府の公的資金の支援を受ける機関として近代社会にくみこまれて発展してきたことである。その意味では大学は経済的に自立した私的企業と違った組織的特性をもっており、「小さな政府」が進展するなかで、そのあり方の見直しを求められている。

　第2に、そうした大学制度の再編成は多くの場合行政主導で行われ、その影響力は国によって違うけれども、国家レベルの大がかりな大学政策が策定されている。この大学政策の方針（ポリシー）や大学の制度的配置の見取り図を再構築する際に、先進諸国では社会のグローバル化に敏感な産業界を中心にさまざまな利害関係者（ステークホルダー）が関与する。それに加えて、発展途上諸国では世界銀行のような国際財政機関の意向も強く反映される。

　そのため大学改革の方針や方向はどの国でもよく似ていて、しかも同時進行の形でいっせいに進められているが、各国の政治経済体制や歴史的文化的伝統などの違いに応じて、大学改革の実質的な内容や実施の過程には違いがみられる。高等教育の発展段階（エリート、マス、ポストマス）の影響も、改革の与件として無視できない条件である。また同じ国のなかでも、個々の大学や大学のタイプによって、学外の諸力への対応には違いがあるので、大学制度は全体として、その構造が今後はいっそう多元化し、多様化すると考えられる。

なお日本の行政主導の大学改革で使われた言葉でいえば、「競争的環境の中で個性が輝く大学」を建設するために、日本やアメリカをはじめ多くの国ぐにの政府はすべての大学を平等に処遇しているわけではない。かつて日本的経営がもてはやされた頃に日本で行われた特定の業種や企業の育成政策ほどではないにしても、大学の自助努力に対する政府の援助は大学や大学のタイプなどの違いに応じて、それぞれメリハリをつけて行われているのである (Schugurensky, 1999, pp.287-288)。

第3に、このように転換期の大学改革は主として学外の諸力によって推進されているが、それは別の視点からみれば、大学が制度的自律性を徐々に失い、他律的に再編成される方向に進んでいることを意味する。他律的な大学の再編成も、それがうまく展開すれば、とくに問題はないかもしれない。

たとえば政府は一方で、大学の設置や管理運営などに関する法的な規制を緩和しながら、他方では、大学に投入する公的資金のアカウンタビリティ(説明責任)を求めたり、大学が行う教育活動の達成度を監査する姿勢を強めてきている。こうした規制強化は大学教育の水準を維持したり、大学間の教育内容の重複をさけたり、大学経営の効率性や社会的責任を改善するのを支援することができるかもしれない。また市場競争の原理の浸透は大学の管理運営をより効率的にし、大学と社会との有機的な関連を高めるかもしれないからだ。しかしそうでない場合には、これまで大学が営々と築き上げてきた大学の社会的使命をはじめ、大学の制度的自律性と学問の自由の伝統、大学が追求してきた公正と学習機会の増大、公平無私な真理の探究などといった重要な役割や機能を損なう恐れがある。

大学の未来像：1つの見取り図

視点を現在から未来に移し、企業型大学化の進展をキーワードにして、大学の未来像をもう少し具体的にイメージすると、次のような見取り図が描けるだろう。

第1に、市場競争の原理がますます浸透するため、大学と産業界との結びつきは今後いっそう強くなり、それぞれの大学はその市場(学生市場、大学教員市場、労働力市場など)との関係を改善して、市場でより有利な位置を確保

しようと努めるようになる。

　大学経営に必要な資金の獲得方法を設置者別にみると、公立大学は財源の多様化をはかって、より多くの私的資金を獲得するようになり、私立大学は研究費や学生の奨学金など、より多くの公的資金の獲得をめざすようになる。歴史的にみると、西欧の大学は20世紀を通じて国民国家の手厚い保護のもとに発展してきた。1970年代前半までのアメリカの大学も基本的に同じである。そうしたなかで、私立大学の比重が非常に高い日本は大学の民営化が最も進んだ国だといってもよいかもしれない。しかし今後はどの国でも、国家中心の大学から企業化しグローバル化した大学へ、制度全体としてゆるやかに移行していくだろう。またこの企業型大学化の進展にともない、大学は巨大でグローバル化した大学群と地域に根ざした多様で比較的小規模な大学群に分化すると予想される。

　ただし大学には市場競争の原理に対応しやすい側面と対応しにくい側面があるため、市場競争の原理は大学のあらゆる部面に均等に等速度で浸透するわけではない。また政府の公的資金の投入も大学や大学のタイプによって異なっている。たとえばアメリカの連邦政府の大学政策では、先端的な科学技術の研究開発と先端的な人材の養成は、少数の有力な研究大学を対象に市場競争の原理により研究費等の公的資金を配分することにより達成しようとしている。それに対して、もう1つの高学歴人材の養成である人的資源の全般的な底上げは、アカウンタビリティの強化や達成度評価の標準化などにより政府の統制を強化しながら、学生への奨学金等の公的資金をできるだけ多くの大学に投入することによって実施しようとしている。

　第2に、大学教育についてみると、大学のカリキュラムでは役に立つ科目が増えて、学生に人気のない科目とか、過去の知的遺産や社会批判に関連した科目は周辺化する。また学生の卒業後の雇用機会が限られた科目や課程も縮小したり廃止される。こうした傾向は自然科学の専門分野よりも人文科学や社会科学の専門分野で顕著になると考えられる。

　大学にとって主要な財源である授業料については、受益者負担の考え方が社会に浸透して、学生の支払う授業料は一般に高額になる。その結果、大学教育の質や社会的評価の高い大学は入学要件だけでなく授業料も高くなるの

で、他の大学との大学間較差はこれまで以上に拡大する。それに対して、選抜度の低い大学では学生を獲得するために遠隔教育やニューメディアが活用されるが、大学の教職員や施設設備は必ずしも学生増に対応して整備されないから、伝統的な大学教育で重視された教室での双方向の教育や実験室での実習はきわめて不十分なものになる。

　第3に、大学における研究活動では、基礎的な研究よりも産業上の応用や特許と結びついた研究が重視されるようになり、産学協同のベンチャービジネスが盛んになる。また研究大学では研究業績にもとづいた報奨制度が従来よりも強化されるが、産業界と密接に結びついた専門分野を中心に、その評価では実学的なものがますます重視されるようになり、教育、研究、社会サービスといった大学教員の役割のバランスも激変する。

　第4に、企業型大学化の進展にともなって、大学教員の雇用環境も大きく変わる。たとえば大学と政府等の公共部門や産業界との間の垣根はいっそう低くなり、大学院修了者の人材配分や大学教員の移動はこれまで以上に流動化する。公立大学の大学教員の給与条件は全体として悪化するので、優秀な人材の公立大学への流入は制限されるようになる。大学教員の雇用条件の大学間や専門分野間の較差が広がったり、フルタイムの大学教員が減りパートタイムや任期制の大学教員が増えるのも十分予想されることである。

3　アメリカにおける大学の管理運営改革

既存の管理運営の特徴：アメリカ

　それではこうした転換期の大学改革において、管理運営の改革はどのような道をたどるのか。ここではおもにアメリカの大学における管理運営改革の動向を参照しながら、今後の方向を探ってみよう。

　はじめにアメリカの大学における既存の管理運営の特徴を理解しておく必要があるだろう[4]。表序-1は、アメリカの大学の管理運営における意思決定の構造(1980年代)を2つの次元、つまり組織的な意思決定のレベルと参加者の構成に注目して整理したものである。現在の転換期の大学改革では、こうした構造をもつ管理運営をどのように再編成すればよいかが問われている。

組織的な意思決定のレベルは、関連する専門分野をまとめた学科(デパートメント)、複数の学科によって構成されるカレッジやスクール、このカレッジやスクールの他に、全学的な管理運営や施設設備の営繕、財務などを担当する部局によって構成されるキャンパスに分けられる。さらにアメリカでは、カリフォルニア大学群(UCシステム)のように、バークレー校やロサンゼルス校、デイビス校などの分校を1つのシステムに統合した大学群があるけれども、この場合にはキャンパスを超えた大学群でも組織的な意思決定が行われる。

　これらの4つはいわば大学の学内における意思決定のレベルだが、大学の管理運営に関する意思決定は学外でも行われている。州レベルでは州教育局や州裁判所、州議会、州高等教育調整委員会など、地域レベルでは連邦裁判所や地域別大学基準協会など、国レベルでは米国教育省や連邦最高裁判所、連邦議会などの諸機関である。さらにそれに加えて、それぞれのレベルの大学教員団体や大学連合組織をはじめ、企業や財団、公立学校、専門職協会など、各種の学外の利害関係者の意向や意思決定も、学外からの諸力として大学の管理運営のあり方に大きな影響を及ぼしている。

表序-1　管理運営における意思決定の構造（1980年代）

意思決定のレベル	意思決定過程への参加者					
	政府	管理機関	大学管理者	大学教員	学生	その他
国	米国教育省 連邦最高裁判所 連邦議会	大学管理者協会 (AGB)	アメリカ教育協議会 (ACE)	アメリカ大学教授協会 (AAUP)	全米学生協会 (NSA)	大学職員協会 (CUPA)
地域	連邦裁判所		地域別大学基準協会 大学コンソーシアム			同窓会組織 専門職協会
州	州教育局 州裁判所 州議会	州高等教育調整委員会		州教員協会	学生ロビー	州教育協会 専門職協会 市民団体
大学群		理事会	大学管理者	評議会 全学教員委員会 教員組合		評議会 労働組合
キャンパス		理事会	大学管理者	評議会 全学教員委員会 教員組合	学生自治会組織	評議会 労働組合
カレッジ・スクール			学部長	教員協議会	学生クラブ	
学科			学科長	学科教員会議	委員会	

(出所) 江原、1994年、187頁。

2つめの組織的な意思決定の参加者は、(1)政府、(2)管理機関、(3)大学管理者、(4)大学教員、(5)学生、(6)その他に分けられる。このうち個々の大学の学内における意思決定で主要な役割を果たしているのは、(2)大学の管理機関としての理事会の理事と学長の他、副学長や管理職員(ディレクター)、各カレッジやスクールの学部長と副学部長、各学科の学科長などによって構成される(3)大学管理者、それから(4)大学教員である。

　大学教員の所属大学の管理運営への参加は通常、学科レベルの学科教員会議やカレッジレベルの教員協議会、全学レベルの評議会や全学教員委員会などの管理運営組織を通じて行われる。そうした伝統的で正式のルートの他に、大学教員の団体交渉が1960年代に入ってから大学に導入され、70年代には公立大学を中心に急速に普及した。しかし大学教員の保守化に加え、1980年に連邦最高裁判所のイェシバ事件の判決が出たことも影響して、大学教員の団体交渉は私立大学だけでなく、公立大学でも80年代以降停滞気味である。この判決では、大学教員は多くの管理的な意思決定を行う権限をもっているので大学管理者の一部であり、そのため団体交渉を行うことができないとされたからである。

　(5)学生(学部学生と大学院学生)の意思決定過程への参加も60年代後半の「学生反乱」以降、大学の管理運営では大きな問題になったが、急進的な学生運動が70年代後半に収まると著しく後退した。なお(6)その他に含めた図書館員や秘書等の職員は労働組合を組織しており、団体交渉により賃金やその他の労働条件の改善をはかっている。

管理運営改革の動向

　このようにアメリカの大学の管理運営は基本的に、理事や大学管理者と大学教員を中心に学内の管理運営組織を通じて行われている。アメリカはもともと、理事や大学管理者の権限が法的にも実際にもきわめて強く、そのリーダーシップにより学外の諸力に対して大学の制度的な自律性を確保してきた国である。また大学が近代組織として発展するのにともない、管理運営組織も官僚制をベースにして整備されるようになった。

　歴史的にみると、アメリカの大学教員はそうした管理運営の仕組みのなか

で学科を学内の自律的な存在として確立することにより、大学の管理運営における影響力を強めてきた。大学が制度全体として拡大して大衆化した時期は、大学で扱う知識の担い手である大学教員の実質的な権限がそれまでよりも強化されて、大学の管理運営の分権化が進んだ時期でもある。この時期には職員の団体交渉に加えて、大学教員の団体交渉や学生の管理運営への参加も進展した(江原、1994年、258頁)。

　大学教員の全学レベルの組織的な意思決定への参加形態は、分離管理型、権限共有型、共同参加型の3つに分析的に区分される。分離管理型(separate jurisdiction)は大学教員と大学管理者の権限を問題領域によって分離し、大学教員は教学関係、大学管理者はその他の問題領域について権限をもつ参加形態である。権限共有型(shared authority)は問題領域によって実質的な責任の所在は異なるにしても、ほとんどの領域で大学教員と大学管理者が権限を共有する参加形態である。共同参加型(joint participation)はこの権限共有型の修正版ともいえるもので、権限の共有よりも全学レベルの意思決定に大学教員と大学管理者が共同して参加する方策を重視する参加形態である。

　分離管理型は理念的にも実際にも、第二次世界大戦後以降60年代前半までアメリカの大学で広く受け入れられてきた。というのもそれは、一方で大学管理者がそれまで行使してきた権限を認めながら、教学関係については大学教員の比較的独立した権限を確保できるので、当時のキャンパスの実情を反映した参加形態だったからである。しかし教学関係とその他の問題領域を実施の際に明確に区分できないこと、権限の分離が全学レベルの合意形成を阻害するように作用しやすいことなど、この方式の問題点が明らかになり、60年代後半から権限共有型が新しい参加形態として注目を浴びるようになった。

　ところがこの権限共有型も当初に予想したほど普及しなかった。70年代中頃についてみると、大部分の大学、とくにアメリカの大学の約80％を占める公立の2年制大学や4年制大学、大部分の教養カレッジや財源不足の私立大学などでは従来の分離管理型を採用していた。また大学教員の団体交渉は大学管理者との対決的姿勢が強いために、両者が協力して意思決定を行う権限共有型の発展を促さなかったし、職員や学生など他の大学の構成員をどのよ

うに全学レベルの組織的な意思決定にくみこむのかも問題になった。共同参加型はそうした動向のなかで、大学教員と大学管理者を中心に他の大学の構成員も加えた全学レベルの管理運営方式として導入がはかられるようになった参加形態である。しかしこの共同参加型も理念的にみれば分離管理型や権限共有型よりも望ましいが、実施手続きは必ずしも確立しなかったのである(江原、1994年、201〜202頁)。

　さらに70年代後半以降大学が「冬の時代」を迎えて、大学をとりまく外的環境が厳しくなると、大学経営を効率的で効果的なものにするために、大学の管理運営は再び中央集権化して分離管理型の色彩を強め、理事や大学管理者の権限が強化されたり、戦略的計画(ストラテジック・プランニング)をはじめ、企業経営で開発されたさまざまな理論や経営革新の実践が、大学管理者主導で学内に導入されるようになった。大学にとって意思決定が分権化した民主的な管理運営が重要なことに変わりはないにしても、それに加えて、機敏で明確な見通しをもち、競争力のある管理運営と強力なリーダーシップが求められたのである。この個々の大学における管理運営の中央集権化の背景には、社会のグローバル化をはじめとする学外の諸力の他に、いくつかの学内事情の変化が考えられる。

　たとえば80年代に全米規模で実施された学部教育改革や、財政難による経費削減や大学教員の解雇などは、どの大学にとっても全学的にとりくむべき課題であり、管理運営の集権化を強めるように作用した。限られた財源を大学として効率的に活用するには、個々の大学教員や学科レベルの意思決定を尊重するよりも全学レベルに権限を集中する方が実施しやすかったこともある。さらに大学が財政的に厳しくなると、財源をコントロールできる州政府や寄付団体などの学外勢力の干渉が強まったが、それに対抗するために学内の意思決定のレベルも集権化した。キャンパスの保守化にともない、大学教員が大学の管理運営に積極的に参加しなくなったことも、その背景にはある(江原、1994年、258〜260頁；Keller, 2001, pp.310-311)。

　こうしたアメリカの大学における管理運営改革の動向をふまえて、その将来像を探ると、次のような方向が予想できる。それはアメリカだけでなく、日本を含めた他の国ぐにににおける大学の管理運営についてもあてはまるだろ

う。

　第1に、大学の管理運営のあり方は全体として、同僚制的管理運営から効率性や効果性を重視する企業経営的な管理運営へ大きく変貌する。つまり大学教員の自由裁量の権限と範囲は縮小し、大学経営の責任がある理事会や大学管理者の権限はこれまでよりも強くなる。大学組織の改革でも理想的な大学の理念にもとづいた改革モデルよりも、企業組織の経営で開発された理論や実践モデルが適用されるようになるだろう。

　また実際の管理運営では、産業界の実業の論理や政府が政策を実施する際にとりがちな方策がまぎれこみやすくなる。産業界の実業の論理とは、大学がこれまで重視してきた社会的な公正の尊重や真理の探究よりも当面の利潤や商業性を重視するとか、ちょうど企業の特許や企業秘密のように、秘密性や所有権の確保に努めたり、他に先駆けていち早く独占的に市場競争力を強化しようとするといった考え方である。政府がある特定の政策を実施する際には、本来の目的に即した成果や効率性よりも費用効果や経費節減を優先したり、目先の政治的効果を最大限にすることを重視する場合があるが、大学の管理運営でもそうした傾向が強まる恐れがある。

　第2に、大学改革に対する学外の諸力が強まると、大学の経営方針や計画はますます学外の産業界の動向や政府の統制などによって左右されるため、大学の制度的自律性は制度全体でも個別大学のレベルでも次第に弱まり、他律的な改革が進められるようになる。「象牙の塔」という大学のイメージはすでに遠い過去の神話であり、大学は社会との適切な関連をさらに深める方向に進んでいる。政府の公的資金をはじめ、学外から得られる資金に対して大学がアカウンタビリティを求められたり、大学で行われるさまざまな活動の具体的な成果を問われるのも当然のことである。

　ただしそれと同時に、大学改革にとって重要なのは、大学がその固有の役割である知識の発見・統合・応用・教育を十分に果たすには、社会における大学の制度的自律性がある程度確保される必要があることである。その意味からいうと、大学関係者はこの大学の制度的自律性をはじめ、最近の大学改革では死語に近い扱いを受けている「大学の自治」や「学問の自由」などといった言葉を、新しい社会状況と関連させながらあらためて吟味し、その社会的

な意義を明らかにすべきである。

　第3に、すでに述べたように、個々の大学の学内における意思決定は今後も中央集権化し、理事や大学管理者の権限はいっそう強くなる。それに対応して、学内の管理運営改革は理事や大学管理者のリーダーシップを強化したり、大学組織のより合理的な再編成を進める方向、つまり大学組織を垂直方向に階層的に構造化して、それぞれの部署や担当者の職務や権限、責任の範囲と程度を明確にする合理的な官僚制化を促す方向に進むことになる。大学の総合的な将来計画や戦略的計画も大学管理者主導で立案・実施する傾向が強まると予想される。

　しかし大学は基本的に個々の知識の領域、つまり専門分野に自律性をもたせる分権的な組織編成によって成り立っており、意思決定の権限が分権化しやすい組織である。そのため大学組織は国家の編成でいえば連邦制になりやすく、その管理運営ではこれまで、明確な目標や厳格な規則とか手続きではなく、ゆるやかなビジョンや理念にもとづいて人びとの活動を調整しようとしてきた。また大学における革新は多くの場合、学科やカレッジ、スクールなどの下位組織で生まれる「草の根的な」革新であり、それが積み重なって大学組織全体が変わってきたことを考えると、管理運営組織の中央集権化はさまざまな解決すべき課題や問題に直面するように思われる。

パフォーマンス・ファンディングの進展：改革事例(1)

　転換期の大学改革における管理運営改革を具体的にイメージするために、アメリカにおける2つの改革事例を、こうした改革の流れのなかに位置づけて、その特徴や課題を紹介してみよう。なお大学の管理運営には、(1)大学と学外の利害関係者との関係と、(2)学内における大学管理者とその他の大学の構成員、とくに大学教員との関係の2つのレベルが考えられる。1つめのパフォーマンス・ファンディングが学外から大学に影響を及ぼす州政府主導の管理運営改革だとすれば、2つめの戦略的管理運営は個々の大学の学内における管理運営改革として位置づけられる。日本の大学改革でいえば、1つめの事例は、大学の自己点検・評価から出発したが、その後第三者評価と評価結果にもとづく資源配分を強調するようになった大学評価と関連した改

革である。2つめの事例は、学長を中心とした上級大学管理者の権限を強化する全学的な管理運営体制の整備、たとえば2003年10月1日に施行された国立大学法人法で定められた、学長と理事により構成され全学的な意思決定の権限をもつ役員会や、法人の経営に関する重要事項を審議する経営協議会、大学の教育研究に関する重要事項を審議する教育研究評議会などの設置と関連した改革である。

1つめの改革事例は、州政府の大学政策として近年多くの州で注目を集めるようになったパフォーマンス・ファンディング(PF)による大学教育の質の維持・向上策である[5]。これは州立の大学を対象に各大学が過去に達成した実績にもとづいて予算配分を行う施策で、個別大学の実績評価と予算配分を連動させた大学政策である。実績評価の対象は教育活動であり、その達成を測る尺度として学生の卒業率や転学率、大学教員の授業負担、学生の満足度などが使われる。また実施中の州では、総予算の1～2％がこのパフォーマンス・ファンディングにもとづいて配分されている。

予算配分の方式は州によって違うが、テネシー州のように、予算配分の際に過去の実績の減点評価ではなくて、当該大学が大学教育を改善するために設定した当初の目標を達成した場合、その実績に応じて配分を増額する「上乗せ方式」を採用しているところもある。この配分方式は各大学の自主的な大学教育の改善を促す前向きの措置として、大学側からも比較的高く評価されている。

97年の調査によれば、調査対象の48州のうち、半数を越える32州は予算配分の際に達成尺度をすでに使用したり、今後使用することを計画していた。ちなみに32の州をさらに詳しくみると、厳密なパフォーマンス・ファンディングを実施していたのはコロラドやミズーリ、テネシーなど8州にすぎないが、15州は実績評価の結果を考慮して大学に予算を配分しており、9州はその実施を計画していた(Lovell, 2000, pp.121-123)。

州政府は80年代以降、アカウンタビリティの考え方を強化し、大学に対して州の財政援助にみあった成果を強く求めるようになった。パフォーマンス・ファンディングはその一環として、州政府が大学教育の質の維持・向上をはかるために導入した政策である。アメリカではそれまで、州政府が州立

大学に配分する予算は基本的にそれぞれの大学の在籍学生数によって決められ、課程や授業科目の新設や廃止も大学からの申請を尊重して行われていた。州政府の予算の大部分は現在でも在籍学生数を基礎にして配分されるので、実際には大学間でそれほど大きな較差が生まれるわけではない。しかしたとえその比率は低くても、州政府が各大学への予算配分をその大学の大学教育の改善度に応じて決めるようになったのは、きわめて大きな変化だといってよい。というのも、この政策の導入により大学教育に対する学外の州政府の影響力が強まり、大学独自の自律的な改革をそれまでよりも強く規制するようになったからである。

こうしたキャンパスを超えた意思決定の強化をめざす動きにはもちろん批判も少なくない。実務上の問題点は、学内における実施のための合意の形成が難しいこと、複雑な大学教育や学生の学習の質を適切に測定する尺度が未開発なこと、州議会や学生／保護者の意向を反映しやすい顧客中心のアカウンタビリティだけでは大学教育の質を確保できないことなどである。当事者である大学管理者や大学教員の目からみると、こうした政策は大学の制度的自律性や大学の自治に対する不当な干渉であり、実績評価のための調査の実施や書類作成などといった繁雑な作業が増えた割には、大学教育は目にみえる形で改善されないことも指摘されている。

また比較的評価の高い「上乗せ方式」にしても、実際には大学に配分する総予算をあらかじめ少な目に設定し、実績に応じてごく限られた資金を追加的に再配分するだけだから、大学教育の改善のために総予算が増額されるわけではない。そのためパフォーマンス・ファンディングは他の関連した政策と同様に、経費削減をはかりながら、その少ない財源を活用してより多くのことを実現する効率的な大学の管理運営をめざす「小さな政府」の大学政策を正当化する措置にすぎないという批判もある。

戦略的管理運営の導入：改革事例(2)

　2つめの改革事例は、戦略的管理運営（ストラテジック・ガバナンス）の導入である[6]。アメリカの多くの大学は70年代後半以降大学が「冬の時代」を迎えると、厳しい学外の環境に適切に対応するために、企業経営で開発された理

論や経営革新の実践を適用して、大学経営の効率化や合理化をめざすようになった。戦略的計画はそうした試みの1つであり、企業経営論で注目された戦略的計画にならって、個々の大学が立案・実施する実務的な総合計画の総称である。

　この戦略的計画はおもに学長をはじめとする上級大学管理者によって学内に導入されたが、その実施の過程でしばしば学内の既存の大学の管理運営組織との間に深刻な緊張をもたらしたり、ときには対立を生み出すことになった。というのもこの2つはもともと矛盾したところがある。たとえば戦略的計画は大学管理者主導で実施され、未来を志向し、全学的で総合的なビジョンを重視するのに対して、既存の大学の管理運営組織は大学教員も参加し、現在志向で、当面の個別的な問題にもその都度対症療法的に対処しやすいので、自然に調和するわけではないからだ。

　戦略的管理運営はこうした緊張や対立をできるだけ和らげて、戦略的計画を円滑に実施するために、戦略的計画と既存の管理運営組織との調整をはかる考え方である。多くの大学では具体的な組織として、戦略的計画協議会(ストラテジック・プランニング・カウンシル)が設けられた。この協議会のおもな役割は大学の全学的な総合計画について審議、決定し、学長に対して直接に提言や勧告を提出することである。その規模は通常20人未満と比較的小規模である。おもな構成員は上級大学管理者と年長の大学教員だが、多くの場合、少数の職員や学生の代表も委員に加えており、委員の全員または大半は投票権がある。大学教員の任期は2〜3年と比較的長く、協議会の議長の大半は学務担当副総長や副学長といった学務担当の最高責任者である。

　戦略的計画協議会の最も大きな特徴は、その委員構成を工夫して学内の既存の管理運営組織との幅広い接続を意図的にはかることにより、学内の意思をできるだけ統一し、急激な学外の変化に対して全学的に対応できる効果的な大学運営の実現をめざしていることである。とくに重要なのは大学教員を代表する委員の選出であり、学長や副学長による任命ではなく、大学教員自身が(大学教員評議会の議長のように、個々の大学教員からみればたとえ間接的であっても)同僚のなかから選んだ代表が協議会の委員を構成する。形式的なものかもしれないが、職員や学生とのコミュニケーション・ルートも確保され

ている。

　この他に、協議会での審議は非公開だが、最終的な提言や勧告は大学教員や職員、学生のそれぞれの評議会で学長から正式に報告されたり、広報や公開討論会などを通して広く学内に伝えられる。審議の過程で必要になれば、審議内容と関連した部署や委員会の責任者との協議やフィードバックも行われることが多い。

　戦略的計画や戦略的管理運営も他の多くの改革や実践と同様に、アメリカの大学に広く定着しているわけではない。またこうした仕組みができたからといって、どの大学でも大学の管理運営が円滑に進められるわけでもない。戦略的計画協議会の正否は、学長のリーダーシップと大学管理者の積極的なサポート、それからその大学に固有の制度的環境など、さまざまな条件によって左右されるからだ。とくに大学教員や職員、学生の意向を実質的に協議会の審議に反映させるには、大学の構成員の中心に位置する大学教員が協議会の内外で果たす積極的な活動が不可欠である。改革のアイデアを企業など他の近代組織の改革や実践のなかに探ってみるのは早道で、望ましいことでもあるが、その適用の際には、大学組織の特性を活かす方向でさまざまな工夫をこらす必要がある。

4　大学の管理運営改革の方向

マクネイの大学組織モデル

　こうした改革の結果、どのような大学の管理運営組織が生まれるのだろうか。大学の管理運営のあり方は全体として、同僚制的管理運営から企業経営的な管理運営へ変わってきている。ここでは、その具体的な特徴をより体系的に理解するために、改革の方向を同僚制・官僚制から法人制・企業制への変化ととらえ直して再検討してみよう。考察の際におもに参照したのは、I. マクネイがイギリスの大学の状況をベースにして、大学内部の組織文化を分析するために開発した大学組織モデルである[7]。

　マクネイは大学の組織文化を2つの次元、つまり、(1)大学全体の政策の定義と、(2)政策の実行に対する統制に注目し、それぞれがゆるやかか厳し

序論　大学の管理運営改革の世界的動向　23

```
              政策の定義
               ゆるやか

          同僚制 │ 官僚制
 実行の          │
  統制  ゆるやか──┼──厳しい
               │
          企業制 │ 法人制

               厳しい
```

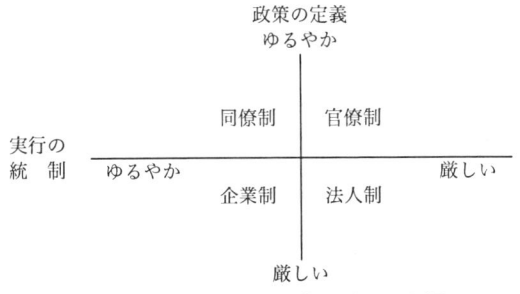

図序-1　大学組織モデルの分類
（出所）McNay, 1995, p.106.

いかによって、同僚制(collegium)、官僚制(bureaucracy)、法人制(corporation)、企業制(enterprise)の4つに分析的に区分する(図序-1を参照)。これらの4つの組織文化はたいていの大学では共存しているが、その比率は大学の歴史と伝統や使命、リーダーシップのスタイル、学外の諸力の影響などによって異なっている。表序-2は、大学の4つの組織文化とその管理運営の特徴を簡略にまとめたものである。

　大学の組織文化とは、組織としての大学に固有で独自の価値や規範、発想の仕方や行動様式、制度的仕組み、それから全体的な風土や雰囲気などを総称する言葉である。個々の大学にとって、その組織文化は大学の歴史と伝統やそれまでの実践などによって築きあげられてきた固有の知的遺産であり、大学の個性的な発展や革新の基礎になる。また大学は制度全体として企業や官庁、労働組合などの他の社会制度とは異なった組織文化をもっているが、いずれもその変革が現在強く求められている。その意味では、組織としての意思決定の仕組みや管理運営のスタイルをはじめ、学外の環境に適した大学の管理運営の再構築は、個々の大学にとっても大学制度全体にとっても重要な課題である(梅沢、1993年、242～243頁他を参照)。

　(1)　同僚制の組織文化と管理運営
　同僚制は大学全体の方針や政策があいまいでゆるやかなだけでなく、その方針や政策を実行することも厳しく要求されない大学の組織文化である。この同僚制の特徴を最もよくあらわすキーワードは「自由」であり、学外からの統制(現在ではおもに政府による統制)に対する大学の制度的な自律性と大学の

自治が重視される。典型的な大学のイメージとしては、学問の自由を高らかに謳ったドイツのベルリン大学を想起すればよいだろう。その実態や管理運営組織としての是非はともかく、日本でしばしば批判の的になる教授会を中心とした大学の管理運営も、この同僚制の神話にもとづいている。

アメリカの大学でいえば、歴史と伝統があり現在でも社会的威信の高い、教養教育中心の優れた学部教育を提供している私立の教養カレッジ、つまり大学の規模が小さく、大学の構成員が共通の考えをもち、共同して働き、平等な権限を有する雰囲気が今でも根強く残っている大学群によくみられる大学の組織文化である。また大学教員の研究活動が活発な研究大学、とりわけハーバード大学やマサチューセッツ工科大学、カリフォルニア大学バークレー校などの大規模有名銘柄研究大学は事実上、同僚制の組織文化が支配的なカレッジやスクールの連合体であり、大学の管理当局の権限はそれほど強くない。そうした大学でも、全学的な大学の将来計画を策定したり大々的な基金調達キャンペーンを実施し、大学の管理当局の権限も近年強化されてきているが、実質的な教育研究活動や社会サービス活動はカレッジやスクール、学科を中心に行われている。

この同僚制の管理運営では、大学の使命である教育と研究に従事する個人(とくに大学教員)や学科の意思決定が重視され、大学の管理当局の役割はそ

表序-2 大学組織モデルの特徴

構成要素	同僚制	官僚制	法人制	企業制
主要な価値	自由	公正	忠誠	能力
大学の管理当局の役割	寛容	規制	指示	支持
優勢な組織単位	学科/個人	教授団/委員会	大学/上級大学経営陣	下位組織単位/プロジェクトチーム
意思決定の場	非公式な集団のネットワーク	委員会と実施事務打ち合わせ会	特別調査委員会と上級大学経営陣	プロジェクトチーム
管理運営のスタイル	合意	公式/「合理性」	政治/戦術	委譲された指導権
時間の枠	長期	周期	短期/中期	即時
学外環境の特徴	発展期	安定期	危機状態	混乱状態
変化の性質	本質的な革新	受け身的適応	計画的な転換	戦術的柔軟性
学外の準拠集団	みえない大学(インビジブル・カレッジ)	規制機関	オピニオンリーダーとしての政策立案者	顧客/スポンサー
学内の準拠集団	専門分野	規則	計画	市場競争力/学生
評価の基礎	同僚評価	手続きの監査	達成指標	継続的取引
学生の地位	見習い大学人	統計値	資源の単位	顧客
大学管理者の奉仕対象	大学共同体	委員会	最高経営責任者	学内外の顧客

(出所) McNay, 1995, p.109の表9-1を修正。

の意思決定を尊重して寛容に徹することである。主要な意思決定は専門分野をベースにした学科内で、同僚同士の合意にもとづいて行われるが、実質的な意思決定は事前に有力な大学教員の間の非公式な交渉を通じて行われることも少なくない。また大学の管理運営は長期的な展望のもとに、さまざまな専門分野の学問的な発展をはかるために行われるので、大学が右肩上がりで発展しているときに適した大学の管理運営である。意思決定の際の判断基準としておもに重視されるのは、学内では同じ専門分野を専攻する大学教員の考え方や価値観であり、学外ではみえない大学（インビジブル・カレッジ）、つまり専門学会を中心に形成される人的ネットワークの考え方や意向である。

(2) 官僚制の組織文化と管理運営

官僚制は学外の規制機関や専門職団体などの影響を受けやすいため、大学全体の独自の方針や政策は必ずしも明確ではないが、その実行は規則や正当な法の手続き（デュープロセス）に従って厳しく規制される大学の組織文化である。近代組織として発展してきた大学は多かれ少なかれ、この官僚制の組織文化をもたなければ存続することができない。アメリカの大学のなかでは、私立大学よりも公立大学、とくに2年制のコミュニティ・カレッジにみられる組織文化である。この組織文化の主要な価値は「公正」であり、その実現のために機会の平等や財政配分の処理における一貫性の維持、公式に定められた合理的な規則の遵守、各部署の職務や権限が明確で階層化された組織構造や標準化された作業手順による大学運営の効率性の確保、実施手続きの監査による大学の構成員や各部署が行う行動の妥当性の確保などが重視される。

官僚制の管理運営では、主要な意思決定はおもに大学教員によって構成される委員会と、そこで決定された案件の実施にともなう大学管理者や職員との事務打ち合わせの過程で実質的に行われる。その過程では規則や客観的な資料にもとづいた合理的な意思決定を行うので、そうした事柄に不案内な大学教員の権限は実質的に弱くなり、事情に通じた職員や大学管理者の権限が強くなる。また意思決定の際には前例とか過去の方針や政策との一貫性が重視され、新しい状況の変化には受け身的に対応しがちなので、学外の環境が安定しているときには適しているが、急激な変化に対処するのは難しい大学の管理運営である。さらに意思決定の場では規則や統計的資料が提示される

ため、意思決定の客観性や合理性が保障されているようにみえても、実際には政治的な判断にもとづいた情報操作が加えられていることがある。

（3） 法人制の組織文化と管理運営

　法人制は大学全体の方針や政策が全学的な計画として明確に策定され、その実施が大学の構成員に強く要求される大学の組織文化である。西欧やアメリカの大学は基本的に法律により法人格（権利能力）を認められているので、法人制の組織文化を含んでいる。しかしこの法人制が多くの大学関係者の注目を集めるようになったのは、アメリカでは80年代以降のことであり、イギリスでは1988年教育改革法によって法人化された旧ポリテクニク大学で、大学管理者主導により戦略的計画が導入されたり、学内で全学的な大学政策における政策の優先順位が論議の的になってからである。日本では国立大学や公立大学などの法人化により、法人制の組織文化のメリットを活かすことをめざした大学の管理運営改革が進められている。

　法人制の管理運営では、大学の最高経営責任者である学長の権限が強い。全学的な大学政策の策定や計画の立案と実施、大学管理者の選出などの主要な意思決定は、学長やそれを直接補佐する上級大学管理者によって構成される上級大学経営陣と、（選挙ではなく）任命された委員によって構成される特別調査委員会（ワーキング・グループ）によって行われる。上級大学経営陣には管理運営の専門的な力量が求められるため、財政や資金調達、マーケティングなどに精通した大学管理者を、学外の企業や団体、他大学などから登用することもある。この法人制は権限のある少数の人びとによって意思決定やその実施が迅速に進められるから、大学が危機的状況にあるときに有効な大学の管理運営である。また学長をはじめ上級大学経営陣は学外の動向、とくに政府の方針や政策の動向に目を光らせているので、自分の大学の政策や計画を比較的正確に理解して舵取りをすることができる。

　しかしその反面、大多数の大学の構成員は蚊帳の外におかれるため、長期的にみると不満をもつ者や無関心になる者が学内に増えてしまう。また意思決定の権限が大学組織の上部に集中しているので、公式の意思決定の場の外部で有力者による政治的な同盟や取引が行われやすい。大学教員と大学管理者の役割分化により、相互の交流や情報の共有がなくなり、大学管理者がキ

ャンパスの実情から隔離されやすくなるのも問題である。したがって法人制の組織文化が支配的な大学の管理運営は短期的、中期的には有効に機能するが、必要以上に長期化すると、この組織文化で最も重視される大学に対する「忠誠」が大きく損なわれる恐れもある。

　(4)　企業制の組織文化と管理運営

　企業制は大学全体の使命や方針、政策は明確だが、それをどのように実現するかは現場の第一線で活動する個人や学科内の小規模グループ、プロジェクトチームなどの下位組織に任されている大学の組織文化である。この企業制の特徴を最もよくあらわすキーワードは「顧客（クライエント）」であり、主要な意思決定は顧客にとってよいことかどうかを基準にして行われる。つまり「お客様は神様」という考え方である。なお顧客には学生だけでなく、大学が提供する専門的な知識や技術を利用する人びとをはじめ、政府や企業などの学外の利害関係者も含まれる。

　企業制の組織文化が支配的な大学には、アメリカのフェニックス大学やインターナショナル・マネジメント・センターなどがある。これらの大学は私立大学のなかでも営利大学として分類され、学生の学習要求や学習条件に応じた多種多様な教育プログラムを遠隔教育により配信して大量の学生を獲得している。アメリカの多くの大学が資金獲得の多様化をはかったり、その管理運営が全体として効率性や効果性を重視する企業経営的な管理運営の色彩を強めてきているのはすでに述べたとおりである。

　企業制の管理運営では、法人制の管理運営と同様に、学長や上級大学経営陣の権限が強い。しかし法人制と大きく違うのは、カレッジやスクール、あるいは学科内で大学の方針や政策にもとづいて実際に活動する現場の個人や小規模グループ、プロジェクトチームの意思決定も非常に重視されていることである。この小規模な実働組織は、80年代の企業組織論で話題になった優良企業の組織文化を例にすれば、次のような外的変化に適応できる原子化された組織の特徴をもっている(ディール／ケネディー、1987年、278～279頁)。

・小さな、特定の任務中心の作業単位(10人から最高20人まで)。
・どの作業単位も自らの運命について、経済的、管理的支配権をもっている。

・コンピュータや情報機器によって上位組織や他の組織とゆるやかに連結している。
・会社のあり方を決定する共通の価値などの強い文化の絆で分子のように結合して、1つの強い企業体を作りあげている。

　また法人制では全学レベルで設定した当初の目標をどの程度達成したかによって評価されるのに対して、企業制では顧客である学生や政府、企業などがどの程度継続してつきあってくれるかによって評価される。それは企業でいえば、利潤をあげるために全社的な方針や将来計画は策定されるが、管理運営や意思決定の権限は下位組織に委譲され、それぞれの部署が顧客のさまざまな要求に応じてその都度臨機応変に対処して、新しい顧客を開拓したり継続的な取引を増やそうとするのと同じである。

　このように大学の使命である教育と研究に直接従事する大学教員やプロジェクトチームなどの意思決定が重視される点では、企業制は同僚制と近い関係にある。しかし企業制の管理運営では全学的な方針や政策に従うことが最優先され、最終的な意思決定の権限は学長や上級大学経営陣にあるので、大学教員や学科の意向が尊重され、それが場合によっては全学的な方針や政策に従わないことがある同僚制の管理運営とは大きく異なっている。

　企業制の管理運営は学長や上級大学経営陣の強力なリーダーシップと顧客の要求に柔軟に対処できる仕組みの両者を備えているため、大学の将来が不透明なまま、先のみえない学外の状況変化に柔軟に対処する必要があるときには有効な大学の管理運営である。人気商品の品揃えを本部のコンピュータで管理して繁盛しているコンビニエンスストアのように、学生に人気のある多様なカリキュラムを需要に応じてきめ細かく提供すれば、大学は多くの学生を呼び込んだりリピーターを増やすことができる。しかしコスト・パフォーマンスに敏感になりすぎれば、カリキュラムの質が低下したり内容がかたよったものになりやすい。また学生の希望が資格や免許証を取得することだったり、授業料が出来高払いで支払われるようになると、大学教育の水準が低下したり教育内容の一貫性や継続性が損なわれる危険性がある。

大学組織の変化：同僚制・官僚制から法人制・企業制へ
　（1）　イギリスにおける大学組織の変化
　マクネイの大学組織モデルはもともと、イギリスの大学をベースにして、個々の大学内部の組織文化を分析するために開発されたモデルだが、それ以外の国ぐにの大学制度全体や特定の大学タイプにみられる組織文化の分析にも適用することができる(McNay, 1995, pp.111-112)。
　マクネイによれば、第二次世界大戦後のイギリスにおける大学の組織文化は、おもに旧ポリテクニク大学の動向に注目してたどってみると、同僚制→官僚制→法人制→企業制の方向に変わってきた。旧ポリテクニク大学は非大学高等教育機関として1967年から各地に設置された総合技術専門学校を母体にして1988年教育改革法により法人化された、現在のイギリスの一元的大学制度では最も新しいタイプの大学である。この新大学はオックスブリッジをはじめとする伝統的大学との間に研究活動や外部資金の獲得の面でかなりの較差があり、より多様な高等教育機会を提供する教育中心の大学として位置づけられている(角替、2001年、152～153頁)。また同じ伝統的大学でも、大学によってその組織文化は多様である。たとえばケンブリッジ大学やロンドン大学のインペリアル・カレッジは、その知的資源を活用して同僚制から企業制を強める方向に進んだが、上級技術カレッジ(CAT)が前身で歴史の浅いアストン大学は90年代に、総合的品質管理(TQM)を発展させたので、その組織文化には法人制の要素が依然として強く残っている。
　したがってイギリスにおける大学の組織文化はどの大学でも企業制の色彩を強めているけれども、その比重は大学によって多様なため、全体としてみれば同僚制・官僚制から法人制・企業制の方向へ大きく変化してきたとみることができる。なおマクネイによると、社会主義圏の大学事情は違っている。たとえば旧社会主義圏の東欧諸国では、大学制度全体がおもに官僚制・法人制から同僚制・企業制の方向へ、また社会主義市場経済を進めている中国では、官僚制・法人制から企業制の方向へ変わりつつあるという。
　（2）　アメリカにおける大学組織の変化
　アメリカにおける大学の組織文化については、R.バーダールがマクネイのモデルとほぼ同じモデルを設定して、その変遷をごく大まかにまとめてい

る。ただしおもに公立大学制度の動向に焦点をあて、その設置者である州政府との関係をみるために設定したモデルなので、特定のタイプの大学にみられる組織文化の分析である(Berdahl, 1999, pp.60-63, pp.68-69)。このモデルでは、大学の制度的自律性を、(1)実体的自律性(substantive autonomy)と、(2)手続き的自律性(procedural autonomy)の2つに分類する。実体的自律性とは大学が自らその目標やカリキュラム、つまり大学の役割の中味を決定する権限であり、手続き的自律性とは、大学がその目標やカリキュラムを遂行する手段、つまり大学における管理運営上の実施手続きを決定する権限である。

　彼はこの2つの自律性について、それぞれがゆるやかか厳しいかによって、アメリカの公立大学の組織文化を次の4つに区分する。同僚制(collegial)は実体的自律性も手続き的自律性もともにゆるやかな組織文化、官僚制(bureaucratic)は前者がゆるやかで後者が厳しい組織文化であり、法人制(corporate)は2つの自律性がいずれも厳しい組織文化、企業制(entrepreneurial)は実体的自律性が厳しくて手続き的自律性がゆるやかな組織文化である。

　バーダールによれば、州政府による公立大学制度の管理運営の様式も、すでに述べたイギリスの旧ポリテクニク大学と同様に、同僚制→官僚制→法人制→企業制の方向に変わってきた。公立大学がごく少数の学生を受け入れ、経費が安く、大学の教育や研究の社会や経済に対する影響もわずかだった初期の頃には、州政府は大学の管理運営にほとんど関与していない。そのため大学はその目標やカリキュラムも、それを実施するための手続きや方策も自主的に決めることができたので、公立大学でも同僚制の組織文化が支配的だった。しかしその後学生数の増加と研究活動の進展にともなって州の高等教育予算が増加すると、州政府はなによりもまず規則や正当な法の手続きによる規制を強化したため、公立大学の組織文化は官僚制の色彩を強めることになった。

　さらに第二次世界大戦後、高等教育の大衆化が本格化して高等教育予算が急増するとともに、大学の経済発展に対する重要性が認識されるにつれて、州政府は次第に大学の実施手続きだけでなく、その目標やカリキュラムに対する権限も強め、大学の管理運営には法人制の要素が浸透する。それがとくに目立つようになったのは、連邦政府や州政府が「小さな政府」への転換をめ

ざした70年代後半以降のことである。

　それに加えて、ソ連や東欧の社会主義政権が崩壊すると、この新保守主義の考え方にもとづく大学政策は全米規模で定着し、市場競争の原理や自助努力、自主的な活動を促すための規制緩和や権限の下位組織への分権化、公共的なサービスの民営化などがいっそう強調されるようになった。しかし重要なのは、それと同時に政府、とくに多くの州政府がアカウンタビリティやパフォーマンス・ファンディングなどによって、大学の実体的自律性を構成する大学の役割や中身に対する規制をいっそう強化したことである。そのためアメリカの公立大学制度の管理運営では、企業制の組織文化、つまり公立大学全体の使命や方針、政策は明確だが、それをどのように実現するかは個々の大学に任される組織文化の色彩が著しく強まり、それにともなって、個々の公立大学にも企業制の管理運営が浸透するようになった。

　こうしたまとめ方をすると、アメリカのすべての公立大学は企業制の組織文化で一色に染まっているようにみえる。しかし実際には同じ公立大学でも、大学によってその組織文化は多様であり、4つの組織文化の比重には大きな違いがみられる。公立大学と州政府との関係が州によって違うのもよく知られたことである。カリフォルニア大学群(UCシステム)、カリフォルニア州立大学群(CSUシステム)、コミュニティ・カレッジ群の3種類の大学で構成されるカリフォルニア州の公立大学制度を例にすれば、それぞれの大学は使命や役割をはじめ、学生数や予算の規模、大学教員の構成や志向などが異なり、それに応じて大学の管理運営にも大きな違いがある。またアメリカの大規模有名銘柄研究大学には歴史と伝統のある私立大学が多く、一流教養カレッジは事実上すべて私立大学だが、これらの大学の組織文化には同僚制の要素が根強く残っている。

　このように4,000校を越えるアメリカの大学の組織文化は、イギリスの大学と比べてもはるかに多様であり、それぞれの大学で多種多様な大学の管理運営が行われている。したがってイギリスよりも企業型大学化が進んでいるアメリカでも、大学の組織文化は全体として同僚制・官僚制から法人制・企業制の方向へ大きく変化してきているとみることができる。

　この見方の背景には、転換期の大学改革では法人制と企業制の要素が短期

間の間に踵を接してキャンパスに浸透するようになったこともある。またアメリカの大学では大学の管理運営改革のモデルとして、企業経営で開発された理論や経営革新が盛んに導入されたが、その多くは企業の組織的な特性を反映して、法人制と企業制の2つの要素をともに含んでいた。というのは私的企業の組織は企業法人として、法人制の特性ももっているからだ。たとえば90年代に多くの大学が導入した総合的品質管理(TQM)についてみると、その導入は大学の組織文化の見方によって、法人制の要素の増大ととらえることもできるし、企業的管理運営の進展を示す事例として位置づけることもできる。

さらに先進諸国に限ってみても、大学の組織文化がどの国でも一様に同僚制→官僚制→法人制→企業制の方向に変わってきたとみるのは、あまりに機械的で実態を反映していない見方である。それは大学制度全体にも個別の大学にもあてはまる。言葉の定義や理論的な分析では法人制と企業制をある程度明確に区別できても、実態はそうした区別を寄せつけないほど錯綜しているのである。

（3） 日本における大学組織の変化

ごく大まかにみれば、日本の大学組織も同僚制・官僚制から法人制・企業制の方向へ変わろうとしている。日本の大学における管理運営はこれまで、法的にも実際にも、大学教員によって構成される学部レベルの教授会を中心に行われてきた。とくに国立大学の学内の管理運営では、合意を基本にした自治的な同僚制の管理運営が尊重され、学長や学部長などの大学管理者の権限は限られている。

もっとも国立大学とその設置者である文部科学省との関係をみると、大学の予算やカリキュラム編成、大学教員の人事関係など、多くの事項は文部科学省の規制を強く受けている。職員の採用とその配置や昇任、職員研修なども文部科学省の管轄下にあり、とくに事務局に配属される部長や課長クラスの中間管理職の人事は全国レベルで行われている。学内の管理運営における意思決定でも、職員の権限は大学教員の想像以上に強いから、国立大学の管理運営は同僚制と官僚制の色彩がきわめて強い組織文化のなかで行われてきた。

ところで、同僚制に親近感のある大学教員の立場からみれば、上意下達の近代的な官僚制にもとづいた管理運営は学内に無用な混乱や不信の風潮を生み出すとみなされやすい。それはどの国の大学教員についても一般的にあてはまることである。とくに日本の大学教員の場合、学問の自由や大学の自治がしばしば侵害された過去の歴史もあって、同僚制の管理運営を守ろうとする風潮が今日でも比較的強くみられる。

大学教員の目からみた所属大学の管理運営の特徴を日米比較の観点から、大学のタイプ別にみると、次のようにまとめられる (江原、2003年、82〜83頁)[8]。大学のタイプは非常におおざっぱだが、研究大学と一般大学、つまりどちらかといえば研究を重視する大学と、どちらかといえば教育を重視する大学の2つである。

第1に、日本の大学改革が本格的にはじまった90年代初頭の時点で、大学教員の目に映った所属大学の管理運営の全般的な傾向を、意思決定の権限がどの程度中央集権化しているかに注目して整理してみると、日米平均では予算の決定(79％)とか大学管理者の選任(69％)のような、組織体としての大学全体にかかわる事項の意思決定は中央集権化していて、トップの大学管理者や経営者による統制が強い。

その反対に、大学教員の意向が尊重され、意思決定が分権化しているのは、新任教員の採用(22％)とか昇任と終身在職権の決定(33％)といった大学教員の人事関係の事項である。そしてその中間に教学関係の事項、つまり学部学生の入学基準の設定(54％)や教員全体の教育負担の決定(45％)、新たな教育課程の承認(45％)といった事項の意思決定がある。

第2に、大学のタイプ別にみると、日本と比べてアメリカの大学教員は所属大学の管理運営が中央集権化していると考えているが、アメリカの大学では管理運営の権限の所在について、公立と私立の大学教員の間にそれほど大きな見方の違いはない。ところが日本では、私立大学に比べて国立大学の方が大学の管理運営は分権化している。国立大学のなかでも、自分の所属する大学の管理運営が分権化していると考える大学教員がとくに多いのは一般大学である。

それと対照的に、日本の私立大学の管理運営は中央集権化しているととら

えられており、アメリカの大学の管理運営とよく似ている。それだけでなく新任教員の採用とか、昇任と終身在職権の決定といった大学教員の人事関係の意思決定が中央集権化しているという回答が最も多かったのは、日本の私立一般大学の大学教員である。つまり日本の大学の管理運営についてみると、国立大学では研究大学よりも一般大学の方が分権化しているが、私立大学では一般大学よりも研究大学の方が分権化しているととらえられている。

　この結果は大学教員を対象にした意識調査にもとづいているので、実態は別だということもできる。意識調査では大学の管理運営のごく一部しか明らかにできないのも間違いない。しかし大学教員は学生や職員と並んで大学の主要な構成員であり、しかも新しい時代にふさわしい自主的な大学改革が成功するかどうかを大きく左右する中心的な位置を占めているので、その見方や考え方を知るのは重要なことである。

　いずれにせよ、こうした特徴をもつ日本の大学の管理運営についてはこれまで、閉鎖的で硬直的だとか、意思決定や責任の主体が不明確だとか、変化への対応が遅いという批判があった。現在の行政主導の大学改革では、各大学は今後、自らの主体的判断と責任において、大学をとりまく環境の急激な変化に機動的に対応し、効果的運営を行っていく必要があり、そのために学長のリーダーシップのもとに、適時適切な意思決定を行い、実行ができる仕組みを確立することが求められている。

　1998年の大学審議会答申「21世紀の大学像と今後の改革方策について——競争的環境の中で個性が輝く大学」のうち、学長を中心とする全学的な運営体制の整備にもりこまれた「運営会議(仮称)」の設置は、このような観点から提言された改革である。また国立大学法人法の公布をはじめ、法人制の組織文化のメリットを活かすことをめざした大学組織の再構築は予想を超えたスピードで進められている。

　同僚制・官僚制から法人制・企業制の方向への転換をめざす大学の管理運営改革が今後、どのような形でどの程度実質的に日本の大学に定着するのかを予想するのは難しい。しかし大学の管理運営改革が求められているのは事実であり、その日本型の望ましいあり方を本格的に検討する時期にきているように思われる。

5　改革の課題と展望

「小さな政府」の大学政策と大学の社会的役割

　最後にこれまでの分析をふまえて、日本の改革動向も視野に入れながら、大学の管理運営改革の課題やポイントをいくつかまとめてみよう。

　第1に、大学と政府との関係についてみると、大学は初等・中等学校や保健医療機関、刑務所などと同様に、公共的なサービスを提供し、政府の公的資金の支援を受ける機関として近代社会にくみこまれて発展してきた。しかも重要なのは、「小さな政府」の大学政策が今後さらに進展しても、政府が大学への関与を放棄することはないし、大学も公的資金が投入されなければ存続できないことである。その意味では大学はもともと経済的に自立した私的企業と違った社会的役割と組織的特性をもっている。

　「小さな政府」はそうした大学観のもとに、大学に投入する公的資金を削減しながら、大学の管理運営の効率化をはかるとともに、国家単位で経済的な国際競争力を促進するために、大学が制度全体として先端的な科学技術の研究開発と、そのための先端的な人材の養成と人的資源の全般的な底上げを含めた高学歴人材の養成を行うことを期待している。その主要な方策として、日本やアメリカをはじめ多くの国ぐにの政府がめざしているのは、公的資金の投入を大学や大学のタイプによってメリハリをつけて行い、しかもその投資効果を事後にチェックすることである。

　しかし公的資金の重点配分とその事後評価をくみこんだ大学政策の成否は、その国の政治経済体制や歴史的文化的伝統、高等教育の発展段階や既存の大学制度の仕組みなどによって大きく左右される。したがってその是非は別にして、こうした政策の立案と実施には精妙な仕掛けと工夫が必要になる。その一端を日本にとって改革の先行モデルの1つとみなされるアメリカの大学政策のなかに探ってみよう。

　アメリカの連邦政府の大学政策では、先端的な科学技術の研究開発と先端的な人材の養成は、事実上少数の有力な研究大学を対象に、市場競争の原理にもとづいて研究費等の公的資金を配分することにより達成しようとしてい

る。もっとも研究費等は基本的に個人や研究グループを対象にして配分される。それが結果的に少数の有力な研究大学に集中するのは、有力な研究大学ほど競って優秀な研究人材を確保しようとしてきたからである。

　それに対して高学歴人材の養成のうち、人的資源の全般的な底上げはアカウンタビリティの強化や達成度評価の標準化などにより政府の統制を強めながら、学生への奨学金等の公的資金をできるだけ多くの大学に配分することによって実施しようとしている。この場合も学生への財政援助は基本的に学生個人を対象に配分されるので、大学は奨学金付きの学生の確保をめぐって競合することになる。

　この大学政策のポイントは、大学による公的資金の獲得に個人や個々の大学を単位にした市場競争の原理を導入するとともに、他方で、人的資源の全般的な底上げでは、大学の門戸を大学進学に不利な少数派を中心にできるだけ多くの人びとに開放し、高等教育機会を平等化することを政策として謳っていることである。競争の結果敗者になるのは、どの国の誰にとっても好ましいことではない。しかし市場競争の原理が社会に根づいた今日のアメリカでは、その政策への導入が公正であれば、多くの人びとの支持を受けやすいからだ。この場合、公正さのおもな基準は機会(アクセス)が平等かどうかということである。

　アメリカにおける不平等や公正の問題を論じるときに、社会的に不遇な立場にある少数派としてよくとりあげられるのは、少数文化者集団(エスニック・グループ)と労働者階級、それから女性である。アメリカの大学政策では、その公正さを確保するために、これらの少数派を中心にできるだけ多くの人びとに大学の門戸を開放することを謳っている。この少数派への配慮は連邦政府だけでなく、州政府の大学政策でも強調されており、学生の多様性を考慮した奨学金の配分や大学教育の改革をはじめ、さまざまな改革が進められてきた。

　こうした多額の資金を要する政策が「小さな政府」によって行われるとき、政策で謳われた所期の目的がどの程度実現できるのかは非常に疑わしい。というのも大学教育の効果を政府がアカウンタビリティの強化や達成度評価の標準化などによって規制すれば、もともと大学への進学や修学で不利な立場

にある少数派の学生は脱落してしまうかもしれないからだ。多文化社会のアメリカにとって、とくに社会的に有利な主流派の立場からみれば、少数派を含めた人的資源の全般的な底上げは経済的な国際競争力を促進するだけでなく、経済的に自立した人びとを増やすことにより社会保障費等の公的資金の軽減にもつながるので望ましいことである。しかしそれだけでなく、その実現がいかに困難であっても、アメリカではこうした少数派に配慮した大学政策でなければ、政策そのものが成り立たないのである。

これまでの日本の大学改革の歩みをたどってみると、たとえ先進的な改革モデルがある国で成功しているようにみえても、その形式的な日本への移植が適切に作動しなかった事例をいくつも見出すことができる。大学改革に大きな影響を及ぼす大学と政府との関係については、同じ失敗を繰り返すことなく、日本社会にふさわしい独自で精妙な仕掛けと工夫をこらした仕組みを構築することが求められる。

日本の大学における管理運営改革の行方

第2に、大学の組織文化に注目して、管理運営改革の行方を展望してみよう。大学の組織文化を同僚制、官僚制、法人制、企業制の4つに区分すると、どの大学の組織文化にも4つの要素はすべて含まれているが、日本でもアメリカやイギリスなどにならって、これまでの同僚制・官僚制から法人制・企業制の方向への転換をめざす大学の管理運営改革が、国立大学を中心に行政主導で進められてきている。ここでは、はじめに日本における改革の行方を大学の設置者別に予想し、次いで大学の組織文化のなかで今後その比重が高まると予想される法人制と企業制の特徴について、あらためてコメントしてみたい。

大学の設置者別にみると、国立大学は法的には国立大学法人が設置することになるので、国立大学全体でも個々の大学でも、その組織文化は法人制の色彩を強めると予想される。さらにアングロ・サクソン文化圏のアメリカやイギリスの動向を参考にすれば、同じ国立大学でも大学によって法人制の比重には違いが生まれるはずである。イギリスではこれまで旧ポリテクニク大学、つまり最も新しいタイプの大学で制度的な基盤が弱く、研究よりも教育

中心の大学を中心に、またアメリカでは、州政府の管轄下にある公立大学を中心に、大学の組織文化は同僚制→官僚制→法人制→企業制の方向に変わってきたからだ。

しかし教育体制が近代以降一貫して中央集権的な日本では、国立大学間の多様性はそれほど進展しないと予想される。つまり日本の国立大学はアングロ・サクソン文化圏の大学のように企業制の組織文化を強めるよりも、全体として官僚制と法人制の要素を色濃く残したまま当分の間存続すると考えられる。個別の大学の実態はともかく、これまでの国立大学のイメージや大学間の較差などもそれほど大きくは変わりそうにない。

こうした予想の手がかりはとくにないが、国立大学の組織文化はたとえ法人化にともなって同僚制の要素が制限されても、官僚制の要素を依然として根強く残すように思われるからだ。その意味では、国立大学の組織文化は同僚制・官僚制から官僚制・法人制にいったん移行した後、旧社会主義圏の東欧諸国や社会主義市場経済を進める中国のように、企業制の色彩を強める方向へ変わるのかもしれない。

もう1つ注目する必要があるのは、国立大学の財源に占める公的資金の割合は法人化にともなって、どの程度減少するのかという問題である。改革の先行モデルの1つとみなされるアメリカの公立大学についてみると、大学の財源に占める州政府と地方公共団体の支出の比率は、1960年代後半以降一貫して増え続け、66年の45％が75年にはピークの56％に達した。しかしその後は減少して、97年には42％まで低下している。それと対照的に、授業料等の学生／保護者の支出は80年代から90年代にかけて大幅に増え、97年の比率は49％まで上昇し、最大比率を占めるようになった (Lovell, 2000, p.125)。

連邦制のアメリカでは、97年の時点で9％を占める連邦政府の補助金も重要な公的資金である。その大部分は学生への財政援助と研究開発費援助に集中しているが、どちらも基本的に大学単位ではなく、学生個人や研究者、研究グループを対象に個人ベースで配分される。そのため大学は奨学金付きの学生や優秀な研究人材の確保をめぐって競合することになる(江原、2002年b、10～11頁)。ところが研究開発費援助については、同じ公立大学でも研究中心の州立大学ほど多額の研究費を獲得できるので、大学の財源に占める州政

府支出の比率は低くなり、各州の州立大学を代表する研究中心の旗艦大学（フラッグシップ・ユニバーシティ）のなかには、その比率が20～30％台まで低下したところもある。

　大学をとりまく外的環境が違うから、このようなアメリカの状況が日本の国立大学にそのままあてはまるとは思われない。しかし「小さな政府」の大学政策の進展により、国立大学の財源に占める公的資金、とくに運営費交付金の割合は今後、どの程度減少すると考えればよいのか。それは現在の60％程度から、全米の州立大学平均の40％程度まで減少し、なかでも研究費等の外部資金を獲得しやすいと想定されている研究大学は20～30％台まで減少するのか。それとも現行の私立大学への経常費補助のように、10％台まで縮小することになるのだろうか。

　大学の財源に占める公的資金の割合をどの程度にするかは、国立大学だけでなく、公立大学や私立大学の将来構想にとっても影響を及ぼす重要な問題である。さらにそれは国レベルの大学制度のあり方や社会的役割に対する政策の方針を反映するので、政府の長期的な大学政策の成否を左右する緊急の解決課題でもある。

　日本の公立大学は実際にはひとまとめにできないほど多種多様だが、法人化されることになれば、大学の組織文化における官僚制と法人制の比重は国立大学よりも高くなるかもしれない。公立大学には設置者が同じ大学の数が少なく、大学の所在地域も府県内に限られて広くないため、大学の管理運営に対する設置自治体の権限は国立大学よりも強化されやすいからだ。

　なお公立大学の法人化への取り組みは国立大学よりも遅れており、その実現には法律の公布後も、法人化か直営かの選択、地方独立行政法人評価委員会の設置、認証評価機関による教育研究評価、各公立大学における中期目標の策定など、さまざまな措置や作業が必要である（加藤、2003年、24～25頁）。

　私立大学は「私立学校法」により学校法人が設置する学校で、所轄庁は文部科学省である。文部科学大臣の諮問機関として大学設置・学校法人審議会が設置され、学校法人には理事会と評議員会が、また大学には重要な事項を審議するために教授会がおかれている。また私立学校法では、国または地方公共団体が学校法人に対して公費助成できることも定められている。このよう

にみると、私立大学の組織文化は法的にはすでに法人制の特徴を十分に備えているといってよい。

　私立大学の管理運営改革では、この法人制の特徴を実質的に備えた管理運営組織を整備するとともに、各大学の理念や方針にふさわしい大学の組織文化を構築することが当面の課題になる。その際とくに問題になるのは、法人制の組織文化と今後その比重が高まると予想される企業制の組織文化とのバランスをどのようにすればよいかということである。というのも大学が「冬の時代」を迎えてからすでに10年が経過し、私立大学の大学関係者、とくに上級大学経営陣には、その社会的責任の達成と自主的で健全な大学経営がこれまで以上に強く要請されているからだ。その意味では、国立大学法人化は私立大学にとってもけっしてよそ事ではなく、大きな影響を及ぼすと考えられる。

　すでに述べたように、日本よりも一足早く、70年代後半に「冬の時代」を迎えたアメリカの大学では、設置者や大学のタイプを問わず多くの大学で、さまざまな企業経営的な組織の管理運営の考え方や組織再建策がとりいれられた。2003年度現在、日本の私立大学は526校を数えるが、その半数は2010年には志願者数が入学定員を下まわり、入学者の選抜試験を実質的に実施できないと予想されている(大江、2003年、141頁)。私立大学ではそうした状況において、学校法人・理事会と教授会の関係をはじめ、大学の管理運営における学長の位置づけや大学職員の役割など、新しい学内外の環境変化に対応した管理運営の改革が求められている(たとえば絹川、2002年、43～47頁；山本、2002年、105～107頁)。

　ところで、日本経済を再建するこれまでの政策の動向を参考にしてみると、日本の大学改革ではアメリカと違って、ハードランディング(硬着陸)よりもソフトランディング(軟着陸)の改革の方が望ましいようにみえる。たとえば大学の新設や閉校が日常茶飯事のアメリカの大学関係者にとって、市場原理や弱肉強食、適者生存などといった言葉はあまり違和感がないけれども、日本の大多数の大学関係者にとって、そうした言葉であらわされる競争社会の状況がどの程度実感できるのかはきわめて疑問である。また公共的なサービスを提供し、社会福祉的な色彩が濃い教育分野では、ソフトランディングの改革

の方が適切であり、それにふさわしい大学の管理運営改革が求められる。これは日本のすべての大学、つまり私立大学だけでなく国立大学や公立大学にとっても、また４年制大学だけでなく短期大学にとっても重要な課題である。

法人制と企業制の分岐点

　次に、日本の大学の組織文化で今後その比重が高まると予想される法人制と企業制の特徴について、あらためてコメントを加えておきたい。

　法人制と企業制の管理運営は大学全体の方針や政策が全学的な計画として明確に策定されている点では共通している。学長や上級大学経営陣の権限が強いのも同じである。しかし企業制が法人制と違うのは、大学の下位組織である学部や研究所、学科内の現場で実際に活動する個人やグループなどの意思決定も、それが全学的な方針や政策に沿う場合には非常に重視されることである。したがってどちらも同僚制や官僚制と比べて、意思決定やその実施ははるかに迅速に進められるが、そのスピードは法人制よりも現場の個人やグループの意思決定が重視される企業制の方が速い。

　また企業制の管理運営では、主要な意思決定は学生や政府、企業などの大学の顧客にとってよいことかどうかを基準に行われるので、大学は顧客のさまざまな要求に応じてその都度臨機応変に対処することができる。それに対して法人制の管理運営では、全学レベルで設定した当初の目標をどの程度達成したかによって評価されるため、比較的公共性の高い目標を短期的にせよ中期的にせよ、ある程度実施期間を限って達成する場合には効率的で効果的な管理運営である。

　このように２つの組織文化はその長所に注目すれば、いずれも大学の管理運営を効率化することができる。しかしすでにまとめたように、それぞれの組織文化は大学の管理運営になじまないところもある。とくに問題なのは、どちらも大学管理者の権限が強いから、他の大学の構成員、とりわけ大学教員の意思決定の権限が規制されて弱くなることである。

　今日の大学の組織文化には４つの要素がすべて含まれている。そのうち多くの大学教員にとって親近感があるのは同僚制の組織文化である。それではなぜ大学で直接教育研究活動や社会サービス活動に従事する大学教員は、合

意を基本にした同僚制の管理運営にこだわるのか。この大学教員以外の人びと、とくに学外の利害関係者には分かりにくい問題を、第3にとりあげてみよう。

大学の管理運営に不可欠な同僚制の組織文化

　同僚制の管理運営は学外の諸力に対する大学の制度的自律性と大学の自治を重視し、個人や学科の意思決定を尊重するので、大学の構成員、とくに大学教員にとって望ましい大学の管理運営のあり方である。しかしそれだけでなく、同僚制の組織文化は大学の革新や発展にとっても不可欠な要素だと考えられている。

　というのも大学がその固有の役割である知識の発見・統合・応用・教育を十分に果たすには、社会における大学の制度的自律性がある程度確保される必要があるからだ。また大学は基本的に専門分野に自律性をもたせる分権的な組織編成によって成り立っているが、大学における革新は多くの場合、学科や学部、研究所、センターなどの下位組織で生まれる「草の根的な」革新であり、それが積み重なって大学組織全体が変わってきたからである。

　アメリカの大学を例にすると、大学はもともと理事や大学管理者の権限が強く、そのリーダーシップにより学外の諸力に対して大学の制度的な自律性を確保してきた。大学教員はそうした管理運営の仕組みのなかで学科を学内の自律的な存在として確立することにより、全学的な大学の管理運営における影響力を強めてきた。大学教員は教学関係、大学管理者はその他の問題領域について権限をもつ分離管理型は、このような動向をふまえてアメリカの多くの大学に定着した同僚制の要素を含んだ大学の管理運営方式である。

　この理事や大学管理者と大学教員による分離管理型の管理運営にもさまざまな解決すべき問題がある。それに加えて、大学をとりまく外的環境が厳しくなり、大学の組織文化に法人制や企業制の要素が浸透すると、同僚制の居場所はますます狭くなった。戦略的管理運営の導入にみられるように、キャンパスの同僚の範囲を職員や学生に広げることも求められるようになっている。しかし大学は企業や官庁、労働組合、あるいは他の公共的なサービスを提供する近代組織とは違った組織的特性をもっており、その固有の役割を十

分に果たすには、設置者や大学のタイプを問わず、どの大学にとっても同僚制の要素を確保した大学の管理運営が不可欠なのである。

注

1 転換期の大学改革を促す社会的背景の詳細については、Inayatullah and Gidley, 2000a；江原、2002年a、2〜10頁などを参照。

2 社会のグローバル化の定義については、江淵、2000年、21〜48頁；阿部、2000年、144〜148頁；Blight, et al., 2000などを参照。

3 大学の未来像に関する議論については、Scott, 1998, pp.116-123; Schugurensky, 1999; Inayatullah and Gidley, 2000a などを参照。

4 アメリカの大学における既存の管理運営の特徴と動向については、Cardozier, 1987, pp. 41-51；江原、1994年、185〜195頁；Keller, 2001, pp.307-311などを参照。

5 パフォーマンス・ファンディングについては、おもにLovell, 2000, pp.119-123；山崎、2000年、14頁、26〜27頁；山崎、2002年、139〜143頁；江原、2002年b、14〜15頁などを参照。

6 戦略的管理運営の詳細については、江原、1999年、36〜40頁；両角、2001年、166〜167頁；Dooris, 2003などを参照。

7 Ｉ．マクネイの大学組織モデルについては、McNay, 1995；McNay, 1999, pp.44-54；Taylor, 1998, pp.76-77などを参照。

8 この分析結果の詳細については、江原、2003年を参照。再分析した「カーネギー大学教授職国際調査」は1992-93年に行われた。有効回答者数は5,325名(日本1,872名、アメリカ3,453名)であり、日本の公立大学は調査対象になっていない。また日米両国の大学には異質なところも少なくないが、この集計では、2つの国を世界の国ぐにのなかで高等教育が最も普及したグループとしてまとめ、そうした国の大衆化した大学に勤務する大学教員の見方や考え方を整理するために、意図的に日米平均を用いている。そのため日米平均は有効回答数の多いアメリカの実情にややかたよっている。

引用文献

Berdahl, R. "Universities and Governments in the 21st Century." In Braun, D. and Merrien, F-X. (eds.). *Towards a New Model of Governance for Universities ?: A Comparative View*. London: Jessica Kingsley Publishers, 1999, pp.59-77.

Blight, D., Davis, D. and Olsen, A. "The Globalization of Higher Education." In Scott, P.(ed.).

Higher Education Re-formed. London: Falmer Press, 2000, pp.95-113.

Cardozier, V.R. *American Higher Education: An International Perspective.* Aldershot: Avebury, 1987.

Dooris, M.J. "Two Decades of Strategic Planning: Is Strategic Planning a Useful Tool or a Counterproductive Management Fad?" *Planning for Higher Education.* Vol.31, No.2, 2003, pp.26-32.

Inayatullah, S. and Gidley, J. (eds.). *The University in Transformation: Global Perspectives on the Futures of the University.* Westport, CT: Bergin & Garvey, 2000a.

Inayatullah, S. and Gidley, J. "Introduction: Forces Shaping University Futures." In Inayatullah, S. and Gidley, J. (eds.). *The University in Transformation: Global Perspectives on the Futures of the University.* Westport, CT: Bergin & Garvey, 2000b, pp.1-15.

Keller, G. "Governance: The Remarkable Ambiguity." In Altbach, P.G., Gumport, P.J. and Johnstone, D.B. (eds.). *In Defense of American Higher Education.* Baltimore: The Johns Hopkins University Press, 2001, pp.304-322.

Lovell, C.D. "Past and Future Pressures and Issues of Higher Education: State Perspectives." In Losco, J. and Fife, B.L. (eds.). *Higher Education in Transition: The Challenges of the New Millennium.* Westport, CT: Bergin & Garvey, 2000, pp.109-131.

McNay, I. "From the Collegial Academy to Corporate Enterprise: The Changing Cultures of Universities." In Schuller, T. (ed.). *The Changing University?* Buckingham: The Society for Research into Higher Education and Open University Press, 1995, pp.105-115.

McNay, I. "Changing Cultures in UK Higher Education: The State as Corporate Market Bureaucracy and the Emergent Academic Enterprise." In Braun, D. and Merrien, F-X. (eds.). *Towards a New Model of Governance for Universities?: A Comparative View.* London: Jessica Kingsley Publishers, 1999, pp.34-58.

Schugurensky, D. "Higher Education Restructuring in the Era of Globalization: Toward a Heteronomous Model?" In Arnove, R.F. and Torres, C.A. (eds.). *Comparative Education: The Dialectic of the Global and the Local.* Lanham, MD: Rowman & Littlefield Publishers, Inc., 1999, pp.283-304.

Scott, P. "Massification, Internationalization and Globalization." In Scott, P. (ed.). *The Globalization of Higher Education.* Buckingham: Open University Press, 1998, pp.108-129.

Taylor, P.G. *Making Sense of Academic Life: Academics, Universities and Change.* Buckingham: Open University Press, 1998.

阿部美哉「国際化・グローバル化」『高等教育研究紀要』第18号(高等教育ユニバーサル化の衝撃〔Ⅱ〕)高等教育研究所、2000年、144～152頁。

梅沢正「企業文化」、「組織文化」森岡清美他編『新社会学辞典』有斐閣、1993年、242～243頁、925頁。

江原武一『現代アメリカの大学——ポスト大衆化をめざして』玉川大学出版部、1994年。
江原武一「管理運営組織の改革——日米比較」有本章編『ポスト大衆化段階の大学組織改革の国際比較研究』(高等教育研究叢書54)広島大学大学教育研究センター、1999年、30～44頁。
江原武一「高等教育における『知』の再構築の動向——アメリカの大学を中心に」『京都大学大学院教育学研究科紀要』第46号、2000年、26～41頁。
江原武一「転換期の大学改革——グローバル化と大学のアメリカ・モデル」『京都大学大学院教育学研究科紀要』第48号、2002年a、1～22頁。
江原武一「アメリカの大学政策」『大学評価研究』第2号、大学基準協会、2002年b、9～17頁。
江原武一「大学教員のみた日米の大学——90年代初頭」『京都大学大学院教育学研究科紀要』第49号、2003年、69～91頁。
江淵一公編著『トランスカルチュラリズムの研究』明石書店、2000年。
大江敦良「学生募集と入学試験と経営」『高等教育研究』第6集、2003年、131～146頁。
加藤祐三「公立大学法人への展望」『IDE 現代の高等教育』No.451、2003年、21～25頁。
絹川正吉「私立大学の組織・経営再考」『高等教育研究』第5集、2002年、27～51頁。
サロー, L.(土屋尚彦訳)『大接戦—日米欧どこが勝つか』(講談社文庫、P540)講談社、1993年。
角替弘規「イギリスの一元的高等教育システムにおける旧ポリテクニク大学」『比較教育学研究』第27号、2001年、139～158頁。
ディール, T./ケネディー, A.(城山三郎訳)『シンボリック・マネジャー』(新潮文庫3847)新潮社、1987年。
マイヤー、ジョン W.(清水睦美訳)「グローバリゼーションとカリキュラム——教育社会学理論における問題」『教育社会学研究』第66集(特集 教育におけるグローバリゼーション)東洋館出版社、2000年、79～95頁。
両角亜希子「大学の組織・経営——アメリカにおける研究動向」『高等教育研究』第4集、2001年、157～176頁。
山崎博敏「アメリカの州立大学におけるパフォーマンス・ファンディング」米澤彰純編『大学評価の動向と課題』(高等教育研究叢書62)広島大学大学教育研究センター、2000年、12～28頁。
山崎博敏「アメリカの州立大学における教育評価——大学・州・全国レベルでの機構」『大学論集』第32集、2002年、131～145頁。
山本眞一「大学の組織・経営とそれを支える人材——編集意図の説明を兼ねて」『高等教育研究』第5集、2002年、87～107頁。
山本吉宣「グローバリズム」、「グローバリゼーション」、「グローバル・イッシュー」猪口孝他編『政治学事典』弘文堂、2000年、268～269頁。

第1部
日本の動向

第1章　国立大学法人化の射程

金子　元久

1　「国立大学」の意味

　2003年夏の国立大学法人法の成立に従って、2004年春に「国立大学」は「国立大学法人」に移行した。しかし制度的な法人化が行われた後も、国立大学法人の制度は完成したわけではなく、実際にはその後もさまざまな変化をとげていくものと考えられる。国立大学法人は結局、どこにむかおうとしているのか。またそれはどのような問題を内包するのか。本章はまず国際比較の視点から日本の国立大学の特質を位置づけ(第1節)、法人化がそれをどのような点において変更しようとしているのかを整理することを通じて(第2節)、新しく生じようとしている国立大学法人の問題点を論じたい(第3節)。
　まず議論の出発点として、これまでの「国立大学」とは何だったのかを確認しておこう。

大学・政府関係の3つのパターン

　中世ヨーロッパにはじまった「大学」は、その後の経緯のなかでさまざまな発展形態をとり、あるいは消滅していった。近代国家の誕生を契機として、その形態はおもに3つに整理されるようになった。第1にドイツにおいて19世紀初頭に成立した「国家施設型大学」、第2にイギリスの大学の伝統を受け継ぎ19世紀初頭にアメリカで成立した「自主団体型大学」、そして第3にアメ

リカ、イギリスで19世紀後半に成立した「国家付託型大学」である。

(1) 国家施設型大学

第1の「国家施設型」の大学に分類されるのは、ドイツの大学、日本の国立大学である。他の大陸ヨーロッパの大学もこの類型に属するといってよい。その特徴は、まずその理念において、政府が社会の教育研究に対する要求を包括的に把握し、それを大学を設置して満足させるという点にある。こうした大学のあり方の理念は、ドイツ観念論の国家の位置づけにさかのぼることができる。国家にその存在の意味を与えるのは、社会や個人の存在理由の基盤となる知識と価値の体系、いいかえれば文化であって、その探求と形成は国家の必須の目的である。したがって国家は、文化の形成と継承の機関である大学をその当然の義務として創設し、支持していかねばならない。大学はこの意味では政府組織の一部であり、大学の要する費用も、あたかも政府の一部門であるかのように政府予算の一部として管理される。ただし大学内部の管理形態においては、財政組織施設の面では政府の統制のもとにあるが、もう一方で教授会成員には幅広い権限が与えられ、強い自治性をもつ。文化こそが国家に意味を与えるのであるから、研究は知識の発展そのもののために行われるべきであり、そうした意味で大学は国家を超越する存在でなければならない。したがって大学は国家の統制から自由であることが要求されるのである。こうした管理運営上の二重性が国家施設型大学の大きな特徴である。こうした概念装置によって、大学は自己目的的な知識の追求と、それに必要な資源の双方を手に入れることができた。そうした体制が、近代科学の発展にきわめて重要な意味をもったことは、ドイツの大学のその後の発展が示すところである。

(2) 自主団体型大学

いま1つのパターンを自主団体(コーポレート)型大学と呼んでおく。アメリカにおいて17から18世紀に発達した大学は、イギリスの有産カレッジの伝統をうけついでいた。しかしそれが植民地で発展するなかで、1つの組織形態をつくりだした。そうした形態の先駆はイェール大学のそれ(Yale Corporation)であるといわれるが、19世紀初めの、ダートマス判決(Dartmouth Case)によって社会的に認知された。

このタイプの大学を支える理念は、社会に必要な機能を、政府ではない、自主的な個人ないし団体が支えるという理念である。とくに知識や教育などについては、国家は直接に関与するべきではないとする。こうした理念に立って、大学を形成するのは、一定の資産をもとにしてそれを運用することによって大学を支持する団体としての理事会であり、それが執行機関としての学長を雇用し、学長が教員を雇用して大学の教育研究の機能を達成する。

　こうした大学の財政的基盤をなすのは、社会の有志が大学の設置を自主的に望み、そのために寄附した資金の蓄積(基金―Endowment)であって、さらにそれが必要とする限りで、教育サービスに対する対価を徴収することも行われる。他方で大学に対しては、政府は直接の統制を行わず、理事会が独自の観点からの意思決定を行う。ただし自主性の根幹は理事会にあり、教員のギルド的な意思決定範囲は限られたものとなる。また理事会は執行機能の長としての学長を任命し、学長は副学長、学部長などの執行組織を形成する。学長の任期は通常、長期にわたる。

　(3)　国家付託型大学――変形コーポレート型統治

　もう1つの形態が国家付託型の大学である。アメリカにおいて19世紀後半にモリル土地付与法(Morill Land-Grant Act)によって設置された州立大学、およびイギリスにおいて同じ時期以降に設置された大学、いわゆる近代市民大学(Civic University)がこれにあたる。国家付託型大学の理念は、政府が一定の自律性をもつ大学を設置し、それに対して社会が必要とする教育研究機能を付託するというものである。こうした大学については、政府は財政的には補助を行うが、統制は直接的ではなく、アメリカの州立大学のように理事会に参加するか、イギリスのように財政を通じて、間接的に統制を行う。大学の管理は基本的には、アメリカ州立大学でもイギリスの諸大学でも理事会によって行われる。

国家施設型大学の理念と制度的構造

　では国家施設型の大学とはどのような理念と制度を内包しているものなのか。

(1) 理念

前述の国家施設型の大学の理念となるイデオロギーが形成されたのは、18世紀末から19世紀初頭におけるドイツの観念主義、ことにその「文化国家」の理念によってであった。ベルリン大学建設に直接、間接にかかわって語られた、フィヒテ、フンボルトなどの大学の理念は、いわばドイツ観念主義における国家および文化、精神観の1つの精髄ともいうべきものであり、それぞれに微妙な相違があるものの(プラール、1988年、176頁)、総体として1つの論理を見出すことができる。それを社会・政府と大学との関係という観点から簡単にまとめれば以下のようになろう。すなわち、①国家は市民社会の物的な欲求を超越する精神的・文化的な存在であり、その精神的・文化的な価値の探求を行うことがその重要な使命であるから、②そのために国家はその不可欠の任務として、大学を制度的・物的に設置し、支持しなければならず、③他方で大学はこうした精神的・文化的な探求によって、国家自体を領導する役割をもつのであって、何者にも拘束されずに真摯に行う、高度の自律性をもった組織でなければならない。

(2) 二重性

こうした論理構成によって、大学は一方でその物的基盤において政府に依存するとともに(1)、他方で高度の自律性を与えられる(2)のであるが、しかしこの2つの契機は基本的に相矛盾する側面をもっていることは事実である。そもそも、歴史的にドイツの大学が中世からの学術成員のギルドとしての淵源をもつ一方で、政府による統制、支持を得つつ成長、存続してきたという背景から、二元的な性格をもっていた。このギルドとしての側面と、政府組織としての側面との二重の規定の矛盾が、近代化にともなって国家組織の法的整備が進むに従ってより先鋭に意識されざるをえなくなったともいえよう。すでに18世紀後半のプロイセン一般法には、大学をこのような形での二重性があらわれていたが、ベルリン大学の誕生はその問題をよりきわだたせた。

今日においてもドイツにおいてはこうした二重性はそのまま現在にうけつがれ、1985年「高等教育大綱法(Hochschulrahmengesetz、1985年)」58条は大学を一方で「公法上の団体(社団)(Koeperschaft des oeffentlichen Rechts)」であるとす

るのと同時に、他方で「国の施設(staaliche Einrichtung)」と規定している。こうした二重性をめぐって、そのいずれが大学においてより「本質的」であるか、という問題が提起され、きわめて膨大な論争が続けられてきた(高木、1998年、22頁)。日本においても、戦後においては政府に対する大学の自治のあり方が、大学をめぐる問題の焦点となってきた。しかしこうした議論においては、どちらが本質であるべきか、という当為の問題と、大学が社会的にみてどのような存在であるのか、という認識の問題が往々にして混同され、しかもそれが政治的な立場の総意を反映してきわめて政治的な色彩を帯びることになった。それが大学自体のあり方について生産的な議論を生んだとはいい難い(高木、1998年)。

ただ、ドイツでの議論から学びうるのは、大学が「公法上の団体(社団)」すなわち法人の側面をもつことは、むしろ大学の中世的な特質に根ざすものであって、それが必ずしも大学の経営上の自律性を意味するものではないことである。こうした意味で、「法人」という概念そのものに過度の意味づけを与えることは適当ではない。むしろ重要なのは政府と大学との関係と、大学の自律性の内実でなければならない。

(3) 福祉国家と国家施設型大学

こうした観点からむしろ重要なのは、国家施設型を支えるイデオロギーのうち、①の政府の使命にかかわる議論であろう。たしかにベルリン大学の成立の時点では、文化国家としての国家のあり方が、無条件で大学の自律的な学術活動を要請することは可能であったろう。しかしこうした、ある意味ではきわめて観念論的な国家観、大学観はその後の社会発展のなかで大きく変質していった。すなわち近代科学の自律的な発展は、そうした啓蒙主義的な学問観が想定していたより、はるかに広範な学術活動を必要としてくる。さらに国家の側についてみれば、「国家」は、それが包摂する市民社会の要求を実現する手段としての役割を拡大していくのである。以下ではときに社会全体をさす「国家」という言葉を用いずに、その統治機能に対応する「政府」という言葉を用いる。

そうした動きには3つの要因がある。第1は資本主義の土台としての教育と人材養成である。上述の国家観においては国家の文化的・精神的性格が強

調されていたのであるが、19世紀のその後の発展においては国家が包摂する市民社会の経済的要求の発展、すなわち資本主義の要求に従うことが、軍事的要請と相まってあらわれてくる。第2はシステム化である。19世紀から20世紀にかけての福祉国家化は、個人の生活や家族の保護にもその活動範囲を広げ、初等・中等教育を含む教育システム全体のシステム化に結びついた。第3は機会均等の思想である。とくに戦間期から後は、社会的な機会の均等を達成することも政府の重要な役割となった。戦後においてはこうした傾向はさらに進み、高等教育機会の均等は政府の社会政策の重要な手段となったのである。

こうした変化によって社会の要求を集約し、それを満足させる手段を政策として定式化し、自らの手で実現させていくという意味で、近代国家の究極の姿としての福祉国家において、高等教育政策はその重要な環の1つとなった。他方で大学にとってみれば、大学への社会的な要求と、それに対応する資源の投入は、すべて政府を通じて行われる、いわば国家が大学と社会との関係を独占的に媒介する、というモデルが形成されたのであった。

その現代的な理念を図式的に示せば、以下のようになろう。すなわち、(a)政府は社会の高等教育に対する顕在的、潜在的な要求を集約する(社会的要求の集約機能)、(b)それを達成するために政府は計画的に大学を設置し、それが機能するための条件を形成する(政策形成・行政管理機能)、(c)大学は自律性を与えられ、それを基礎として教育研究機能を十全に発揮し、社会に提供する(条件から教育研究への転換)。

こうした意味で政府と国家施設型大学との関係は大きく拡大し、また複雑にならざるをえなかった。それを支え、また正当化するために、(a)の過程においては政府の行政(計画)能力および徴税による資金獲得能力、そしてそれに対する民主的な承認の手続きが、(b)については政府の行政(施策実施)能力、および大学に対する統制と資源配分のメカニズムが、そして(c)については、大学自身の学術的な自主管理能力が、それぞれ制度的に発達させられてきた。いいかえれば現代の国家施設型の大学はこうした制度的な基盤が効果的に働くことを前提として成立しているともいえる。

国家施設型大学の限界

　上記のような理念と制度は、一方で教授団の自治による自己目的的な科学研究というエートスを標榜しながらも、他方で政府の豊富な資金を大学に導入するための、きわめて有効な装置として機能することができた。これによって、大学は急速な学術研究の進展と教育の基盤を形成することに成功したのである。また経済発展に必要な人材を計画的に養成し、また教育機会の不平等を解消するうえでも大きな役割を果たしたともいえる。他方で自主団体型の大学は、その機能的な優越性というよりは、歴史的な要因によって形成されてきたのであって、近代国家との関係を形成するために、むしろ国家施設型大学の性格をとりいれざるをえなかったといえる。前述のイギリス、アメリカにおける「国家付託型大学」はむしろこうした過程で生じたものといえよう。

　しかし国家施設型の大学にはもともと、前述のような二重性という基本的な矛盾がはらまれているだけでなく、社会と大学との関係を政府が独占的に媒介するという本質そのものがさまざまな問題を生んできた。とくにグローバル化、知識社会化といった言葉にあらわれる最近の急速な社会経済的な環境変化のなかで、その機能が低下しつつあるという厳しい批判にさらされるようになってきた。その根底にあるのは、知識の経済的な価値が大きくなるのと同時に、その大学に対する要求が著しく多様化し、また急速に変化することである。そのために、社会の要求を政府が集約し、それを国家の大学に対する要求として整合的な政策として編成し、個々の大学の編成および予算として具体化することがきわめて難しくなってきた。上述の(b)の機能が揺らいできたのである。

　しかも厳しい財政状況の圧力のなかで、社会的な課題の達成において政府が果たすべき役割(a)そのものについても限定・縮小するべきであり、むしろ市場機構をより重視するべきだという議論が力を得ていることはいうまでもない。

　しかも大学に対する社会のこれまでの無条件の信任も揺らぎ、大学の社会に対するより効率的な貢献を要求するようになっている。研究機能の多様化、社会的な要求の多様化とその変化の加速化は、大学が社会的要求の変化に着

実に応じることを要求する。しかし上述の二重性によって、国家施設型の大学学内意思決定、執行体制が弱体であり、それが大学の組織的な変化を困難にし、またその速度を遅くしていることが批判されるようになった。前述の(c)の論点も厳しい批判にさらされているのである。こうした意味で、国家施設型の大学は今、本質的な機能不全に陥っているといえるかもしれない。

2 国家施設型大学の「脱政府化」

こうした背景から、ほぼ2世紀の歴史をもつ国家施設型大学はいま、大きな変容を迫られている。これは日本だけでなく、ドイツ、オーストリア、オランダなどに共通の現象である(OECD, 2004)。

脱政府化のベクトル

そうした動きを強いて一般的に概括すれば、それは国家施設型大学の「脱政府化」への動きであるといえる。しかしそれは国家施設型に代わる新しいモデルを想定して、それにむかったものとはいいがたい。むしろ今あきらか

表1-1 政府・大学関係の変化のベクトル

		国家施設型	脱政府のベクトル
統制	政府の権力と義務	権利：法的・行政的統制 義務：大学の活動維持	両者の交渉による条件設定・双務的契約
	大学の意志決定の範囲と主体	学術面に限定 学術成員の参加	経営・学術両面 単独主体（学外者を含む）
	監視の時点と基準	執行過程・支出目的と執行の一致	事後・達成度評価 事前・競争による資金獲得
資源配分	資産の所有	政府による所有・大学の占有	大学自身による所有。資産の売却、借入金が可能
	政府支出の理念とルート	機関と活動の維持 出所： 一元的 対象： 機関 範囲： 包括	サービスの購入 出所： 多元的 対象： 機能 範囲： 限定
	リスク負担の主体・報償の帰属	リスクは政府負担 報酬は存在しない 損害賠償は政府の責任	リスクは大学負担 報償は大学に帰属 賠償責任は大学

になりつつあるのは、脱政府化のベクトルには多数の次元があることである。それらの次元のそれぞれでさまざまな代替案が想定され、それらが部分的に改革の対象となっているのが現状といえよう。そうした脱政府化のベクトルを、政府と大学との間の関係における、統制と資源供与の2つの視点から整理すれば**表1-1**のようになる。

統　制

　前述の国家施設型大学に対する批判は、まず組織としての大学の政府による統制の緩和にむかうのは当然といえよう。またそれは伝統的な二重性の議論を背景として大学の内部での支持も得やすい。
　（1）　政府の権利・義務
　まず政府の大学に対する権力についていえば、国家施設型の大学においては、大学は政府組織の一部であるから、政府は大学に対して行政的な統制を行う。具体的には、大学の組織を改変し、また人事権をもち、一定の範囲内において職務命令を出す。国家施設型の大学においては、学術成員については、教授会によって選出することが認められているが、その任命はあくまで政府が行う。しかし同時に重要なのは、大学は政府組織の一部であるから、政府は大学の活動の基盤を形成し、その活動の基盤を維持していく義務を負っている点である。こうした大学活動の維持の義務と、それに対応する行政的管理の権限が国立大学法人と政府の間の関係の具体的な根幹をなしている。
　これに対して脱政府化のめざすのは、そうした一方的な権力・義務の関係に代えて、政府と大学との間に、政府による資源の負担と大学の貢献についての、平等の取引関係を成立させることといえよう。いいかえれば、両者の間に、暗黙的あるいは明示的な契約が取り結ばれることになる。したがって政府の権利義務は、法律などで明文化されたものではなく、常に大学と政府あるいは立法府との間で交渉され、定義されなければならない。
　（2）　意思決定の主体と範囲
　次に重要なのは大学についての意思決定の権限の所在である。国家施設型の大学は、政府組織の一部としての側面と、学術成員による自立的な組織と

しての二重性を特徴とするが、学内のみにおいて決定できるのは基本的に学術(教育・研究)に直接にかかわる事項だけに限定される。大学自体は組織・人員・予算・施設といった面での変化を要する改組等を提案することはできるのであるが、それについての意思決定をすることはできない。また学内の意思決定に参加するのは、学術成員(教授会構成員)のみであって、しかもそれは、きわめて参加的であって、代表者への権限の委託は最小限に抑えられる。

　前述のようにこうした参加的な形態の非効率制はこれまでも批判の対象となってきた。これに対置されるのは、大学に学術的側面のみならず、大学の経営全般にわたっての裁量権と責任を与える形態である。ただしこうした経営面での意思決定にかかわっては、学術成員だけでなく、学外者が参加し、また学長などの経営責任者に決定権が与えられる。これに対して学術成員の参加は、学術面に限られた限定的なものとなる。

　(3) 監視の時点と基準

　いま1つの視点は、政府補助金の支出の適正性の監視、あるいはアカウンタビリティの確保の方法である。国家施設型大学においては、政府予算は論理的に一貫した体系をなしているのであるから、予算もその目的に応じて項目別に細分されている(line-item budget)。それが大学において実際に支出される際に、予算の目的に合致して行われているのか否かが基本的な適正性の基準となる。予算項目の区分があまりに細かいと執行の効率性が損なわれるために、実際には大綱化される場合もあるが、その場合でも当初の予算の目的との適合性を確保するためのさまざまな規制が行われる。単一年度の予算の執行の原則もそうした規制の1つであると解される。

　こうした監視の方法は予算の執行をきわめて煩雑にし、非効率化することが脱政府化の志向を生み出す1つの背景となってきた。その代わりとして脱政府化の志向は2つの適正性確保の方法を提起する。第1は、補助金の執行自体の監視は最小限にとどめ、その使用の結果をさまざまな方法で評価し、それを次の次期の補助金の支給の査定の対象とする、という方法である。このビルトインされた結果の最大化のインセンティブが、有効な資源の使用をもたらすことが想定される。これを「事後・評価基準」と呼んでおこう。第2

は補助金の支給対象をはじめは特定せず、大学あるいは大学の構成員が競争によってそれを獲得する、という方法である。政府の側は、支給目的を最大化すると判断された大学ないしその構成員に補助金を支給する。これを「事前・競争基準」と呼んでおこう。これらは、大学の活動成果が市場メカニズムによって直接に価格をつけられないにもかかわらず、そこに市場メカニズムを導入する方法であるとも解釈することができる。

資源配分

統制と対応するのが、大学に対する資源の配分のあり方である。

(1) 資産の所有

まず政府と大学との関係を端的にあらわすのは、大学の所有権(Ownership)の定義である。いわゆる「国立」、「私立」の区別は基本的には所有者に着目した分類であるといえよう。国家施設型の大学は基本的には政府の所有にかかるものと考えられる。大学は、政府にとっては、あくまで政府組織の一部であって、大学に属する人員、施設は国家の所有物であると解される。大学に一定の範囲内での意思決定の自律性を認めているが、それは大学の組織・施設の利用についての権限を与えているのであって、この意味で「占有権」を与えているにすぎない。またしたがって、大学はその資産を売却すること、あるいはなんらかの担保を設定して資金を借入することも許されない。

これに対して脱政府化の論理に従えば、大学は政府の所有にかかるのではなく、それ自身を所有することになる。したがって、その資産の売却、あるいは資金の借入を行うことも可能となるはずである。

(2) 政府資金の理念とルート

国家施設型の大学は、政府が社会的必要を集約して大学を設置するのであり、大学は政府の組織の一部なのであるから、大学の組織と活動を財政的に保証する義務を政府が負わねばならない。また近代国家においては予算は政府の政策の論理的に一貫した表現であるから、1つの具体的な目標に対して政府支出の項目が対応する。大学の設置と維持は、そうした政府の行動の1つであり、したがって大学に対する支出は、政府予算の特定の個所において、いわば一元的に支出されねばならない。またその支出は、社会的な要求を達

成するために、国立大学という組織を設置し、維持することを目的として行われる。すなわち機関の設置、その活動の維持が対象となる。さらに政府が大学を政府の組織として運営する限りは、大学の活動に要する費用は、すべて、すなわち包括的に政府によって負担されねばならない。

これに対して脱政府化の論理に従えば、政府は、独立した大学の研究教育機能の一部を提供するか、あるいはその一部を社会を代表して需要する主体にすぎない。またその需要は政府の複数部門で生じることがありうる。したがって大学に対しては、政府の複数の部門が、それ自身の必要に応じて大学への補助金を支出する。とくに研究機能に関しては、たとえば産業発展を担当する省庁が、その必要に応じて研究補助金を支出する。ただしこうした補助金は個々の政策目的に必要な限りで支出されるのであるから、大学の機能全体を対象とするものとはならない。この点において政府省庁は、社会の部分的な需要を社会に代わって需要し、その対価を支払っているとみることができる。

（3） リスク負担の主体と報償の帰属

第3の側面は、経営上のリスク負担と、報償の帰属である。国家施設型大学においては大学自体が、リスクを負担することはない。組織上の主要な決定は政府によって行われるのと同時に、その執行においてなんらかの事故が起こった場合にも、政府が行政的な統制を行っている限り、その責任は政府にある。したがって、たとえば大学によってなんらかの損害が与えられた場合でも、訴訟の対象となるのは政府となる。他方で政府は大学の活動の保持に必要な限りにおいて大学に補助金を与えているのであるから、大学に対する報償はありえない。

これに対して脱政府の方向では、大学は経営努力による財政的な余剰を、自己に対する報償としてうけとることができる。そして独自の行動あるいは努力による報償を受ける体制をつくることによって、大学をより効率的に運営させることができることが強調される。しかしこれは他方で大学自身がその経営についてのリスクを負担しなければならないことを意味する。また大学自体が損害賠償などの訴訟の対象となりうる。こうした意味で新しいコストが生じるのであって、大学は自身の経営努力からこうしたコストを負担す

ることが求められる。

3 「国立大学法人」の設計と現実

　以上に列挙したように、国家施設型に生じる変化は多数の次元にわたっているのであって、具体的な改革の形態は実はきわめて多様な可能性をもっている。そのなかで、日本の国立大学法人は何を意図しているか。

国立大学法人の設計
　まず国立大学の改組がどのような形で具体化してきたかを振り返ってみよう。
　（1）　独立行政法人と国立大学法人
　国立大学をなんらかの意味で政府からより自立した組織に改組するという議論は、すでに明治期の国立大学の成立期の時期から議論されていた。戦後においても、占領下においてすでに大学管理法が提起され、1970年代初めには永井道雄氏の「大学公社論」、OECD調査団の提案などがあった。そうした動きが力を得たのは1980年代であって、臨時教育審議会においては国立大学の特殊法人化が議論され、さらに1990年代において行政改革の動きのなかで「民営化」も議論され、1996年には行政改革会議においてもこの問題がとりあげられるようになった。
　こうした議論が具体性を帯びたのは1997年に行政改革会議において一般的な行政改革のモデルとして、独立行政法人（日本型エージェンシー）が浮上したことを契機としている。政府が果たすべき役割のなかでも、事業の目標が具体的である場合には、政府が事業目標を明確に設定し、政府組織とは独立の実施組織（エージェンシー）に委託することによって、政府組織の縮小と効率化をはかる。これが独立行政法人の構想であった。従来から議論されてきた国立大学の制度的改組は、独立行政法人のスキームに乗ることで、政策的な議論の対象となったのである。
　その後、政府内部では法人化の方向が急速に固まっていったが、それが独立行政法人の枠内で行われるのか、あるいはそれとは異なる独自の形態をも

って行われるのかについては、決着がついていなかった。2000年夏に文部科学省におかれた「国立大学等の独立行政法人化に関する調査検討会議」(以下、「調査検討会議」)では、ある程度は独自の形式が可能という前提のもとで議論が行われたのであり、その報告が「新しい『国立大学法人』像について」(2002年3月)と題されているのはそうした意図を示しているとも考えられる。この二義性が結局、国立大学法人像のあいまいさにつながっている。

(2) 国立大学法人法

調査検討会議の報告をうけて文部科学省で法文化の作業が行われ、2003年夏に「国立大学法人法」(以下、「法」。独立行政法人法の準用規定を含む)が成立するにいたったのは周知のとおりである。

この法律の第1の意義は、大学が政府の支配から独立した組織であり、したがってその所有物ではないことを宣言したことにある。「国立大学」という名称は残るのであるが、それは「国立大学を設置して教育研究を行う国立大学法人」(「法」第1条)によって設置されるのであって、少なくとも政府の直接的な行政的な統制をうけるものではない。

同時に国立大学法人法が明確に規定したのは、大学の意思決定組織である(「法」第2章)。その基本的な特徴は、学長にきわめて強力な権限が与えられた点である。役員会が重要な案件について審議することになっているが、その構成員は学長によって指名される。また教育研究評議会が学術面について、学外者を含めて構成される経営協議会が経営面について、重要事項を審議することになっているが、それには拘束力がない。このように学長に与えられた強力な権限は、これまでの教授会を基盤とする参加主義的な経営形態からの決定的な転換であるかにみえる。

こうした形で自律性を与えられた国立大学法人に政府による統制が行われるのは、「中期目標」および「中期計画」を媒介してであるとされる(「法」第3章)。すなわち政府は大学が6年間の機関に達成する中期目標を示し、大学はその実現のための中期計画を立案して文部科学大臣の許可を得なければならない。そしてその毎年度の業務実績、および中画期間中の実績について報告し、「大学評価委員会」の評価を得なければならない。これによって大学は、詳細な行政的統制の制約を免れ、事後的な評価による間接的な統制をうける

ことになることになる。

　こうした点をみれば前述の3つの次元のすべてにおいて、国立大学における統制面での制約がすべて取り払われているようにみられないことはない。しかしより立ち入って考えてみれば、いくつかの疑問が生じる。

　この点でまず重要なのは、中期目標・計画とその評価による統制のメカニズムである。前述のようにこれは独立行政法人のスキームをそのまま適用したものであって、実際、法においてもこの部分はほとんど、独立行政法人通則法の準用規定から成り立っている。ここで大学の自主性が失われることに対する配慮から国会での付帯決議は、中期目標・計画の設定に大学の自主性を活かすことを求めている。しかしより基本的な問題は、独立行政法人の規定は比較的に明確に指標化しやすい事業を念頭において作られているのであって、大学のようにきわめて多様で、しかも恒常的に革新が必要な活動を対象として成立するか否かが疑わしい点である。そうした活動のそれぞれに詳細な、しかも数量的にあらわされた目標を設定するのであれば、それは現在の行政的な統制よりもはるかに制約の強いものになり、法人化のそもそもの要求に反することになる（金子、2002年）。

　また意思決定権が学長に集中するのであれば、それに対応する賞罰のメカニズムをもたなければならないはずである。少なくとも注意義務をおこたることによって生じた損害に対しては、個人的にその賠償を要求されることもありうる。しかし「法」ではそうしたメカニズムも設定されていない。これは学長の権限が実質的には強く制限され、したがって政府がリスクの負担を行うことを想定しているからにほかならないのではないか。

　さらに大学自身に経営の権限が完全に渡されるのであれば、大学が行った意思決定の結果として、結果として財政的な破綻が生じ、大学そのものが廃止される場合も許容されねばならないはずである。しかし国立大学法人法は、そうした場合をまったく想定していない。これも政府による統制が十分に強力に行われるのを暗黙に想定しているからにほかならない。

　こうした視点からみれば、意思決定組織についてもまったく異なる解釈が可能となる。すなわち、上述のように国立大学法人の意思決定は最終的には学長個人に多くの権限が集中しているが、これは通常は法人に必須と考えら

れる基本的な意思決定と監督の役割を果たす合議的な決定組織を欠いていることを意味している。私立(自主団体型)の大学においても通常はありえない、ある意味では奇矯なメカニズムが採用されているともいえる。

このような制度がなぜ選択されざるをえなかったかといえば、それは畢竟、国立大学法人における基本的な意思決定、監督の権限は文部科学大臣にあるからと考えるほかない。こうした意味では、国立大学法人の意思決定組織はむしろ肥大化された執行組織であるとみるべきかもしれない。この意味では国立大学法人は名目上は政府とは分離された組織であるとしても政府の詳細な統制、監督をうけて、その効率的な執行に責任を負わされることになる。こうした意味では行政組織の一変形にすぎないともいえよう。これは独立行政法人に共通する性格であるが、国立大学法人においてはとくにその活動の多様性から、個別法人の判断の対象は目的の遂行だけでなく、具体的な目的の設定にも及ぶのが通常であって、この点での不自然さがとくに目立つともいえる。こうした論理的な問題が解決されていないことが国立大学法人の政府との関係の理念が、「法」においても明確に述べられていない背景にあるとも考えられる。

いずれにせよ、国立大学法人の法的設計は、一見して国家施設型からの明確な離脱をめざしているようにみえながら、実は、国家施設型の限界内にとどまることをも許容する、微妙な(あるいはあいまいな)構造をもっていることが特徴である。

(3) 政府補助金

こうした意味でクリティカルなのは、財政面の問題であろう。

この点について「法」はまず第1に、政府出資によって国立大学法人は必要な資本金そのほかの財産を有することを規定している(通則法第8条の準用、および「法」第7条)。この意味で、国立大学法人は独自の資産をもつ。また一定の制限のなかで短期・長期借入金および債券の発行も認められる(「法」第33条)。こうした点で国立大学法人の財務・経営は政府組織のそれとは明確に区別される。

また中期目標の達成度を資源配分に結びつけている点は、「監事」の設置の義務(「法」第24条)および「国立大学法人会計基準」による会計管理(「法」第4章)

とあわせて、予算の執行過程に対する行政的な統制による財政管理から、事後的な達成度の評価による補助金の管理への移行を示している。また事業年度で利益が生じたときは、それを次年度に繰り越すことが認められている（通則法第44条、「法」第32条）。

またこうして国立大学法人の会計は政府予算から独立し、独自の会計基準によって管理されるのであるから、政府からの補助金は必ずしも一元的である必要はなく、原則として政府のさまざまな部門および民間資金など多様な資金の受け入れが可能であるはずである。

これらの点において、国立大学法人に対する政府補助のあり方は、国家施設型の枠を大きく踏み出すものであるかにみえる。しかし以上は、国立大学法人の側の基本的な機構がそうしたことを可能となる余地が生じていることを示しているにすぎない。それがどのように実際の意味をもつのかは、政府が国立大学法人に対してどのような形で財政的な補助を行い、またそれについてどのような統制を行うかにかかっている。

ところで政府の国立大学に対する財政的なコミットメントについては、前述の「調査検討会議」の報告書がその基本となることが、その発表（2002年3月）から国立大学法人法の成立にかけて、2003年秋までの一般的な了解であった。報告書の骨子は、国立大学法人に対する政府の補助金は、学生数等から一定の算定方式によって算出される「標準運営費交付金」と、特定の教育研究施設や事業に対する「特定運営費交付金」からなり、中期目標の達成度の評価が、運営交付金の算出に反映されるものとしている点にあると考えられる。

この制度の基幹となるのは、とくに標準運営費交付金の算定方式であって、より詳細には学生数、教員数などに一定の係数をかけて算出される「必要額」から、大学の独自収入を差し引いた額が、標準運営費交付金として大学に与えられることになっていた。これは独自収入の獲得についてなんらかの義務が付されるのでなければ、国家施設型大学における「必要額保証主義」から大きく離脱するものではない。大学に対する政府の補助金の中心となるのは、やはり文部科学省から大学に与えられる機関援助だという点である。いいかえれば、一元的、機関対象、包括的補助の原則は崩されていない。この点についても、国家施設型の枠を超えるものではない。

ただしいま1つの中期目標の達成度による評価が補助金に結びつくという点は、論理的には政府の国立大学法人に対する補助金の必要額保証の概念から逸脱するか、少なくとも「必要額」の範囲ないし定義を変更する可能性を導くものである。しかしこの点についてはまず、評価結果を補助金に結びつける方法が上記報告に明確に示されておらず、その後の文部科学省の検討においてもほとんど具体化されなかった。

　また評価そのものに関しては2003年秋に「大学評価委員会」が発足し、その方法が検討されているが、それがどのような形のものとなるかは少なくとも国立大学法人の発足時までには明らかとなっていない。それは単に準備に時間を要するという問題ではなく、むしろ大学のようなきわめて複雑な組織の全体に対して、はたして正確な評価が可能であるのか否かそのものが実はきわめて疑わしいことに根ざしている。大学の活動は、無形であって、しかも多面的であるから、それを全体として一元的な尺度で評価することは技術的にきわめて困難である。あえて評価を強行すれば、そうした評価のあり方に大学が対応して、本来の教育研究上の達成よりも、評価されやすい達成のあり方を求めることになる。それは長期的にみれば、むしろ資源使用の効率性を損ねることにさえなりかねない。

　他方で2003年に国立大学法人の設置の具体化が文部科学省によって進められていく過程において、上記の資源配分のメカニズムの設計に実質的な修正が加えられることになった。1つは従来の国立大学についてと同様に、概算要求の過程が継続されることが決まったことである。いま1つは、上記の中期目標の達成度の評価だけでなく、各年度の事業についても計画を立て、その業務実績を報告し、国立大学法人評価委員会の評価をうけることが明確になったことである。もともと調査検討会議報告の設計では重点は中期目標・評価にあるものとされていたのであるが、その技術的な困難さが理解されるに従って、国立大学法人法において年度計画、年度業務実績評価は独立行政法人通則法（第31,32条）の規定を準用が規定されていたことがにわかに具体的な意味を帯びてきたと解される。概算要求と年度計画・実績報告が具体的にどのような形態をとるかによっては、国立大学についてのこれまでの資源配分方法が実質的に踏襲される可能性も生じる。

しかしこうした流れは2003年秋から末にかけての、文部科学省と財務省との交渉を契機としてまた大きく転換した。財務省は上述のメカニズムにかかわりなく、政府支出全体が一定の削減枠（シーリング）のなかで編成されていることを論拠に、国立大学法人への補助金について法人化2年目の2005（平成17）年度予算から一定の率での削減をすることを主張した。文部科学省はこれに対して当初はそうした原則自体に抵抗していたが、2003年11月頃には、原則としてこれを受け入れ、削減の対象となる領域および削減率の交渉に入ったのである。これをふまえて示された文部科学省案は基本的には補助金については数項目について前年度を基準とし、それになんらかの削減率を乗じて補助金額を算定するという、いわば「(前年度比)定率削減」方式となったのである。文部科学省は削減分を補完するために「特別教育研究経費」を設定するとしているものの、これは必要経費を補填する役割を負うとは考えられない。こうした転換に対しては国立大学は2003年11月の総会で激しく反撥し、学長の辞任をも辞さない姿勢を示した。

いずれにせよこの転換は、政府の国立大学法人への財政的コミットメントの基本的な変更とみることができよう。すなわち検討委員会案は基本的に国立大学法人の教育研究に必要な経費を基礎として算定する「必要額主義」を前提としていたが、新しい文部科学省案は基本的にその理念を放棄することに通じる。国立大学法人が文部科学省に対し、あるいは文部科学省が財務省に対して予算の折衝を行うときに、一定の教育研究活動の遂行にどの程度の資源が必要となるかはもはや直接の論拠となりえない。ひいては国立大学の活動の維持に政府は責任を必ずしも負わないことにもなる。

国立大学法人の位置

以上の経緯から、国立大学法人は組織としてきわめて複雑な性格をもつだけでなく、その構想も大きく変化してきたといわねばならない。それを従来の国立大学法人との対比で位置づけるとすれば、以下のように整理することができよう。

まず国立大学法人はその設計段階できわめて多様なベクトルを内包させていたということができる。従来の国立大学を基準としてみれば、法的な制度

のうえでも、あるいは政府からの資源配分のメカニズムのうえでもそれは、従来の国立大学の枠を大きく逸脱する可能性をもつものであった。これらの変化を単純に足し合わせてみれば、たしかに従来の国立大学に代わる、1つの新しい大学類型ができるかにみえる。

　しかしそれらのベクトルの内容を具体的に考えてみると、それらの現実的な実現可能性はむしろ疑わしくなってくる。それはなぜかといえば、個々のベクトルは従来の制度に対するアンチテーゼとして発想されるものであったとしても、それらの間の論理的な整合性については必ずしも十分な検討が行われておらず、あるいはまたそれらのベクトルと、国立大学をとりまくさまざまな要因との整合性についても疑問が多いために、総体としての国立大学法人像が必ずしも十分な論理的一貫性をもちえないからである。そうした事情は、国立大学法人の設計の基本が、そもそも大学を前提として作られたのではない独立行政法人のそれを土台として作られた点に大きく起因している。それにもかかわらず、現実の国立大学法人の制度は大学に適用され、しかも行政的な制度的一貫性をもたなければならない。こうした状況のもとで国立大学法人への準備作業が進むなかで、具体的な国立大学法人のあり方は、一面においてむしろ従来の国立大学のそれに回帰する圧力が生じた。

　ところが他方で、前述のように政府の財政事情を背景として、国立大学法人に対する政府の財政的なコミットメントのあり方が大きく揺らぐことになった。それは国立大学の活動の財政的な保証の面での理念を大きく転換させるものであって、もともとの国立大学法人の設計においても、あるいはその法制化の段階でもまったく前提とされていなかったものであった。しかし大極的にみれば、そもそも経済政策的には行政改革の一環としての国立大学法人化の狙いはここにあったとみることができるのであって、現実的にはきわめて強い影響力をもつことになろう。この点では国立大学法人が従来の国立大学の枠を逸脱する方向への強い力が生じている。

　こうしてみれば、国立大学法人像はそもそもその設計が抱く基本的なモデルにきわめてあいまいな点が多くあり、その結果として一方においてそれを従来の国立大学法人の枠内に押しとどめる方向での力が働くのと同時に、他方においてはその財政的な基盤を切り崩し、いやおうなくその枠を外させる

力も強く働いているということができる。そうしたなかで国立大学法人はその出発点において自分の位置を確定しえなかったのである。

変化の力学

では国立大学法人は結局、どのような地位に落ち着くことになるのか。

この点で最も決定的な要因は政府補助金のあり方であろう。もし運営費補助金の額が継続的に減額されるとすれば、それは確実に国立大学法人の教育研究活動の維持に深刻な問題を及ぼすことはいうまでもない。文部科学省はそうした減額分を前述のように特別教育研究経費といった費目で補完することを意図しているが、それがどの程度に可能かについては必ずしも楽観を許さない。またもう一方で、科学技術関係の研究予算あるいは文部科学省以外の省庁などの研究費の増額が一部で語られているが、少なくとも国立大学法人の出発時点では明確な政策として予算措置がとられているわけではない。

そうだとすれば国立大学法人に可能なのは、効率化によるコスト削減、民間企業等からの研究補助金、あるいは授業料の増額となる。しかし現状から考えれば、前二者については現実的に、予測される削減額の規模と比較して有効な手段となるか否かはきわめて疑問である。こうした点で最も確実かつ有効なのは、授業料の増額ということになろう。文部科学省は、各国立大学法人が授業料を「標準額」の１割増の範囲で設定する権限を与えており、この標準額からの超過分はその法人の独自収入として認められるとしているが、この措置がきわめて大きな意味をもつ可能性がある。しかしここでいう標準額は文部科学省および財務省によって決定されるのであり、多くの大学が授業料を標準額を越えて設定するようになれば、標準額自体を増額する可能性も生じる。そうなれば国立大学法人は授業料をさらに高く設定せざるをえないことになる。しかしそうした過程が亢進するとすれば、国立大学と私立大学との差異は、少なくとも教育面においては消滅し、国立大学法人への財政的補助の正当性はさらに損なわれることになる。こうして、国家施設型の領域を脱し、脱政府化の方向にむかうスパイラルの引き金が引かれることになる。その結果として国立大学が行き着くべき彼岸がどのようなものであるのかは現段階では予断しにくい。

それにいたる前になんらかの平衡状態が生まれるとすれば、それはなんらかの政治的な合意の形成によってしかありえない。アメリカの州立大学の多くは、こうした意味での合意形成に支えられている側面が大きい。しかしそれは伝統的な公教育機関への支出政策に支えられるとともに、1つの州に存在する大学(システム)が少数であって、個別大学のニードが議会の理解を得やすい、といった事情も合意の形成を比較的に容易にしている。日本の国立大学法人は法人化によって管理運営が個別化されるとともに、個々の大学の利害も大きく異なってくると予想されるから、その政治的力は必ずしも大きいとは考えられない。加えて私立大学との格差に対して批判が常にあり、これが国立大学に対する補助金に対するマイナスの要因となってきた。したがって、むしろ脱政府化への圧力はより強くなるであろう。こうした意味で、中間形態はきわめて不安定なものになろう。

4 結 論

国立大学の法人化は、その構想や国立大学法人法においては、これまでの国家施設型大学モデルの一例としての国立大学の域を逸脱し、新しい形態となる可能性を示すものであるかにみえた。しかしその規定のそれぞれは実はきわめてあいまいであり、論理的には国家施設型の枠内に、いいかえれば、基本的には従来の国立大学から重要な逸脱をしない可能性も含むものである。しかもそうした論理的整合性の欠如は、実施段階においてさまざまな問題を生んでいる。そうした状況では、制度の具体化を求めるほど、新しいモデルの不整合性が明確となる。そして新しい国立大学法人の姿のあいまいであることが、現実の大学の運営に責任をもたなければならない人びとから強い警戒心を生むことも当然である。ただ心理的な慣性からだけでなく、従来の国立大学モデルへの回帰の力が生じるのは当然といえよう。しかし他方で、政治的な「改革」への圧力、そして財政的な制約が、現実的には国立大学を、国家施設型の枠内から押し出す力をいま発揮しつつある。そうした力は政治的な現実、あるいは財政上の制約から生じているのであって、新しい整合的な国立大学法人のあり方を明確に描き、それに近づく道筋から発生したもの

であるはずがない。しかしいったん、こうした力が働きはじめれば、国立大学法人は国家施設型の頸木を外され、それがそもそも設計された構想とはきわめて異なる方向へと、いわば前人未踏の領域へと、行方なき彷徨をはじめるのかもしれない。

引用文献

OECD, "On the Edge: Securing a Sustainable Future for Higher Education-Draft Report." IMHE-HEFCE Conference, 8-9 January 2004, Paris: OECD.
金子元久「評価主義の陥穽」『教育学年報』9、2002年、71〜94頁。
高木英明『大学の法的地位と自治機構に関する研究』多賀出版、1998年。
プラール, H.(山本尤訳)『大学制度の社会史』法政大学出版局、1988年。
文部科学省・国立大学等の独立行政法人化に関する調査検討会議「新しい『国立大学法人』像について」文部科学省、2002年。

第2章　国立大学の法人化と日本の大学制度

山本　眞一

1　国立大学の法人化とその概要

国立大学法人法の成立とその施行

　2003(平成15)年7月9日、懸案だった国立大学法人法が成立した。有馬文部大臣(当時)が法人化移行の方針を示してから約4年、ここに国立大学の法人化が正式に決まり、法律の規定にもとづき、2004年4月から各国立大学はいっせいに国立大学法人に移行した。国立大学の法人化問題は、そういう意味で新たな段階に入った。

　国立大学法人法は、その第1条で「この法律は、大学の教育研究に対する国民の要請にこたえるとともに、我が国の高等教育及び学術研究の水準の向上と均衡ある発展を図るため、国立大学を設置して教育研究を行う国立大学法人の組織及び運営……について定めることを目的とする」と記している。その国立大学法人制度の特色は、(1)大学ごとに法人化し、予算、組織等の規制は大幅に縮小するなど、自律的な運営を確保すること、(2)役員会や経営協議会の導入など「民間的発想」のマネジメント手法を導入すること、(3)学外役員制度の導入や経営協議会、学長選考会議への学外者の参画などによる運営システムを制度化すること、(4)能力・業績に応じた給与システムを各大学で導入するなど「非公務員型」による弾力的な人事システムに移行すること、(5)大学の教育研究実績を第三者機関により評価・チェックし、また

評価の結果を大学の資源配分に確実に反映するなど、これまでのような事前チェック中心から事後チェック方式に移行すること、の5点に集約される。

また文部科学省の説明によると、国立大学法人は独立行政法人通則法にもとづく一般的な独立行政法人とは異なり、学外役員制度など学外者の運営参画を制度化していること、大学評価・学位授与機構の評価制度とリンクした客観的で信頼性の高い独自の評価システムを導入すること、学長選考や中期目標設定で大学の特性・自主性を考慮しているとされている。

法人化と大学改革

ただし法案審議の過程で、さまざまな疑問点も浮かび上がった。最大の問題は、法人化後の国立大学が自主自律の大学として政府の細かい規制から離れて、自由にその教育研究活動を展開できるかどうかである。法人の長の任命や中期目標・中期計画の決め方、そして計画期間終了後の評価とそれにもとづく資源配分のあり方などが、その代表例である。

振り返ってみると、法人化への方向性が示された当初は、法人化によって国立大学の経営は大幅に自由度を増し、これによって教員の教育研究の諸条件にも飛躍的な改善がはかられるという夢が大学人の間にあった。ただ同時に、国立大学の現状を苦々しく思う世論や政策担当者は、国立大学が法人化によって、その教育研究や経営のアカウンタビリティが問われるようになり、社会にとってより役立つ存在になることを期待していたと思われる。つまり利害の異なる関係者が、同床異夢の状態にあったのである。

しかしわれわれ大学人はその夢から覚めつつあり、同時に厳しい現実に直面しつつある。思うに国立大学の法人化には、その法人化のそもそものきっかけがそうであったように「行政改革」という遺伝子が含まれている。もともと橋本行革のなかで生まれたスキームである独立行政法人というものは、政府機能のスリム化が大きな目的であり、それとともに、法人に外出しされた政府機能の効率的実施が求められる。このため、政府には企画の役割を残し、実施の役割を法人にゆだねる図式が描かれている。大学でいうならば、頭が政府に手足が大学にという図式であり、図式どおりに実行された場合は、創造力を基本理念とする大学には最も似つかないものとなろう。このため、当

初は文部省(当時)自身もこれに反対していた。ところが、行政改革の進展のなかで回避不可能という判断もあって、やむをえず法人化が決められたという経緯がある[1]。

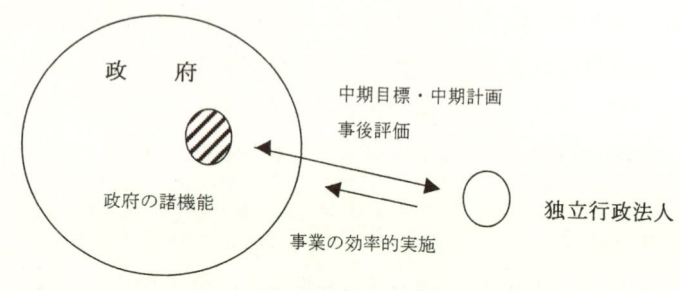

図2-1 独立行政法人と政府との関係

（図中：政府／政府の諸機能／中期目標・中期計画／事後評価／事業の効率的実施／独立行政法人）

　ただその後、法人化を進める理屈づけとしての「大学改革」の要素が多数とりこまれていることも事実である。その両方の働きが、理想をいえば一致すればよいのだが、実際にはかなり異なった方向性をもつことが考えられる。たとえば中期計画ひとつとってみても、大学が自主自律の立場で考えた行動計画を政府に認めさせ、結果としてこれを国民に約束することであるとみるのと、政府が大学の行動に一定の枠をはめる、あるいは大学の社会的責任を果たさせるために概算要求の査定作業のように細かに指示しながら作っていくプログラムである、とみるのとではずいぶん違った結果になってくるだろう。その両者の乖離を最小限にして、われわれの理想とする大学改革に少しでも近づくことが大切である。

　なお、いうまでもないことながら、法人化は大学改革の一手段にすぎない。大学改革は法人化の有無にかかわらず進めなければならないことがらである。法人化はそれに対して推進力となることもあるが、場合によっては妨げになることもある。問題は、法人化のもつ行政改革的要素を適正にコントロールしつつ、大学改革的要素をどのように伸ばしていくかであろう。それが21世紀知識社会にふさわしい社会的基盤(インフラ)としての大学の存在意義なのである。

問われる大学の姿勢

　ある世論調査によると、半数以上の国立大学長は、法人化後の心配事として「予算をどこまで維持できるか」をあげているそうである[2]。多くの大学人の心配事・関心事は、自分たちのグループにおける研究活動とそのための諸条件の安定と発展であるから、そのような意見の集約としての意識が学長レベルの大学トップにあらわれても不思議ではないであろう。もっともなことと思うが、どうも私の印象ではそれはあまりにも受身の立場のように思える。

　客観的にみて一番の問題は、知識の創造にとって必要不可欠である大学の自主自律性が守れるかどうかであろう。わが国は、社会主義国家ではないにもかかわらず行政機関が何もかもを差配するようなシステムであるから、学長が予算確保のような実務的問題を第一の心配事にあげるようでは、別に行政があれこれと算段することがなくとも、国立大学の方から行政にすりよっていく傾向が強まる恐れがある。なぜ大学がすりよるか。それは次節で論ずる。

　当面問題になるのは、中期目標・中期計画にかかわる大学の姿勢と政府の関与である。中期目標の設定と中期計画の認可は、法人化の目的が政府機能の外出しである以上、法人化というスキームのうえからは政府として譲ることのできないものであるかもしれない。しかし現在すでに中期計画をめぐって各大学で行われている議論をみるにつけ、各大学は自らの方針を自主自律の立場で打ち出すよりは、文科省や国大協あるいは他大学の態度や方針を気にしているようであり、法人化という仕掛けと大学本来の目的とがお互いにそのよさを打ち消しあっているように思える。それを避ける方法は、唯一、中期目標・中期計画の記述を思い切って簡略化することであろう。大学側にも、中期計画においてなるべく具体的な記載をして政府にコミットさせようという期待が大きいこととは思うが、大学の自主自律を重視するならば大学の裁量や判断の余地を残しておくのが得策だと考える。政府に対する予算要求や国民に対するアカウンタビリティは、別途の方法で果たすように考えればよいだろう。

法人化後の国立大学の選択肢

　金子元久は、2003年5月に開催された日本高等教育学会の研究発表の場で、国立大学の法人化の進むべき方向として3つの「シナリオ」を提示した(金子、2003年、102～103頁)。第1は「国立大学法人の制度的定着」であり、国立大学法人の構想がほぼそのままに具体化し、制度として定着するというものである。この場合には、一方で学長にきわめて大きな権限が集中し、他方で大学の組織全体が包括的に評価されて、それが政府補助金や、やがては大学の存在自体を決定する、という国際的にみてもきわめて特異な新しいタイプの大学の設置形態が出現することになるとする。第2は「国家施設型の変形」であり、所期の構想にもかかわらず、具体化の過程において、実施的には従来の国立大学の管理運営形態(国家施設型)の枠内にとどまるものの、いくつかの変更が加わり、大学に対する包括的な評価が恒常的に行われ、それが政府によって裁量的に予算措置その他に用いられることによって政府の統制が強まるとするものである。第3は「私学化」であり、法人化を契機として、さらに長期的には私学の設置形態の方向に変化するというものである。

　同氏は、この3つのシナリオを決めるのは、第1に中期目標とその評価の方法、その結果の反映のメカニズム、第2に政府財政補助の全体としての水準とその配分方式、の2つの制度的な不確定要因の帰結であるとしている。問題は、それぞれのシナリオの実現可能性である。金子本人からの明示はないようだが、私としては、そのうち第1のシナリオの可能性は30％、第2の可能性は50％、第3の可能性は20％程度ではないだろうかと考えている。今後の運用いかんでその可能性は大きく変化することとは思うが、法人化後1年近くの現状観察からみて、第2のシナリオの確実性が高まりつつあるように思う。そういう意味でも関係者は法人化の本来の目的や趣旨をよく考えて行動すべき、というのが私の希望である。

2　政府と大学との関係

後退する大学の立場

　以上述べたような状況は、大学にとって変化の時代だといえるだろう。こ

のような時代には、大学には自ら判断し自ら責任がとれるような体制が必要である。法人化にもそのことが期待されているわけである。しかしそれは容易ではないようだ。なぜなら近年、大学は社会の他のセクターとりわけ政府に対して著しくその立場を後退させつつあるからである。その現象としては、第1に、大学はおとなしくなったこと、つまり改革というものに対して、大きな声をあげて反対する者が少なくなったことである。第2に、とくに国立大学においては、文科省が誘導する大学改革に対して、大学独自の方針を堅持するよりも、むしろこれを大学の質的充実の好機ととらえ、積極的に「資源」(予算)獲得競争としてこれに同調する傾向があることである。近頃は、好機という段階を超えて、文科省が示す方針に従うことで生き残りをはかろうなどという消極的理由も加わってきた。かつて大学運営の対極にあった「文部省(旧称)の方針」は、今や追求すべき目標に変わりつつある。第3に、大学教員は確実に多忙になってきていることである。理系はともかくとして、かつての文系の大学教員には時間という資源があったが、現在の教員は文系・理系を問わず多忙感が著しい[3]。

以上のような現象の背景を考えてみよう。第1に社会が大学をみる目に厳しさが増している。つまり大学はもはや学問の生産者の論理のみで動くことが困難になってきているのである。学生側の消費者意識も強まり、18歳人口の減少すなわち受験生市場の縮小にともなう大学入学の容易化と相まって、大学の教育内容や学生サービスにも厳しい選択の目が光るようになった。大学が受験生を選ぶのではなく、受験生が大学を選ぶ時代がやってきているのである。また科学技術の進展とそれにともなう研究の有用性の認識が増してきたことにより、大学と社会との関係が緊密化し、大学のアカウンタビリティを問う声も大きくなってきている。科学技術(そしてその基礎としての学術研究)は経済発展の原動力(エンジン)という考え方は、わが国だけではなく、先進各国に広がりつつある[4]。

第2に、大学の研究活動に個別のしかもある程度まとまった資金が必要になってきていることである。研究活動の高度化、活発化、国際的競争の激化などによって、研究に必要な経費は大きくなりつつある。しかも近年、校費に代表される平等配分的研究資金の相対的停滞と、科研費などの個別審査に

もとづく競争的研究資金の増大によって、個別の教員レベルでも激しい競争的環境が出現している。理系はもとより、かつては時間資源のみでもやっていけた文系においても資源獲得競争が繰り広げられるようになってきた。当然、資金を配分する者、すなわち政府の立場は相対的に強くなる。とくに、わが国においては、文科省予算が公的研究資金源の大半を占めており、米国のように連邦政府諸機関が競い合って研究費を供給するというシステムになっていないので、なおさらである。

文科省の霞が関化・大学の学校化

　第3に、大学も政府(文科省)も、人が入れ替わったということがあげられよう。すなわち、大学の管理運営や行政を担う人的集団の変化である。まず、教授会を構成する大学教員の方には、かつてのように大学自治をなによりも大切にする世代の教員が減り、30数年前の大学紛争すら知らない世代の教員が多数を占めるようになってきた。そのなかで個別の教員は、自らの研究分野で研究者として認められるために必死に競争を繰り広げつつあり、前述した大学教員の多忙感という問題も加わって、大学の管理運営、とりわけ大学の自治という概念への興味関心の希薄化がみられるようになった。今ひとつは、大学行政を担う文科省職員もまた変化してきているということである。私が調査した結果によると、1970年代初めを境に、文科省キャリア入省者に占める東大法学部卒業者の割合が、一時期大幅に増えている。彼らが今、文教行政の中核を占める地位に上ってきた。東大法学部卒業者の多少の是非を論じるつもりはないが、東大法学部が官僚養成に果たしてきた長年の役割から考えて、そこの卒業生が多いということは、文科省と他の官庁とのギャップが小さくなり文科省の政策形成の態度にも微妙な影響を与えるものと、私はみている。つまり文科省は大学との関係でいえば、従来の事務局的性格から離れて行政官庁としての性格が強まってきているのではないか。私はこれを文科省の「霞が関化」と呼んでいる。国立大学の法人化により、現業的部門が文科省から離れれば、この傾向は加速することだろう。

　また大学行政を担当する幹部職員に、初等・中等教育行政経験者が増えるなど、大学行政の経験が以前よりも少なくなってきているという実態もある。

職員にバランスのよい行政経験を積ませるという意味では適切であろうが、反面、大学を学問の府として尊重し大学人の主体性を前提として行われてきた過去の大学行政の基本的姿勢に、これまた微妙な影響を与えるものであろう。大学は、学問の府というよりは教育機関すなわち学校としての側面が重視されるようになってくるのではないか。これを私は、大学の「学校化」と呼んでいる[5]。

3 国立大学をとりまく環境変化

改革の10年と大学

　最近の10年間は、大学改革の10年と呼ばれるほどに、大学にとっては大きな変化の時期であった[6]。その過程で、高等教育にはさまざまな変化が起きているが、それらのなかには大学の自主・自律を促すものもあるが、場合によってはかえって政府の規制を強める要因ともなるものがある。グローバル時代の大学を語るとき、知識の創造の源としての大学が主体性を失ってよいはずはない。国立大学の法人化をはじめ、認証評価制度の導入、専門職大学院の新設などさまざまな政策が、自由と競争の名のもとで、真に大学の自主自律を促すものであればよいが、逆に政府の規制や関与を強めるものであったり、あるいは大学に、これまで以上に政府を頼る気持ちを起こさせたりするようであれば、それはけっして望ましいものではない。

　とくに2002年から2003年にかけての1年間の変化は大きい。第1に、国立大学法人法が成立し、2004年4月からの国立大学の法人化が正式に決まった。当面の中期目標・中期計画の決まり方は、これからの大学の自主的運営がどのようなものであるかを占う試金石となるであろう。

　第2に、2002年夏に出された中央教育審議会答申がある。それにもとづく所要の措置が2002年秋から2003年春にかけてとられた。たとえば、2002年秋の学校教育法等の改正により、認証評価制度がとりいれられることになった。すべての大学は、これによって、外部の第三者による評価の目にさらされることになる。また専門職大学院が制度化された。さらに規制緩和の一環として、大学の設置認可の基準が大幅に弾力化されることになった。たとえば、

工業(場)等制限法の撤廃によって、都市部での大学の新増設が、他の地域と同様に可能となった。ただし重要な問題として、私立大学に対する是正命令が学校教育法の規定に従って運用可能となったことをあげておかねばならない。これまでは私立学校法によって、文部科学大臣は、設置認可の権限のほかには、伝家の宝刀たる「学校閉鎖命令」しか発動することができなかったものが、今回の措置によって、きめ細かな指導が可能となったのである。

進む資源の重点配分化

　第3に、重点的資源配分としての21世紀COEプログラムがスタートした。その申請をめぐる各大学の思惑はさておき、このように評価にもとづく資源配分がさらに重点化したという意味は大きい。続いて2003年度にスタートした「特色ある大学教育支援プログラム」は、その目的が大学教育の改善など、21世紀COEプログラムとは異なるものであるにもかかわらず、大学関係者には「教育版COE」として受け止められ、大学の威信をかけた経営戦略の一環としてなのか多数の応募があった。このプログラムの本来の目的が損なわれないように願いたい。

　第4に、私立大学の経営をめぐる環境はいっそう厳しさを増しつつある。ここ数年、定員割れを起こしている大学は急速に増えつつあり、また今年からは、頼みとする18歳人口は150万人台の踊り場から120万人台に向けて、急速な下降局面に入る。大学が受験生を選ぶのではなく、受験生が大学を評価し選択するという機運が急激にみなぎるなかで、大学経営は難しい舵取りが迫られている。私を研究代表とするグループは、2003年5月、「私立大学経営に関する研究会中間報告」なる研究レポートを公表したが、そのなかでもこのような厳しい認識を示すとともに、「大学の存続か閉鎖かを判断し、適時適切な措置をとる決断力が大学の経営者や政策担当者に求められる時代がすぐそこに来ている」として、関係者の意識改革を促した。

　第5に、法科大学院(ロー・スクール)はいよいよ2004年度スタートということで、多数の大学が設置認可申請を行った。開校を予定する法科大学院は72校、総入学定員は6,000人に及ぶ。法科大学院設置の動きをきっかけに、大学院レベルでの高度職業人教育に対する関心は一気に高まることが予想され

る。すでに、既存の専門大学院からの移行を含めて、ビジネス・スクール、ポリシー・スクールなどの領域で専門職大学院がスタートを切っており、今後さまざまな領域で専門職大学院の設立が進むことであろう。それと同時に、大学や大学院教育における職業教育的要素は、従来のアカデミックな教育研究とは別に確固たる足場を築いていくにちがいない。

　以上、最近の変化のなかで重要と思われる点を列挙したが、その変化が大学の自主・自律を助け、自由と競争の名にふさわしい環境となるものであるのかどうか、どのような問題があるかについて、なお今後の推移を見守りたい。

4　大学の管理運営の実際

充実・活性化か、管理強化か

　さて、国立大学法人法の制定および関連法の改正により、国立大学の運営の実際はどのようになるであろうか。これに関し、最近、新聞・雑誌などの記事をみると、一方で、国立大学のパフォーマンスは飛躍的に向上し、競争的環境のもとで、教育研究の活性化が進むだろうという見方がある。またこれに関連して、国立大学だけを充実させることは、私立大学の経営に大きな脅威を及ぼすであろうという声もある。他方で、法人化は国主導の改革であって、管理監督が強まり、国立大学がこれまで培ってきた教育研究の基盤を損なうものであるとの悲観的な意見もある。

　私は、これらのいずれもが真実の一面をとらえているとは思うが、実際のところは、複雑な関係が絡み合っていて事態の予測は容易ではない。しかし以下に述べるような観点は、国立大学の将来を考える際にはきわめて重要な要素となるであろう。

　第1に、今回の法人化は基本的には大学中枢の経営体制の設計にとどまっていて、いわゆる部局レベルの問題とくに教育研究活動そのものについては、ほとんど視野の外にあることである。その教育研究をあずかる一般教員の現実の関心事は、なんといっても過去から連続する自分たちの研究活動であり、あるいは教育のことであり、経営や運営については別の世界の問題といった

感じである。せいぜい自分たちに都合のよい組織改編は何かという生産者的論理にもとづく議論にしか関心が及ばない。このままでは大きな変革を引き起こすことは難しい。いかに彼らのやる気を改革にむけて引き出すかということが、これからの経営上の大きな課題になるだろう。

　第2に、したがって専門職である教員のやる気を引き出すには、格段の工夫が必要である。大学教員は管理を嫌い、また教授会的協同を大切にしている。これを非効率な慣習であると批判することは容易であろうが、教員の特性を無視した経営に走れば、大きな摩擦を引き起こすことになるだろう。一部には、法人化後の大学では、学長が「社長」、教授が「従業員」という考えもあるようであるが、大学の特性にてらせば、これには無理がある。思うに、教員の能力にはさまざまな側面があり、これらを100％、経営陣の意向に従う形で動員することは不可能である。仮に60％の能力を大学の経営方針に従って動員できたとしても、残りの40％は余力として残し、これを創造力の源泉にしなければならない。経営陣は、この程度の動員で満足しなければならないのであって、もしそれ以上を望むならば、大学教員は初等・中等教育の教員や研究機関の研究員となんら変わりない管理された専門職となり、周り回って、大学としての役割を損なうものになってしまうだろう。なぜなら管理された専門職は、組織に共通の具体的目標がある場合は有効だが、大学のような創造性が要求される組織には不向きであるからだ。

国立大学法人は企業や学校法人ではない

　第3に、今回の法人化によって経営の責任を担う学長や役員会の立場の問題である。彼らには大幅な自主・自律性が与えられるとはいえ、企業の経営者と異なり、市場メカニズムのみに従って経営判断を行い、またその結果の責任を負うものではない。彼らには、中期目標・中期計画を通じて、あるいは評価を通じて政府の監督が及んでおり、したがって、その当事者能力は、民間企業とは異なり、あるいは私立大学の場合とさえ異なり、一定の限界がある。よく考えてみると、それはこれまでの特殊法人による経営と共通性がある。

　そのような特殊な経営環境のもとでは、計画設定や外部の評価に対応して、

現実はともかくもとにかく書類上の整合性をとろうとする経営陣があらわれても不思議ではない。目的と手段が入れ替わる恐れがある。かくして、大学教育をよくし、研究活動を活性化し、さらに社会との緊密な関係を結ぶはずの法人化が、形式化してあらぬ方向に迷走する可能性がある。それを防ぐには、政府や大学関係者だけではなく、学生や社会一般からの健全で厳しい評価とその結果を生かす工夫が必要である。

末端組織に裁量と活力を

　大学を活性化するには、教育研究の末端組織に自由な活力と責任を与えなければならない。巨大組織というものは、20世紀工業社会の名残であり、21世紀型知識社会を担う大学たらんとするときには、基本的には不向きな仕掛けである。その意味で、一時期フィーバー状態になった国立大学の再編統合構想にはかなり無理があるのではないか。すでに決まったものを後戻りさせることは難しいとしても、また統合の結果大学全体としては大きな組織となってしまった場合でも、意思決定はできるだけ末端におろすなどの工夫が必要である。つまり管理運営組織は、ツリー状ではなくネットワーク型の形態をとるべきである。それによって、元気のよい組織とそうでない組織を見分けることができる。場合によっては、その元気のよい組織は大学を飛び出して、新たな大学や新たな研究組織として独立させることも悪くはない。その意味で「統合」よりも「分社化」を念頭におくべきであろう。

　また教員に契約意識を植えつけることも大切である。今の大学にとって最大の問題の1つは、教員の勤務管理が難しいことである。しかもこれを一般労働者のように時間と一般的規則で管理しようとしている点が問題である。公務員法から労働法の世界に移行しても、事態はあまり変わりそうもない。しかし教員に自発的な改革努力を促すためには、教員の雇用形態をその実態に合わせて弾力的に、できれば大学への貢献度に応じた約束という形の契約にすべきであろう。これが自由な専門職を処遇するには最も適した形態ではなかろうか。

　さらに研究や教育そのもののマネジメントを考えることである。財務や労務のことだけではなく、いかにして研究パフォーマンスをあげるか、いかにし

て学生に満足させかつ効率的な教育プログラムが組めるかなど、より現場に近いところでのマネジメントの手法とそれを担う人材の開発が望まれる。

大学間競争は激しさを増す

　いずれにせよ、自主・自律の国立大学にとって大きな問題は、競争的環境のなかでいかにして自らの大学の活動をより活発にし、社会のなかで確固たる位置を占めるか、しかもそれはその大学限りの問題ではなく他大学に比べて相対的にそうであるためにはいかなる競争をして勝ち残るかということであろう。マクロにみれば、そのような競争が行きすぎることによる弊害が心配される。それはたとえば、短期・中期的な目標・計画に目を奪われるあまりすぐには成果が出そうにない教育研究分野がないがしろにされたり、あるいは教職員が競争をあまりに意識することにより目的と手段とをとり違え、かえってその大学のパフォーマンスを低下させたりしてしまうという類の話である。

　そのような心配をするのも、今次の法人化により国からの一般的資金つまり運営費交付金は評価にもとづき増減されることが予定されているからである。その際、大学では運営費交付金の増額をめざす競争が起きるにちがいない。まして、大学が自主・自律の精神で運営・経営されるべきだとすると、それを担う学長・副学長の役割はこれまでの国立大学に比べるとはるかに大きくなるだろう。そうなるとどうなるか。おそらく、大学のなかでの資源獲得競争がこれまでになく厳しさを増すことになるに相違ない。

熾烈化する学内の競争

　大学内の競争問題は、新たな局面として注意しておく必要がある。**図2-2**にそのイメージを示してみた。〇で囲った内側が大学である。図左側はわれわれがこれまで日常的に経験してきた競争である。そこではさまざまな分野の教育研究が行われている。ただしその競争は、大学全体として外部に対処するというよりは、個別の分野が直接外部の同一分野とその優劣を競うという形で行われてきた。たとえば、教育学は他大学の教育学と、生命科学も他大学の生命科学と、といった具合である。また文科省に予算要求する場合で

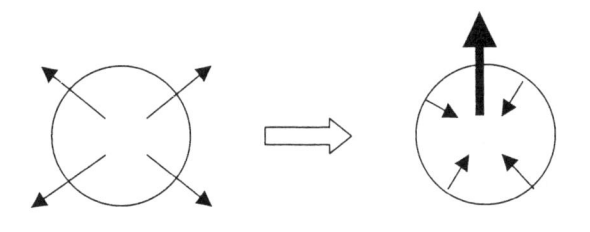

これまでの国立大学　　　　法人化後の国立大学
図2-2　競争パターン変化のイメージ

も、もちろんある程度は大学として優先順位をつけていくわけであるが、最終的には文科省の裁量によって絞られたものが財務省に提出されるというようにして、われわれ大学人は大学の外に向かって競争をすればよかった。

　大学外の同分野との競争は、その分野の優劣の判断は容易、つまりは評価基準が比較的はっきりとしている。それが社会へのインパクトであれ、あるいは純粋学術的見地からであれ、当該分野の約束事というのは研究者にとってもあきらかであるし、また分野以外の人間にとってもその判断は比較的容易である。われわれは、基本的にこのような環境に慣れ親しんできたのである。

異分野間の競争には難しい問題が

　ところが、大学全体としての競争力を増すということが、学長や副学長のイニシアティブによってなされなければならないとするとどうなるか。おそらく図2-2の右側のような形に移行せざるをえないだろう。つまりここでは、大学として最良の選択をするために、まず内側での体制固めをしなければならない。そうなると部局とかセグメントごとの競争力が学内的に問われることになってくる。つまりわれわれは学内で、たとえば教育学のこのプロジェクトと生命科学のあのプロジェクトとの優劣、という具合にしてまず争わなければならなくなる。異分野間の競争である。ここに、これまでのような評価基準をあてはめることはきわめて困難である。それは分野によって必要とされる研究資源が異なり、またそれを配分するための評価基準もまちまちであるからである[7]。

異なる評価基準をもつ異分野プロジェクトを評価するには、純粋学術的見地のみでは困難である。もちろん、学長や副学長が、それぞれのプロジェクトの対外的競争力をそれぞれ学外の同分野のものと漠然と比較することはするであろう。その結果、より競争力のあると思われるプロジェクトを大学として採用するという戦略をとることになるかもしれない。ただ、対外的な競争をする以前に学内で異分野間の競争にさらされる研究者たちは、それだけでは納得しないだろう。いきおい、そこは資源配分のための「政治学」の世界にならざるをえない。つまり大学としてもっている有限の資源を、最小の不満と最大の効果によって配分するための仕掛けが、純粋学術的見地を超えた次元で必要になってくるのだ。

政策による解決を

このような問題によって生じるであろう弊害は、国の大学政策の課題としてとらえるべきである。個別の大学にとっては、競争によって他大学に比べて優位な位置を占めるための行動は、とりあえず短期的な成果を出して世の中の人びとにこれを認めてもらうということで、ある意味で正しい行動であろう。ただ、個々の大学の正しい行動が必ずしも国全体の教育研究水準の向上に資するとは限らない、あるいはかえってこれを損なうというのは、ありうる話である。経済学でいうところの「合成の誤謬」を防ぐのは公共政策の仕事なのである。より具体的にいえば、公共的見地から必要な教育研究活動に対しては、国が個別の資金を提供するなどして、これを支える必要がある。

増加傾向にある科学研究費は、この種の資金の代表的なものであろう。分野を指定して行うCOEプログラムもこのような観点からとらえるのが適当である。ただし法人化後は学長・副学長を中心に、大学としてのまとまりがこれまで以上に必要であるとすると、図2-2の左側のような競争パターンだけでは、今度は逆に大学運営・経営に無理がかかってくるだろう。大学としての当事者能力と研究者の慣れ親しんだ競争パターンとをどのように調和させるか、それがこれからの大学運営・経営の1つの重要課題なのである。幸い、科研費にはオーバーヘッド（間接経費）の制度が導入された。オーバーヘッドは、研究者のインセンティブの向上ではなく、大学管理者のインセンティブ

向上のための制度である。「研究者が潤えば大学も潤う」という仕掛けの1つとして、競争パターンの変化のなかで考えてみてはどうか。

5 国立大学法人の今後

経営人材の質とマインドは重要

　以上、法人化にかかわるいくつか考えられる問題点を指摘した。読者のなかには、かなり悲観的な考えに傾かれた方々もいるだろう。国立大学がその存在意義を保ち、今後も社会のインフラとして必要不可欠なものとなるために、いくつかの前提条件をクリアする必要がある。しかしそれをクリアすれば、法人化のメリットを活かすことは可能であると私は考えている。

　第1には、経営を支える人材の問題である。今後の国立大学法人には、自主・自律の気概と大学の使命に関する責任感、そして正しい経営マインドをもったトップが必要である。またそのトップを支えるスタッフも同様である。半面、いちいち前例にこだわったり政府の顔色だけを窺ったりする人材が経営陣にいるような大学、あるいは同僚のなかの世話役的感覚でトップが選ばれるとすれば、自主性の確立はおぼつかない。ただ、求める人材が今の大学のなかにたくさんいるかというと、必ずしもそうではないと私はみている。このため、スタッフとしては、フルタイムに近い形で経営に関与する教員出身者とともに、これまで見逃されがちであった事務職員の活用も考えなければならない。私が大学経営人材の養成の必要性を訴えているのもそのためである。

　第2には、意識して地域や産業界のニーズへの対応を通じて国立大学への支持者を増やすことである。大学が象牙の塔ではなく社会的制度として人びとに支えられる存在であるべきとする考えは、なんと40年前の中教審38答申でも触れられているところである。しかし世論は依然として、国立大学の味方であるよりは、まだまだ国立大学は改革されるべきという考えに動きがちである。国立大学関係者は、さらに努力を重ねるべきであろう。

教育研究あっての経営

　第3に、国立大学が法人化されたとしても、その存在意義は、なんといっても教育研究そのものにあるということを忘れてはならない。つまり経営はそれ自体が目的ではなく、あくまでも手段である。企業でいえば、商品があってはじめて営業活動が成り立つようなものである。優れた研究、役立つ教育を通じての社会サービスは、けっして経営テクニックだけでは実現できない。その教育研究を担う教員のやる気も大切にしなければならない。大学経営は、教育研究活動をあらゆる側面から支えるものである必要がある。

　第4に、政府の役割も重要である。前節でとりあげた合成の誤謬問題の解決を含め、大学の社会的役割を全うさせるためには、それぞれの大学の努力とともに、それを可能にする公共政策によって実現することが必要なのである。そのような目的に沿った財政出動も求められよう。優れた公共政策の基盤のうえにこそ、各大学の個性ある経営がはじめて成り立つものであると考える。それは法人化後の国立大学の将来にとって必須のことがらである。

注

1. 法人化やむなしという議論のきっかけとなった論文として、藤田、1999年がある。なお藤田はその後、最高裁判所判事に転じている。
2. 朝日新聞社が、2003年4月から6月にかけて全国の大学長に対して行ったアンケート調査の結果（『朝日新聞』2003年6月29日付）によると、回答した国立大学長の47％が、「法人化などの大学改革で日本の大学が良くなっていくか」との問いに対してわからないと答え、「はい」の44％を上回った。また法人化後の心配事について、5つの選択肢をあげて聞いたところ、「予算をどこまで維持できるか」(55％)、「大学教職員の非公務員化に伴う労使対策」(14％)、「経営協議会の委員などに、優れた学外者をスカウトできるか」(10％)などが回答として寄せられたとのことである。
3. 宅間、1996年には、筆者も研究分担者として参加したが、大規模実態調査にもとづきこのことを実証している。
4. OECD/CSTP,2003 では、わが国を含む主要国のケーススタディを含めて、このことを幅広く論じている。
5. 私が調査し分析した結果の詳細については、山本、2002年、92～96頁で詳しく論じているので、興味ある方はぜひそちらを読んでもらいたい。

6 先頃刊行された日本高等教育学会研究紀要『高等教育研究』第6集は、特集として「高等教育、改革の10年」を掲げ、この10年間の改革のなかで、高等教育の各側面にさまざまな変化が現象としてたち現われているが、これらの現象が改革とどのような関係にあるのか、またわが国の高等教育システムそのものの変容につながるものかは、十分に検証されていないという問題認識を示している(山本、2003年、197頁)。

7 私は、2002年に実施した大規模実態調査にもとづき、このことをあきらかにしたが、学術研究政策および高等教育政策にとって、分野ごとの事情の相違に配慮することは、非常に大切なことである(山本、2003年)。

引用文献

OECD/CSTP. *Governing Science System-Challenges and Responses.* 2003

金子元久「『国立大学法人』のシミュレーション」『日本高等教育学会第6回大会発表要旨集』2003年、102〜103頁。

宅間宏『大学等における研究者の生活時間に関する調査研究』平成7年度科学研究費補助金研究成果報告書、1996年。

藤田宙靖「国立大学と独立行政法人制度」『ジュリスト』No.1156、1999.6.1号。

山本眞一「大学の組織・経営とそれを支える人材——編集意図の説明を兼ねて」日本高等教育学会研究紀要『高等教育研究』第5集、2002年、92〜96頁。

山本眞一「編集後記」『高等教育研究』第6集、2003年。

山本眞一『研究資源の供給と研究成果との関係についての調査研究』科学研究費補助金研究成果報告書、2003年。

第3章　国立大学の法人化と国立学校特別会計

高見　茂

1 国立学校特別会計の機能と廃止の影響

本章の狙い

　国立大学改革にむけた動きが活発化している。2003（平成15）年7月9日、国立大学法人法など関連6法が参院本会議で可決成立した。これにより現行99の国立大学は再編統合され、2004（平成16）年4月に89の国立大学法人が誕生した。各大学は国立大学法人として法人格を取得し、その結果89大学それぞれが多少なりともフリーハンドが与えられ独自路線を歩むことになる。

　それにともない国立大学の共通の財布として大学運営を財政的に支えてきた国立学校特別会計が廃止されることになる。組織改編にともなう混乱を回避し、それが包括的に果たしてきた重要な役割をどのような仕組みのなかで承継し、国立大学法人の経営の安定を担保するのかということは、緊急かつ重要で興味ある検討課題である。筆者は、とくに独立行政法人化後に長期債務の償還、施設整備のための財源調整、新規借入主体の問題等をどう処理するのかといったことについて関心をもって見守っている。

　本章では、文部科学省の「国立大学等の独立行政法人化に関する調査検討会議（以下、調査検討会議）」や国立大学協会の「設置形態検討特別委員会」等での議論の流れをふまえて、国立学校特別会計廃止後の大学共通財務処理の仕

組み(以下、「仕組み」)をいかに構築すべきかを検討する。その際、とりわけ次の2点を視野に入れたい。それは、(1)他の公経営体の制度転換にともなう類似の移行スキーム(たとえば、国鉄民営化の際の清算事業団・新幹線保有機構、道路公団民営化にともなう道路保有・債務返済機構)などの構築と、(2)近年の国・地方を通ずる財政制約下における新しい高等教育施設整備手法(たとえばPFI(Private Finance Initiative、以下PFI))などの導入である。なぜなら、移行スキームのあり方や施設整備手法のいかんは財源調達手法とリンクし、「仕組み」の設置形態に少なからぬ影響を及ぼすと考えられるからである。

国立学校特別会計の概要と機能

　国立大学の財務は第二次世界大戦後一般会計に移されその枠内で処理されていたが、1964(昭和39)年に一般会計から分離され、国立学校特別会計が設置された。その淵源は1907(明治40)年の帝国大学特別会計法の成立にまでさかのぼることができる(金子、2000年、102頁)。特別会計は政府が特定の公経営を推進する場合、特定の資金を保有してその運用を行う場合、その他特定の歳入をもって特定の歳出に充て、一般の歳入・歳出と区分経理の必要がある場合等に設けられる会計である(中山他、1971年、356頁)。国立学校特別会計の歳入科目は負担という点からみると、次の5種類に区分できる(市川、1983年、111〜113頁)。それは(1)歳入の57％程度を占める「一般会計よりの受入」、(2)「授業料及び入学検定料」、(3)「附属病院収入」および「雑収入」、(4)「学校財産処分収入」「前年度剰余金受入」、(5)「借入金」である。これらを財源として国立大学、附属学校、大学附属病院、研究所の運営や施設整備等が行われている。

　国立学校特別会計の再設置は、当時あまり大きな議論もなく大蔵省主導で行われたという。その狙いは、(1)文部省一般会計予算の膨張の見かけ上の抑止、(2)従来の国立大学財政制度に代わる新たなファイナンス・スキームの導入にあった(小淵、2000年、129頁)。1960年代の前半は、日本経済の高度経済成長が本格化し、産業経済政策とも相まって理科系学部の新増設が相次ぎ進学率も上昇した時期であった。このことは文部省所管一般会計予算に占める国立大学予算のシェアと伸びを突出させることになり、それをいかに目

立たなくさせるかが予算編成政策上の課題となった。国立大学予算を一般会計から切り離し特別会計へ移行させることは、一般会計の急膨張という問題の表出を回避する政策手段であったとみてよかろう。また特別会計の導入により、従来の一般会計予算のみに頼る狭い財政政策手段の枠を超え、進学率の上昇、急増する理科系学部新増設のための施設整備等の財源調達手段の多様化・弾力化をはかるといったことが理由の1つであった。すなわち特別会計を受け皿として、(1)学校所属の不用財産の処分収入による施設整備、(2)財政投融資資金の借り入れ(長期借入金)による附属病院施設の整備や施設移転の実施、(3)決算剰余金の一部を積立金として施設整備費への充当、(4)収入に応じた弾力的な支出増、(5)包括的な経費の措置、(6)委任経理制度、(7)特別施設整備資金の設置等が可能となった。

このように国立学校特別会計は、国立大学共通の財務処理調整機構として、国立大学の弾力的な運営、施設の迅速な整備充実、大学間の均等な施設整備水準の確保等といった重要な役割を担ってきた。

国立学校特別会計の廃止とその影響

国立大学の独立行政法人化によって、各大学が文部科学省の出先機関としての位置づけから法人格を保有する国立大学法人としての地位を獲得する。そのため国立学校特別会計は廃止されるが、従来より担ってきた財産管理・借入主体といった重要な役割をどのような仕組みのなかで承継・保全するのか。

国立学校特別会計が担っていた機能のうち、施設整備財源の確保については、現行の独立行政法人制度のもとでは施設整備は企画立案に含まれると解されることから(金子、2000年)、基本的には国が所要の財源措置をする義務を負っていると考えられる。そのため施設整備財源の確保については、原則として一般会計に引き継がれること妥当である。しかし、(1)剰余金の積立・取崩しによる複数年度にわたる施設整備財源への充当や、(2)学校財産処分収入による複数年度にわたる施設整備財源への充当、(3)学校財産処分収入の共同財源化(プーリング)による当該大学以外の大学の施設整備への充当といった時間的・空間的再配分調整機能は一般会計にはない。またそれは附属

病院施設費、特別施設整備事業に要する経費、施設移転費といった経費の財政投融資資金からの長期借入主体にもなれない。

　国の厳しい財政事情のなか、施設整備資金として毎年財政投融資資金からの長期借入れが行われている現状にてらせば[1]、借入れに依存せずに円滑な施設整備を推進することは困難である。新しいスキームとして、各国立大学法人が財投機関債等の発行を通じて個別借入れを起こすことを可能とする制度設計も可能であろう。しかし現実の問題として、各国立大学法人が保有する資産・負債を基にした金融市場による格づけは必至であり、その信用力の違いによって教育資源調達力に較差が生ずるのは不可避となる。

　同様の問題は近年新しい施設整備手法として注目されつつある民間資金利用による社会資本整備手法(PFI)を導入する際にも生起する可能性がある。PFIとは、従来公共部門によって行われてきた社会資本の整備・運営の分野に、民間事業者の資金、経営手法を導入し、民間主導で効率的・効果的な社会資本の整備を行う手法である。調査検討会議の財務会計制度委員会では、PFIによる施設整備も可能としているため(財務会計制度委員会、2001年g)、今後このスキームが急速に普及拡大するものと考えられる。国立学校特別会計の存続を前提としない場合、民間からの資金調達コストは各国立大学法人自体の信用力(資産、負債の実態)のいかんによって大きな格差が生ずる可能性が高い。

　さらに現行国立学校特別会計のもとで累積した長期借入債務の償還をどうするのかということも、重要な検討課題となる[2]。国立学校特別会計が廃止される以上、施設整備費と同様、文部科学省一般会計に承継させ、その枠内で財源を捻出し財政投融資資金を償還させるというスキームが考えられる。しかし従来特別会計枠で確実に確保されていた国立大学の教育資源が、一般会計枠で他の教育資源と同列に並んだとき、償還財源が安定的に確保される保障はない。

　財政投融資資金からの長期借入れは、上記のように元来一定目的の施設整備についてのみ認められている。そのため受益と負担の整合性の観点からは、附属病院等長期借入対象施設を保有する国立大学法人に帰属させることが最も合理的であるとの向きもある。しかしそうした施設をおく大学にのみ既存

債務を負わせた場合、その施設があるがゆえに債務を負ったとの学内他部局からの批判のヤリ玉になりかねない。また一定目的の施設整備を長期借入れで賄うことによって、その分だけ一般会計からの持ち出し分が節約され、結果的に長期借入対象施設を保有しない大学の施設整備分として再分配されているとの論も成り立つ(財務会計制度委員会、2001年b)。すなわち長期借入れによる効果は、直接的な借入れ大学のみならず、それ以外の大学にも間接的に及んでいると考えられることから、特定大学にのみ債務を帰属させることは不合理であるともいえる。

現行独立行政法人制度のもとでは、財産的基盤の確立、自主性・自律性の確保、施設整備における競争性の確保等の課題にも対処しなければならない。国立大学法人が手持ちの学校財産を主務大臣の許可を得て処分しうるとしても、法人移行初期の財産配分および財産評価に大学間格差が歴然として存在する。そのため財産基盤の確立、自主性・自律性の確保、施設整備における競争性の確保は、かえって持てるものと持たざるものの間の資産格差を拡大することになりかねない。

2 国立学校特別会計の機能を引き継ぐ「仕組み」整備の必要性

国立学校特別会計に内包される機能の維持

国立学校特別会計の果たしてきた機能を概観し、その廃止による影響を主として、(1)既存債務の承継、(2)長期借入債務の償還スキーム、(3)施設整備財源の確保および財源調整機能を軸に検討した。国立学校特別会計の廃止は上記の側面に少なからぬ影響を及ぼす可能性が高い。国立大学の施設整備は国立学校特別会計の枠のなかで調整をしながら進められてきており、必ずしも各国立大学の自律的な責任において進められてきたわけではない[3]。そして財政投融資資金からの借入れ財源によって施設整備を行っている現状にてらせば、国立学校特別会計に代わってその機能を維持する「仕組み」を工夫することが必要となる。ここではこうした「仕組み」に備わるべき諸条件について検討する。その際、他の領域における公経営体の組織形態変更(国鉄民営化や道路公団民営化)にともなう移行スキームの考察から、多くの示唆が得

られるのではないかと思われる。

旧国鉄の分割・民営化、道路公団民営化時の既存債務の承継、長期借入債務の償還

　まず、旧国鉄の分割・民営化についてみてみよう。1987年の国鉄改革に際し、旧国鉄長期債務等の総額37.1兆円は、JR各社(総計5.9兆円)、新幹線鉄道保有機構(5.7兆円)、日本国有鉄道清算事業団(以下清算事業団)(約25.5兆円)に承継された。他方資産の方は、必要最小限の資産(鉄道施設、関連事業資産)がJR各社に、新幹線に係るものが新幹線保有機構(以下保有機構)に、電機通信・情報処理・試験研究等についてはそれぞれの関係会社に、さらにその他の資産(多くは不用資産)については清算事業団に、それぞれ承継された。そして承継した既存債務を承継した資産をもとにした営業収益で償還することを原則とした。また清算事業団が承継した旧国鉄の共通資産である土地の売却収入、JR株式売却収入も長期債務償還に充当された。一部債務はJR各社に承継されたものの、新幹線については保有機構が一括承継し、新幹線運行JR3社(東海、東日本、西日本)にリースされることになった。保有機構はJR3社からのリース料を債務償還財源に充て、新生JR発足後需要の発生する新幹線整備のための莫大な長期借入金の調達主体として機能することになった。

　他方道路公団改革については、道路公団民営化委員会の最終報告で、民営化された新会社に承継されるものを除く道路資産を保有し、それに対応する長期債務の一括承継とその償還業務、および長期債務の借り換え業務を担当する組織として保有・債務返済機構(仮称：以下機構)の創設が提言された。具体的スキームの概要は以下のとおりである。すなわちそれは、(1)新会社は、機構から道路資産を独占的に借り受け有料道路事業を展開し、リース料を支払う、(2)機構はそれを原資として債務償還に充てるというものである。これは旧国鉄改革の際に創設された保有機構の場合と同様のスキームである。新会社の経営の自主性の確立と機構の経営介入の排除を狙いとして、機構の業務は長期債務償還と長期債務の借り換えの2つに限定されている。

　さて、国立大学の管理運営組織の形態変更を検討する際に、そのアナロジーとして収益性を前提とする公経営体の移行スキームを対象とすることは、いささか問題があるかもしれない。旧国鉄改革や道路公団民営化において、当

局者が最も腐心したのは、経営を引き継ぐ新会社の経営を安定させるために長期債務の継承をどのように処理し、その償還の仕組みをどのように制度設計するかということであった。この点については国立大学の場合に通ずるものがあると考えられる。旧国鉄改革や道路公団民営化に際しては、次のようなスキームがとられた。すなわち新会社から莫大な投資を必要とする資産部分および長期債務を切り離し、資産保有・管理および債務の承継、ならびに債務償還・借り換え業務を担う主体——いわゆる「仕組み」を新たに創設する手だてを講じたのである。

　調査検討会議においても、施設整備における財源調整、長期債務の承継・償還、財政投融資からの新規借入れのための「仕組み」設置を求める意見が提起されている[4]。それをうけて、「新しい『国立大学法人像』について」(平成14年3月26日)(以下、「国立大学法人像」)において、財源の調達及び配分にあたっての全体調整等を行う施設整備のためのシステム(全体調整システム)の構築が提言された。

　財政投融資資金の長期借入れ対象である附属病院の施設整備や移転施設については、旧国鉄改革や道路公団民営化のスキームになぞらえるならば、「国立大学施設保有機構」といった「仕組み」が保有し、当該施設を使用する国立大学法人がリース料を支払うというスキームも考えられる。しかし国立大学法人は、その組織目的から営利活動による収益の裏づけによる返済原資の捻出を確保しうるものではない。また「大学設置審査内規等の運用に関する申し合わせ」にてらせば、法制度上は「校地、校舎は設置者の所有かまたは将来確実に取得できる見込みであること」とあることから(高見、2002年、38頁)、現行制度枠では施設は国立大学法人の自己所有が原則であるととらえられよう。そのため国立大学法人の「仕組み」は、施設整備の財源調整(プール機能)、長期借入金の承継、債務償還・借り換え機能のみを担い、資産保有・管理機能はないと指摘できる。ただしリース契約満了時に国立大学法人に移転登記される見通しがあれば、「将来確実に取得できる見込み」との要件を満たすことから、保有機構や機構と同様、資産保有・管理機能を担うことになるかもしれない。

　目下、国立大学の施設整備にPFIの導入が検討され具体的な導入がすでに

はじまっている。PFIのうち、BOT (Build-Operate-Transfer) 方式は施設の民間事業者の所有を前提とし、契約満了後所有権移転がなされるスキームである。この方式はまだ一般化していないが[5]、将来普及拡大することになれば、資産所有を前提としない大学運営が認められることになる。そうすれば「仕組み」による施設設備の保有・リース化も可能となり、各大学法人の固定資産保有コストの軽減も可能となろう。

3 「仕組み」による長期債務の承継と償還

2つの選択肢

長期債務の承継と償還については、調査検討会議のなかでいくつかのスキームが具体的に検討されたようである。それは一般会計や全体調整システムといった各個別大学法人以外の主体に債務を承継し、そこを拠点に財政融資資金に償還する方式と、各個別大学法人に直接債務を承継し、直接ないしは全体調整システムを迂回(全体調整システムによる債務保証を含む)して財政融資資金に償還する方式に大別される。具体的には、(1)債務の一般会計への承継と一般会計からの償還、(2)債務の個別大学法人への承継と直接的な

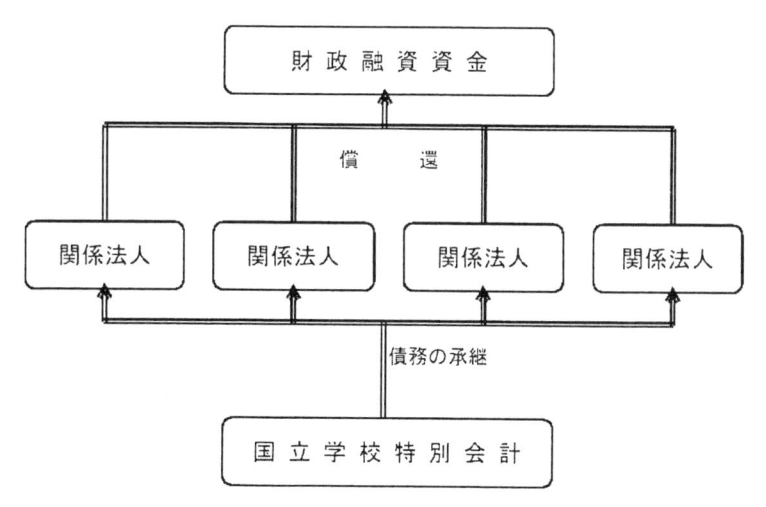

図3-1 個別大学法人による直接償還方式

(出所) 財務会計制度委員会、2001年fより抜粋。

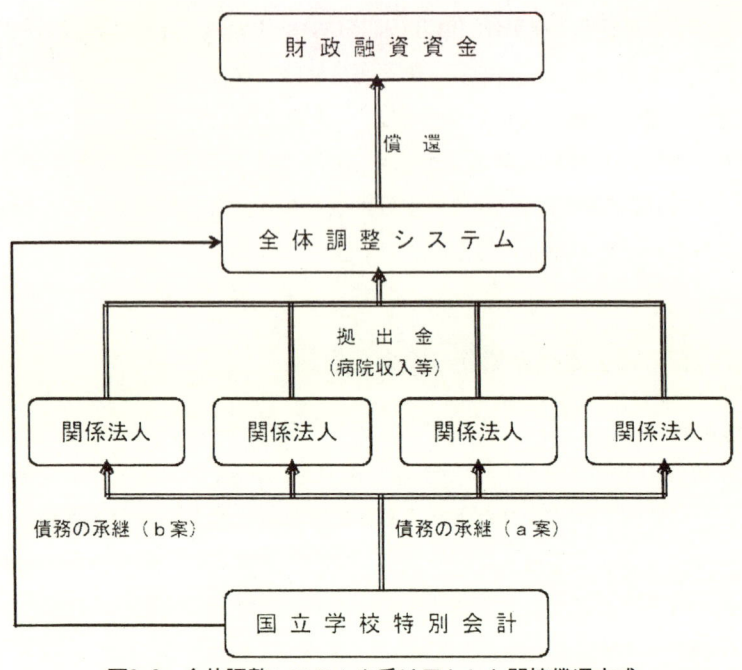

図3-2　全体調整システムを受け皿とした間接償還方式

（出所）財務会計制度委員会、2001年fをもとに作成。

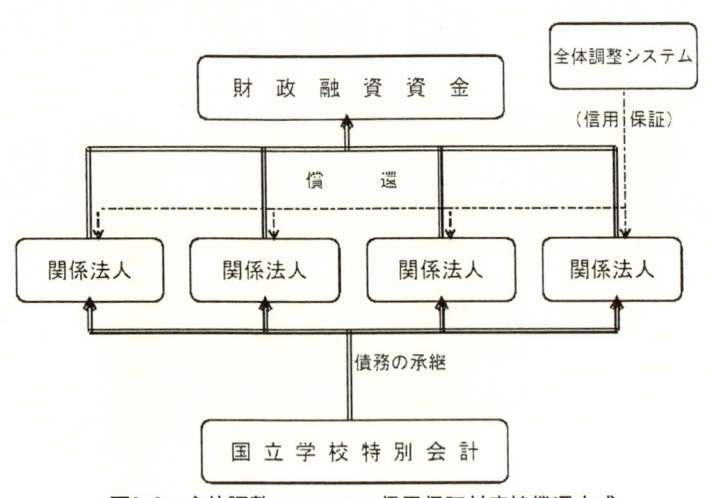

図3-3　全体調整システムの信用保証付直接償還方式

（出所）財務会計制度委員会、2001年fをもとに作成。

償還(図3-1を参照)、(3)債務の個別大学法人(または「全体調整システム」)への承継と個別大学法人からの拠出金を償還財源とした「全体調整システム」からの償還(図3-2参照)、(4)債務の個別大学法人への承継と「全体調整システム」による償還に係る信用保証の実施(図3-3参照)である(財務会計制度委員会、2001年d)。

　国立学校特別会計廃止後の影響についての検討にてらせば、個別大学法人あるいは一般会計への長期債務の直接的な引き継ぎと償還を前提とする(1)および(2)の適用は難しいといえる。(4)も基本的なスキームは(2)と同様であり、長期債務の承継主体が各個別大学法人であることに変わりはない。そのため個別大学法人には受け入れ難いスキームである。結局、最も政策的に実行可能性の高いスキームは(3)であると考えられる。「国立大学法人像」においても、長期借入金債務を　a)全体調整システムに承継させ、同システムが附属病院を有する大学からの拠出金をとりまとめて償還するスキームと、b)附属病院を有する大学に承継させ、全体調整システムが償還金をとりまとめて償還するスキームの2つが提言されている。

いずれが合理的か

　費用と便益の整合性の観点からは、b)のスキームが合理的であるといえる。しかし上で検討したように、直接的な債務の承継は国立大学法人側の抵抗が強いと思われる。また既存の長期債務は各国立大学が直接借り入れたものではなく、国立学校特別会計がその責任において借り入れたものである(財務会計制度委員会、2001年c)。したがって個々の国立大学には、法的な債務負担義務はないといえる。しかも、旧国鉄改革や道路公団民営化の場合、長期債務とその償還業務が新会社の経営を圧迫しないように、それは新たな「仕組み」に承継されていた。こうした実情にてらせば、全体調整システム(「仕組み」)に承継させるa)のスキームの方が政策的実行可能性が高いと判断できよう。このa)のスキームでは、施設設備の所有権は各国立大学法人にあるものの、国立大学法人は全体調整システムに対して長期債務償還財源としての拠出金負担義務を負うことになる。これは国立大学法人による自己責任負担部分としてとらえられる部分であり、実質的なリース料負担であるといえる。

4 施設整備の財源調達と全体調整システム

施設整備をめぐる論点

　国立大学法人の施設は、各法人の教育研究活動の基盤となるきわめて重要なものであると同時に、国家的な知的基盤としての資産を形成するものである(財務会計制度委員会、2001年g)。したがって各大学の財務的基盤の確立のためには、基本的には国から措置される施設費をもって基本的な財源とすべきである。しかし国の財政状態に鑑みれば、「全体調整システム(仕組み)」を構築することによって、長期借入金や不用学校財産処分収入を共通財源とする整備スキームも存続させることが望ましい。また「国立大学法人像」では、各国立大学法人の自主性・自律性を確保する観点から、土地売却等による自己収入をもって施設整備に充てることも有力な政策手段の1つであるとされている。さらに各国立大学法人が、民間資金とノウハウを導入することによって創意工夫を凝らし、より効果的・効率的な施設整備を行いうるためにPFIによる施設整備の可能性の検討も提言された(財務会計制度委員会、2001年h)。こうした論点を十分ふまえて施設整備スキームを制度設計することが肝要となろう。

具体的整備スキームの検討

　では具体的にはどのような整備スキームが考えられるのか。いくつか調査検討会議において検討・提言された模様である。整備主体に着目するとそれは、国が従来同様主体となる場合、各個別大学法人が主体となり市場や国の制度を整備手段として利用する場合、新たに設置された全体調整システムが主体となって市場や国の制度あるいはPFI等の仕組みを利用する場合に大別される。具体的には、(1)すべての施設整備費等を国が措置する場合、(2)国の措置(施設整備財源の配分、政府保証)と各国立大学法人による財産処分収入の自己財源化をはかる場合(図3-4)、(3)全体調整システムやPFI導入による財源調整、債務承継・償還を実施する場合(図3-5)の3つに類型化できる。

　(1)については国の財政事情にてらせば政策的実行可能性は最も低い。また(2)は市場での財産処分や金融マーケットでの政府保証のある財投機関債

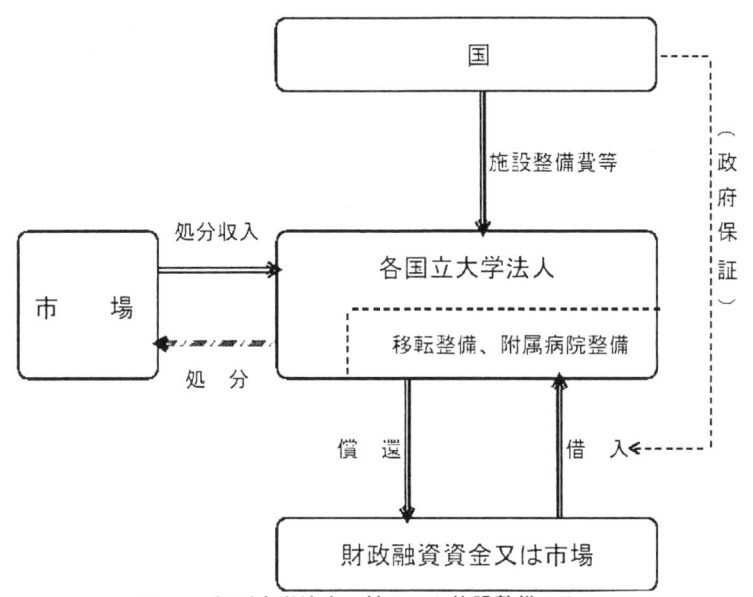

図3-4 個別大学法人を核とした施設整備スキーム
(出所) 財務会計制度委員会、2001年dより抜粋。

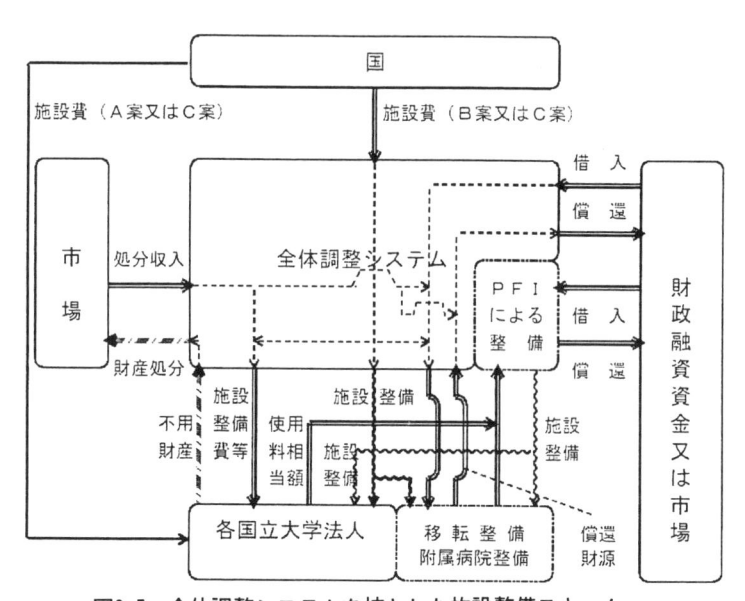

図3-5 全体調整システムを核とした施設整備スキーム
(出所) 財務会計制度委員会、2001年dをもとに、筆者作成。

を発行することを通じて、各国立大学法人自らが施設整備財源を調達しうるスキームである。しかし金融マーケットによる各国立大学法人の資産・負債等にもとづく格づけが表面化し、政府保証があっても財投機関債の発行条件に較差が生ずる可能性がある。このことは、第1節で検討したように、格付けの低い国立大学法人は資金調達に困難をきたすことになる。そのため教育・研究条件格差がいっそう拡大する懸念があり現実には導入は難しい。

同様の問題は施設整備手法としてPFIを導入する場合にも生起する。現在すでにPFIによる整備が導入されているケースでは、国立大学がPFI事業者に支払うサービス購入料の原資が国立学校特別会計の枠内で確実に確保されるという国立学校特別会計の信用力を前提に、民間資金の融資・金利などのスキームが組まれている。個々の大学の財務内容に直接リンクしたPFIスキームを組めば、個々の大学による財投機関債発行の場合と同様の問題、すなわち大学間資産・負債格差による教育・研究条件格差の拡大を招来することになる。したがって最も現実的で無難なスキームは、(3)全体調整システムの導入による場合であると結論づけられよう。

3つの類型の特徴

全体調整システムを導入した場合、国の整備費の配分経路によってさらに**表3-1**にみるような3つの類型に類別される(財務会計制度委員会、2001年g；財務会計制度委員会、2001年h)。すなわちそれは、(a)国が各国立大学法人に「通常の施設費(以下施設費)」および「追加的な公財政支出、変動的な施設整備投資に係る施設費(以下追加的・変動的施設費)」を直接措置する場合(A案)、(b)施設費および追加的・変動的施設費を国からいったん全体調整システムに繰り入れ、全体調整システムが各国立大学法人に措置する場合(B案)、(c)施設費は国が直接各国立大学法人に措置するが、追加的・変動的施設費は全体調整システムにいったん繰り入れ、全体調整システムが措置する場合(C案)である。また長期借入金の借入れ・償還は、3類型とも全体調整システムによって行われる。さらに各国立大学法人で発生した不用財産処分収入のうち一定額(割合)を全体調整システムに拠出させ、それを財源として、全体調整のうえ、各国立大学法人に施設費を措置するスキームも3類型に共通してい

表3-1 施設整備財源と措置主体

施設費の財源の種類	措置の主体		
	（A案）	（B案）	（C案）
国からの通常の施設費	国	全体調整システム	国
国からの追加的な公財政支出、変動的な施設整備投資に係る施設費			全体調整システム
長期借入金	全体調整システム		
不用財産処分収入	全体調整システム		
	国立大学法人		
自己努力として認められた剰余金等	国立大学法人		

（出所）財務会計制度委員会、2001年gより抜粋。

る。「国立大学法人像」では、「各大学への施設費配分（長期借入金及び不用財産処分収入分を除く）については、国又は全体調整システムが行う」とだけあり、3類型のうちいずれのスキームが最も望ましいものであるかについては明言していない。

政策的実行可能性

　3類型の政策的妥当性については、調査検討会議でも議論されたようである。その論点は、(1)各国立大学法人の自主性・自律性をいかに確保できるか、(2)全体調整システムの法人格と借入主体としての担保資産形成をどうするのかということであった（財務会計制度委員会、2001年b）。(1)については、全体調整システムがすべからく財源を集め配分するような強大な権限を与えることは、各大学の自主性・自立性を制約する懸念があることから、施設整備費は国から直接各国立大学法人に措置すべきではないかとの論が提起された。(2)は全体調整システムの組織的位置づけと借入主体としての信用力形成の問題にかかわるものである。調査検討会議の議論のなかには、「国の内部機関とするならば国家信用ということになるが、法人格を別途構成するな

らば借入金に見合う担保を資産形成させなければならない」(財務会計制度委員会、2001年b)とする向きもあった。

　道路公団民営化に際しては、民営化後の新会社への機構の介入を排除するため、機構の機能は厳しく限定されていた。このことは全体調整システムの権限と各国立大学法人の自主性・自立性とをどのようにバランスさせるかという問題に、1つの示唆を与えるものである。施設整備に際しては、さらに教育・研究条件均等化の推進のために全体調整の維持が、また各国立大学法人の創意工夫による効率的・効果的な整備の推進のために施設整備における競争性の確保が求められていた。こうした条件を比較的よく充足するスキームは、3つの類型のうちではC案であろうと考えられる。すなわち財産的基盤を確立する財源は国が直接措置し、競争的要素の働く部分は、全体的調整の必要もあることから「全体的調整システム」が措置するという二段構えのスキームが最も妥当である。

　全体調整システムの組織的位置づけとしては、財政投融資資金の借入れ主体となりうることが要件であるため、独立行政法人という組織形態が採用される可能性が高い。なぜなら国の機関、すなわち一般会計の枠内の機関は財政投融資資金の借入れ主体にはなれないからである。

　では借入金に見合う担保資産をどのように形成するのか。旧国鉄改革や道路公団民営化の場合は、保有機構・機構による資産所有とそのリースが認められていた。そのためその資産保有によって十分な担保形成が可能だったのである。ところが、現行制度のもとでは、施設は大学の自己所有が原則であり、「全体調整システム」による大学施設の一体的保有は認められていない。したがって「全体調整システム」は、資産の裏づけのある担保形成を信用創造のメインファクターにすえることはできないのである。ゆえに財政投融資資金の借入れに際して「全体調整システム」によって発行される財投機関債には、政府保証がつけられ国の信用力による担保価値の形成がなされるものと思われる。

PFIの導入による施設整備

　財務制度検討委員会第6回会議配布資料「施設整備について(例)」によれば

(財務会計制度委員会、2001年e)、「PFI的手法により施設整備を行う」との記述がみられる。当該資料のなかでは、各大学が現に教育研究用に供している施設や土地は、原則として法人移行期に国から各国立大学法人に出資するとされている。とくに全体調整システムを構築する場合、国が出資しないものについては、(1)各国立大学法人の負担において有償借上または有償取得(長期分割払)する、(2)全体調整システムの所有または全体調整システムと当該国立大学法人との区分所有とするとの2案が提起されている。いずれも現行の法制度枠では導入が難しく、今後、大学施設の所有関係に関するいっそうの規制緩和があることを前提とする。

　PFIを導入するに際して、個別の国立大学法人を契約主体とした場合、上述のように当該大学の信用力の違いによる教育・研究条件格差を拡大する懸念もある。すなわち財務内容の堅実な国立大学法人以外、国から出資を受けた自己資産、または(1)のスキームで獲得した資産を対象とするPFI事業を推進することは難しいと考えられる。「施設整備について(例)」においても、PFI事業の対象は全体調整システムが国から承継・所有する資産(または区分所有資産)を想定しているように読める。具体的スキームは、次のように進められるものと思われる。すなわちまず全体調整システムは民間のPFI事業者と契約する。次いで、PFI事業者は全体調整システムの資産を利用し、施設整備・維持管理・運営等の業務を推進する。さらに当該施設を国立大学法人に賃貸借し、使用料相当額を対価として受け取ることになる[6]。こうしたスキームは国立大学法人の自己資産保有を前提とせず、一部施設のリースによる教育・研究条件の整備を許容するものである。もしこれが陽の目をみることになれば、上記2節で検討した旧国鉄改革や道路公団民営化の際の保有機構・機構のスキームにより近い形態をとることになると指摘できよう。

今後の展望と課題

　国立学校特別会計は国立大学共通の財布としての役割を担い、その経営に不可欠な多くの重要な機能を引き受けてきた。そのため、その機能の一部を引き継ぐ「全体調整システム」の制度設計のいかんは、国立大学独立行政法人化戦略の死命を制するともいえよう。机上の制度設計段階では、さまざまな

プランが提起されていたが、現実にどのような手続きで全体調整システムを構築するのか。

　行政システムのスリム化が叫ばれる昨今、新たな組織の立ち上げは難しい。ましてやすでに類似の組織が存在する場合は、屋上屋を重ねるものとのそしりもまぬがれない。既存組織のうち、全体調整システムに比較的近い機能を部分的に果たしている組織として国立学校財務センター(以下センター)があげられる。センターは1992年の創立以来、次のような役割を担ってきた。それは、(1)国立学校財産の有効活用に関する協力、専門的・技術的助言、(2)国立学校特別会計の重要な機能である「特別施設整備事業」に関する調査と参考資料の作成、(3)特定学校財産の管理処分である。ゆえにその主たる業務は国立大学に属する国有財産の活用にかかわるシンクタンク的業務であるといえよう。

　ただし構想されている「全体調整システム」の機能に近いものも含まれている。それは(3)であり、国立学校財産のうち、移転、施設の高層化などにより不用となるものの管理処分業務をその内実とする。特定学校財産処分収入の「特別施設整備事業資金」への繰入れ主体であることにてらせば、すでに財源調整機能を一部担っているといえよう。しかしセンターは現状の組織構成では「全体調整システム」に期待されている長期借入れ・債務償還機能は果たせない。なぜならそれは文部科学省一般会計予算枠内の組織であり、上記の第4節でみたように財政投融資資金の借入れ主体にはなれないからである。こうした組織的限界は、センターを一般会計予算の枠から切り離し、たとえば独立行政法人に移行させることによって克服することができる。以上にてらせば、センターを核として全体調整システムの整備を推進することは、最も現実的な施策選択の1つであると考えられる。

　折りしも2003年10月1日付けで独立行政法人国立大学財務・経営センター法が施行され、従来のセンターは2004年4月1日付けで独立行政法人国立大学財務・経営センター(以下財務・経営センター)に移行することになった。その主たる業務として、(1)国立大学法人等(以下法人等)のキャンパス移転、付属病院のための施設費貸付事業、(2)財産処分収入を財源とする法人等に対する施設費交付事業、(3)法人等の財務・経営に関する研修・情報提供事業、

(4)国立学校特別会計の長期借入金(既存債務)の引き継ぎと償還等が予定されている(図3-6参照)。従来からの業務の継続である(3)以外は、元来国立学校特別会計の枠組みのなかにくみこまれていたものである。したがって国立学校特別会計の機能は財務・経営センターに承継されるものと思われる。予

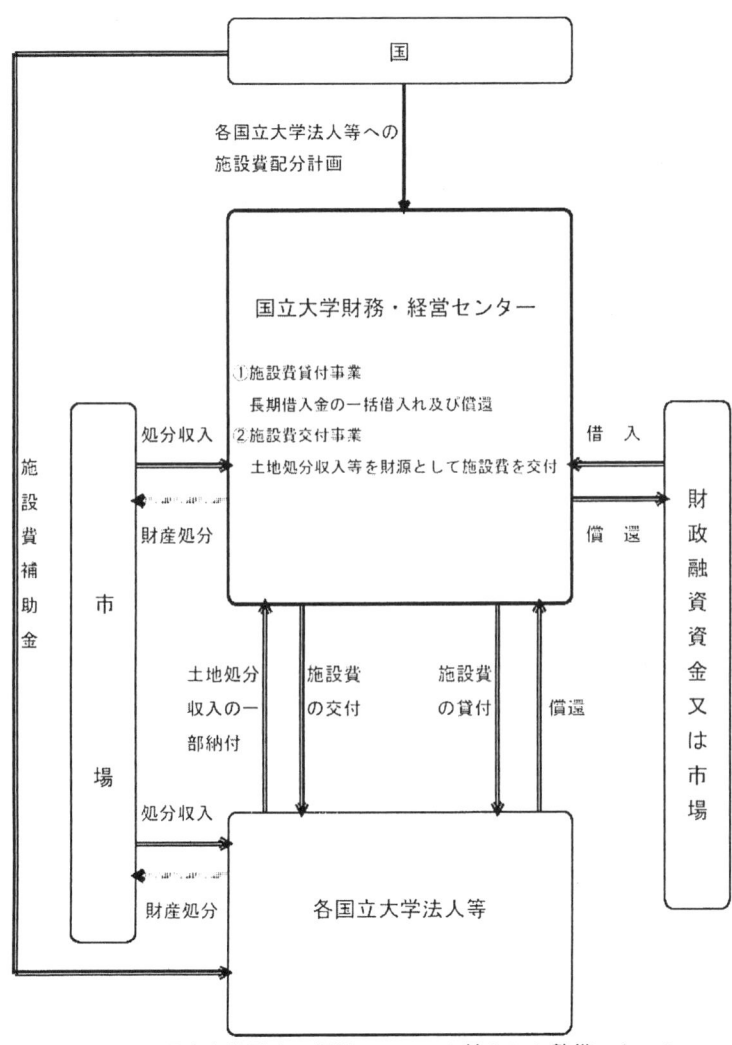

図3-6 国立大学財務・経営センターを核とした整備スキーム

(出所)国立大学財務・経営センターにおける施設費関係事業の概要、2003年aより抜粋。

定業務にてらせば各大学法人への施設費の措置主体は国と全体調整システムの2本立を考えているようであり、C案に近いスキームが採用されるようである。

この章では、全体調整システムに内包されるべき実務的な制度、たとえば債務主体としての信用創造システムや近年新しく開発されつつある金融スキーム、あるいはPFI導入のための法的・財務的基盤といったものについては取り扱えなかった。今後の検討課題とするとともに、関係方面の議論の推移を注意深く見守りたい。

注

1 平成15年度国立学校特別会計概算要求では662億円の借入れを予定していた。

2 文部科学省の国立大学等の独立行政法人化に関する調査検討会議「財務会計制度委員会」の第5回(平成13年3月1日)、第6回(平成13年3月30日)で議論されている(財務会計制度委員会、2001年a、2001年b)。

3 財務会計制度委員会第5回議事録における事務局の発言(財務会計委員会、2001年a)。

4 同上。

5 現在のところ、教育施設については、BTO(Build-Transfer-Operate)方式がとられている。補助金の配分方式は施設所有が前提となっていることから、建築が完了するとただちに公共へ所有権が移転される。

6 上記資料(施設整備について(例))をみる限り、国立大学法人の使用対価が民間PFI事業者にとっては唯一の資金回収ルートになっている。この点にてらせばこのスキームは「独立採算型」と呼ばれるものに該当する。大学は本来収益の獲得を目的とするものではないから、「独立採算型」を採用した場合、よほど確実な使用対価の原資が安定的に確保されない限り民間PFI事業者の参入は難しい可能性がある。

引用文献

市川昭午『教育サービスと行財政』ぎょうせい、1983年。
金子勉「明治期大学独立論からの示唆」『教育制度学研究』2000年9月号、100〜103頁。
小淵港「独立行政法人化と国立大学の財政問題」『経済』2000年9月号、127〜137頁。
国立大学等の独立行政法人化に関する調査検討会議「新しい『国立大学法人』像について」2002年。
高見茂「移転に伴う大学施設――京都大学桂キャンパスの整備」『地域開発』Vol.45、2002

年、35～39頁。
中山伊知郎他『有斐閣 経済辞典』有斐閣、1971年。
　以下は文部科学省のホームページの審議会情報(http://www.mext.go.jp/b_menu/shingi/chousa/koutou/006/index.htm#gijiroku)(2003年7月15日)からダウンロードした資料。本文中で引用する際には、それぞれ財務会計制度委員会、2001年a～2001年cと略した。
財務会計制度委員会、第5回議事録、2001年a。
財務会計制度委員会、第6回議事録、2001年b。
財務会計制度委員会、第9回議事録、2001年c。

　以下は北海道大学のホームページ(http://www.hokudai.ac.jp/bureau/socho)からダウンロードした資料。本文中で引用する際には、それぞれ財務会計制度委員会、2001年d～hと略した。
財務会計制度委員会、第6回会議配布資料(既存借入金について(例))、2001年d。
　　(http://www.hokudai.ac.jp/bureau/socho/agency/j130416-11.pdf)(2003年7月15日)。
財務会計制度委員会、第6回会議配布資料(施設整備について(例))、2001年e。
　　(http://www.hokudai.ac.jp/bureau/socho/agency/j130416-11.pdf)(2003年7月15日)。
財務会計制度委員会、第9回会議配布資料(既存債務について)、2001年f。
　　(http://www.hokudai.ac.jp/bureau/socho/agency/j130416-13.pdf)(2003年7月15日)。
財務会計制度委員会、第9回会議配布資料(国立大学法人(仮称)における施設整備について(案))、2001年g。
　　(http://www.hokudai.ac.jp/bureau/socho/agency/j130415-1.pdf)(2003年7月15日)
財務会計制度委員会、第9回会議配布資料(『財務会計制度』に関する検討の方向(案))、2001年h。
　　(http://www.hokudai.ac.jp/bureau/socho/agency/j130415-2.pdf)(2003年7月15日)

　以下は文部科学省のホームページの国立大学等の法人化について(http://www.mext.go.jp/a_menu/koutou/houjin/index.htm)からダウンロードした資料。
国立大学財務・経営センターにおける施設費関係事業の概要、2003年a。
　　(http://www.mext.go.jp/a_menu/koutou/houjin/03052711/001.pdf)(2003年8月31日)

第2部
欧米諸国の動向

第4章　アメリカの大学における管理運営モデルの変遷

山田　礼子

1　大学改革の背景

　21世紀の到来とともに、日本の大学改革は新局面を迎えている。1991年の大学設置基準改正以来、各大学はいっせいにカリキュラム改革、自己点検・自己評価の実施、教員任期制の採用など、一連の大学改革を推し進めてきた。1990年代初期の改革は大学の制度的な自律性の尊重と研究志向の大学組織から教育や学生を重視する組織体への変換をめざした点に特徴があった。10年が経過した今日の大学改革は、より市場の動向を意識し、同時に政府の規制緩和政策に大きく左右されるような方向へとむかっているようにみえる。このような改革動向は、近年の社会のグローバル化の進行にともなって先鋭化する国家間での競争、および到来する少子高齢化社会では必然的な財政抑制策を視座に入れた結果であると考えられる。しかし市場原理にもとづいた教育政策ははたして日本だけの動向といえるのだろうか。あるいはグローバル化は単なるレトリックではなく、実質的に各国の政策決定に影響力をもっているのだろうか。

　S．カリーは、大学の管理組織化、アカウンタビリティ(説明責任)、私学化といった現象は大学という組織に企業および市場の価値が導入されたこと、一連の政策転換は1990年代より加速化したグローバル化の展開によってもたらされたと論じている(Currie, 1998, p.2)。C．カーは高等教育が誰でも

がアクセスできるようになるユニバーサル化時代での高等教育システムは財政、管理運営、教育などの諸相において「困難な時代」へと直面すると指摘している (Kerr, 1994, pp.XIII-XV)。

1998年の大学審議会答申「21世紀の大学像と今後の改革方策について──競争的環境の中で個性が輝く大学」のなかで、大学審議会は21世紀を「知」の再構築が求められる時代と定義づけ、高等教育の構造改革を進めることが知的活動の強化のために強く求められるとみなしている。そのためには、大学の制度的自律性にもとづく多様化、個性化を進展させるとともに、卒業時における質の確保にむけての充実、国際的通用性、大学の社会的責任などを重視しつつ、次の4つの基本路線にもとづく現行制度の大幅な見直しの必要性が提起されている。

4つの基本路線とは、(1)課題探求能力の育成をめざした教育研究の質の向上、(2)大学の自律性を確保しながら、教育研究システムの柔構造化の推進、(3)責任ある意思決定と実行を可能にする組織運営体制の整備、(4)多元的な評価システムの確立による大学の個性化と教育研究の不断の改善である。これら4つの基本路線は知識社会の再構築を中核に、それぞれが独立しているのではなく相互に関連し合う重層的な構造となっている。この4つの基本路線のうち、(3)と(4)の路線は本書のテーマである「大学の管理運営改革」に深く関連している。

(3)の路線では、従来、学部自治のもとでしばしば意思決定過程における責任が不明確なまま社会的需要に応えきれず、現実と乖離したまま世界的競争にも遅れがちであった大学の教育・研究組織の改善をめざし、学内の機能分担の明確化と学長を中心とする全学的な運営体制の整備が提示され、(4)の路線は、多元的な評価システムの確立が大学の個性化と教育研究の不断の改善のために不可欠であるとの認識に立っている。具体的には2000年より自己点検・自己評価に新たに第三者評価機関による評価が加えられた。(1)と(2)の基本路線は、大学の根幹である教育研究活動に直接かかわりながら、大学の意思にもとづいた自治が作用する側面であるとみなされるのに対し、(3)と(4)の基本路線の背後には「政府の関与」「アカウンタビリティ」といった国家や社会からの関与が強く作用する力がある。大学政策もしくは各大学の

大学改革の動向は、オートノミー(自律性)と政府・社会からの関与という相反する力が相互作用しながら進展するが、こうした動向は日本だけのことではなく、OECD諸国およびアジア諸国においても常態化している(Yamada, 2001, pp.52-54)。

本章では、グローバル化とユニバーサル化を所与の条件としたうえで、アカウンタビリティを1つのキーワードとして、アメリカの大学改革における管理運営改革の動向について検討することを目的とする。アメリカの大学では、さまざまな企業や政府組織を対象として開発されてきた管理運営方式が比較的早期から応用されるべく導入されてきた背景がある。大学の制度的な自律性の象徴としての権限共有型管理運営(shared governance)の形態を達成すべく長期間にわたって改善してきた一方で(Taylor, 1998, pp.74-82)、企業体固有の「効率性」を追求すべく管理運営改革に着手してきたことはアメリカの大学の特徴ともいえよう。そしてグローバル化がアメリカナイゼーションともしばしば同一視される現在、大学審の答申にみられるような改革の方向性の先にはアメリカの大学の管理運営改革が合わせ鏡として存在していると思われるからである。

さて、アメリカの大学における管理運営改革を検討する際、大学という組織体そのものを対象とした効率的な組織運営をめざす改革と、学生への教育や学生そのもののいわゆる教学を対象として行われる一連の評価とそれを支える組織改革に分類して考える必要があるのではないだろうか。このような問題意識に立ち、本章では管理運営と教学上での改革を分類することも試案として行ってみることにしたい。その際、第1に、アメリカの高等教育における経営的視点にもとづく管理運営モデルの整理を行い、第2に、1990年代初頭にカリフォルニア州の急激な財源縮小に対処すべく導入されようとした財産管理運営方式(Responsibility Centered Management, 以下RCM)と呼ばれる特殊な管理運営モデルを紹介し、権限共有型管理運営との軋轢に直面したこのモデルの意味を検討する。第3に、2002年に実施したサウスカロライナ州、ノースカロライナ州の調査にもとづき、教学面の改革を意図した動向について吟味し、こうしたアメリカの高等教育の管理運営面および教学面の改革が日本の高等教育にもたらす意味について考察することにしたい。

2 管理運営改革の動向

1980年代までの代表的管理運営モデル

アメリカでは20世紀に入って2つの画期的な管理運営モデルの登場が現実の組織経営の改善に大きく寄与したといわれている(Birnbaum, 2000, p.14)。第1のモデルは20世紀初頭に登場した科学的管理運営モデルであり、第2のモデルは第二次世界大戦後に合理性をキーワードとして浮上してきた管理情報システム(Management Information Systems)モデルであった。第2の管理情報システムモデルは、費用効果を評価するために、情報の収集と分析を行い、分析にもとづいた合理的な判断を下すという点に新規性があった。このモデルが有効に機能するためには、組織・機関の目標、目的の明確化が必須であることが企業内でまず認識され、その後目標・目的の明確化は大学の管理運営にも影響を及ぼしたものと思われる。

このうち大学の管理運営の新たな手法として注目されたのは企画計画予算方式(Planning Programming Budgeting System, 以下PPBS)と呼ばれるランド研究所が軍での巨大な経費削減を目的として開発した予算計画管理システムであった(Birnbaum, 2000, pp.36-40)。このPPBSは1960年に開発され、アメリカ軍をはじめ政府機関などでは1974年まで継続実施されている。PPBSとは具体的にはいかなるシステムであったのか。PPBSのPをさすPlanningは5年から10年にわたる長期的目標の確認にもとづきながら、目標を達成するためにかかるコストとベネフィット(損益)の評価を意味している。Programmingは最も合理的とされる損益評価をいかに実施するかという具体化したプログラムのことであり、Budgetingはこうしたプログラムを1年という短期間で実施した際に必要となる実質的な予算を示している。最後のSystemはPlanning, Programming, Budgeting が個別の独立した事象として実施されるのではなく相互に連関することで統合的なシステムとしてはじめて機能するというニュアンスを含んでいる。

大学へのPPBSの応用が具現化したのは、1966年のアメリカ教育協議会(American Council on Education)による「国防省でのPPBSの成功事例は高等教育にも応用できる」という内容の啓蒙書の出版が発端になった。1968年には

フォード財団による威信の高い大学でのPPBSに関する研究と実践への援助がなされ、引き続き1969年には米国教育省が複数州でのPPBS実践プログラムへの資金援助を実施した。このプログラムは後年のPPBSの全国的な研究・実施機関である国立高等教育管理制度センター (National Center for Higher Education Management Systems) の設立へとつながった。

1972年までに全米の大学でPPBSを導入した割合は31％にのぼっていた (Bogard, 1972)。当時の時代背景としては、莫大な財政補助を背景に60年代には黄金時代を謳歌していた大学界が補助金の削減などに直面し、理事会や州政府へのアカウンタビリティといった概念が効率的な経営と直結して徐々に大学関係者の間で浸透しつつあったことがあげられる。さらに1972年の高等教育法により、連邦政府が学生援助の主な供給源となったことで、政府による大学の精査が普及したことが、各大学での予算管理が運営にとって不可欠であるとの認識の広がりにつながった。

ではPPBSの採用は大学でどのように受け止められていたのか。PPBSの特徴は厳密な予算管理システムにあったが、損益評価という概念が大学に馴染みにくかったという事実、そして複雑な予算作成が費用と時間の点で見合わないという判断から、PPBSへの大学関係者の抵抗もかなり存在したとされている[1]。

R.バーンバウムによれば、次に高等教育へ応用された管理運営モデルはMBO (Management by Objectives, 以下MBO) と呼ばれる目標をを設定して、計画を実施していく大学の管理運営モデルであった。この管理運営モデルが意図する点は、必ず長期的目標を掲げて管理運営を実施すること、長期的な目標を関係者に周知させること、その目標には必ず期限がともない、期限がくると目標が達成されているかいないかを評価することである (Robbins and Finley, 1996, p.146)。大学でのMBOの導入は、機関の設立の理念と使命の確認と周知、その理念と使命にもとづいた目標の達成を組織的に実施するという目的が大学管理者や大学教員にも受容されたため、比較的スムーズに行われた。第1に具体的な目標を掲げ、第2に組織全体がその目標達成のために改善努力するという過程が定着した。MBOモデルへの肯定的評価としては、MBOの導入が大学のアカウンタビリティ意識の向上と実践、組織の目的の

確認と組織の不透明性にかかわる問題解決への道筋を切り開いたことなどがあげられ、否定的評価としてはコスト重視のあまりスタッフなどのニーズを軽視したことがあげられている。

MBOはもともと開発された産業界では短命に終わったが、後発で採用された大学界では15年間という比較的長い期間導入された。MBOの評価としては、階層的な管理運営モデルに適合するように開発されたモデルがゆるやかなつながりから成り立っている大学で応用するには、不適切であったとする見解が存在する一方で、あいまいであった組織の目標と問題を明確化したという点で大いに組織の改善に貢献したという両方の評価がある。

大学におけるTQMモデル

近年の管理運営モデルのなかで、高等教育に最も広く普及したモデルは総合的品質管理(Total Quality Management,以下TQM)だろう[2]。1980年代初頭から80年代中期におけるアメリカの深刻な経済的状況に直面して、大半のアメリカ企業は日本企業に市場の優位性では劣勢におかれており、国際市場での信頼性と優位性回復のための鍵は「品質」の向上にあるとの見方が政治家、企業家、一般庶民の間にも浸透していた。国際競争力回復のキーワードともいえる「品質向上」に向けての処方箋として、TQMはこうした時代背景のもとで急速に産業界に広がっていった。

教育界も同時期少なからぬ問題をかかえていた。1981年に実施された国家教育委員会財政センター(Education Commission of the States' Finance Center)の調査結果によると、回答した中等後教育機関の72%がインフレに高等教育補助金が追いつかないとの危惧を示しており、連邦政府の学生援助の削減が大学の財政に後ろむきの影響を及ぼすとの見方を示した大学も多数にのぼった。さらに教育上の問題、すなわち補習教育が必要な学生の増加などにみられる学力低下の問題、質の問題が深刻化しているとの回答を大多数があげていたように、教育の質の問題も俎上にのぼっていた。いわば産業界、教育界ともに経済不況と製品の質と教育の質という違いはあるものの、品質の問題という共通する課題に直面していたのである。

TQMモデルは、「組織管理の包括的な原理であり、根本原理は継続的な改

善をめざす点にある」と定義されており、「質」に焦点化していることが特徴である (Chafee and Sherr, 1992, p.3)[3]。

　TQMモデルの創始者ともいえるW. E. デミングは、デミングサイクルと呼ばれるPlan-Do-Study-Actの発案者として知られており、このサイクルはTQMのなかで計画から実行までの過程の見直しをするモデルとして多くの企業で使用されてきた[4]。TQMモデルのなかで同様に重要な概念は顧客の満足度である。顧客を満足させることはすなわち品質が優れているということになる。したがってTQMモデルでは、顧客を満足させるための品質の改善が目標となる。

　TQMモデルの大学での採用は、産業界に遅れながらも1980年代後半から90年代初頭にかけて急速に広がっていった。1993年のE. エルカワスの調査によると、70％の大学がTQMモデルを使用している、あるいはTQMモデルに即した方式を採用しており、10％の大学がTQMモデルの効果は著しいと答えていた (El-Khawas, 1993)。

　産業界もTQMモデルの大学での普及にさまざまな支援を惜しまなかった。例として、産業界主催のセミナーやワークショップの開催、大学との産学連携、ビジネススクールでのTQM講座への冠講座基金の寄付などがあげられる。IBMは1992年にTQMモデルに関連した賞を設立し、9キャンパスには実際にTQMモデルにもとづいた教育の質の改善プログラムへの資金援助を実施した。

　ここで、オハイオ州の大学の上級大学管理者に対するTQMモデルの実施と効果についての調査結果を示すことにより、TQMモデルがどのように大学で受容されていたかについてみてみる。J. マクミランは1997年にオハイオ州にある2年制コミュニティ・カレッジ、テクニカルカレッジ、4年制私立、州立大学80校に在籍する上級大学管理者447人を対象に、(1) 組織としていかにTQMモデルへかかわり、実践しているか、(2) 個人としていかにTQMモデルへかかわり、実践しているかという命題にもとづいて調査を実施した (MacMillan, 1998)[5]。

　この調査結果からTQMモデルへの組織的なかかわりが最も高いのは、(1) 2年制コミュニティ・カレッジの上級大学管理者であり、次いで4年制公立機

関の上級大学管理者であることが分かった。個人的なTQMモデルへのかかわりについては、(2)回答者の75％に相当する上級大学管理者が積極的に関与していると答えている。どのような部門、部局においてかかわり度が高いかについては、(3)学生担当副学長のTQMモデルへの関わり度が最も高く(50％)、次いで学長(48％)、研究担当副学長(23％)、財政・計画・運営担当副学長(14％)という順位になっているなどの回答が得られている(MacMillan, 1998, pp.128-130)。

　さらにほとんど全員の上級大学管理者が、「TQMは一般的な運営問題においては効果的である」、「財政的な問題へのTQMへの効用は高い」と回答している一方で、「一般的な学術上の問題への効用」と「大学教員に関連した問題への効果」についてはどちらともいえないと回答している。このような回答はわれわれに重要な点を示唆しているのではないだろうか。大学がTQMモデルの導入により、改善をはかろうとしている領域は、たとえば、(1)質的サービスの改善、(2)コスト削減、(3)事務処理にかかる時間の節約、(4)学外と学内の顧客満足度の改善などであり、これらは産業界や政府が改善をめざしている領域とほとんど一致していた。しかし一般的に産業界と比較した場合、大学でのTQMモデルの浸透度は低くまたその普及のスピードはゆるやかであったが、これらの違いを生み出している要因として、大学と産業界、企業でのリーダーシップの発揮の差異を検討しなければならない。

　バーンバウムによれば、1970年代以降頻繁に企業で実践されてきた「経営管理モデル」がある一定のサイクルで大学にとりいれられてきたことは、大学の内部において自分のリーダーシップを強化したいという当時の大学経営陣の意図が背後にあるという。しかし大学は研究者という専門家集団から成り立っている組織であり、彼らが学内の学問的な事項、あるいは管理する機構を形成し、意思決定する手段をもっているという特徴がある。それゆえ、教育研究という利益だけではその組織の卓越性をはかれない複雑性をもっているために、利益という一元的な価値が組織の存続の基準となっている企業と大学を同一視することはできない。オハイオ州での調査結果を参照しても、大学教員に関連した問題への効果はそれほど高くない。こうしてみると、戦略的な経営とか科学的に管理するための手法は、企業や政府と共通点のある

分野、部門においてはかなりの効果を生み出しているものの、リーダーシップが浸透しにくく、かつ受容されにくい大学教員関連事項との相克から普及のスピードはゆるやかであり、その組織におけるリーダーシップがもつ意味も異なることも考慮すべき要素であろう。

次項では、大学管理者のリーダーシップによって導入が進められたものの、権限共有型管理運営との相克によって大学教員に受容されなかった管理運営モデルの事例を提示し、大学への企業型管理運営モデルの定着を阻害する要因について吟味したい。

新しい管理運営モデルの導入をめぐるUCLAの対応

1990年代にカリフォルニアの高等教育は大規模な予算削減を経験したが、その背景には世界的な景気後退に加えて、カリフォルニア州の特殊な背景がある。第1に、冷戦構造の終結後、防衛航空産業に大きく依存していた州経済は、そうした産業部門の統廃合や他州への移転にともなって、約1兆ドルもの市場を失い、同時にそうした産業からの税収入を失った。第2に、カリフォルニア住民主導による提案の法案化の影響がある。たとえば、提案第13号の可決により、不動産税が減額になった結果、不動産税による州の収入は大幅に減少したが、州の高等教育予算は大きく不動産税収入に依存していたために、高等教育にとってはかなりの痛手になった。そして第3に、犯罪率の増加により、犯罪取り締まりや、刑務所の増設などに高等教育予算を回すようになったことである。

こうした状況下において、カリフォルニア大学ロサンゼルス校（以下UCLA）の予算は90年以降削減し続け、1993-94年度予算は17億ドルの予算にまで減少した。一方、予算削減下においても、学生数は増加したために、インフレーションと学生数の増加を考慮するとコストは40％増加したことになり、ますますUCLAの運営は厳しくなった。

急激な予算削減に対応するために、UCLAは人員の削減、教職員の給料の削減と凍結、各種ベネフィットの削減、授業料の値上げ、早期退職プログラムの導入などを行うと同時に、管理運営部門、文理学部、大学院部門、各プロフェッショナル・スクールに対して最大40〜50％、最小5％程度の予算削

減を実施すると同時に、プロフェッショナル・スクールの統廃合を実施した(ホーキンス、1995年、66～67頁)[6]。

同時に、新しい管理運営方式、より正確に表現すれば財政管理運営方式であるResponsibility Centered Management(以下RCM)と呼ばれる新しいモデルを導入しようとした。RCMの特徴は次の3点にまとめられる。第1に、各学科、スクールがその学科、スクールで派生する全費用、全収入に責任をもつ。第2に、財政配分の優先順位を得るためにも各学科、スクールは費用を削減し、収入を増やすための励みとなるものをもたなければならない。第3に、その学科、スクール関連の図書、学生へのサービス費用などはすべて、各学科、スクールにあらかじめ配分する。費用を使いすぎると翌年の予算が削られ、反対に収入が増加すると、インセンティブがあったと認められ、優先順位が高くなるという見返りが存在する仕組みがはかられている。換言すれば、きわめて競争原理にもとづいた財政管理制度といえよう。

従来のカリフォルニア大学群(以下UC)の一般的な予算編成過程では、UCの各分校の全学長(chancellor)がUCの総長(president)との協議のうえ、その予算案を理事会(board of regents)に提示する。理事会と総長との間での数回にわたる審議の結果、理事会が承認すれば、州議会(legislature)に回される。そこで、再び審議やさまざまな交渉が行われ予算案が通れば、州知事(governor)のところに回され、州知事が承認した後で総長の手元に戻される。その後、その大学の規模などに応じて各学長の予算が分配される。この過程ではじめて各学長は各学部長(dean)とともに、各学科や各プロフェッショナル・スクールなどに回される予算を編成する。しかし従来のこの予算編成の過程は、明確な歳入支出に関する情報がないまま、おおまかな予算のパイのとりあい的なものであったと報告されている(Wilms et al., 1997)。

UCの各分校では1920年以来、権限共有型管理運営が管理運営の理念として定着してきた。江原によれば権限共有型管理運営は、問題領域によって実質的な責任の所在は異なるにしても、ほとんどの領域で大学教員と大学管理者が権限を共有する参加形態であると定義されている(江原、2003年、8頁)。このタイプの管理運営を実施している大学では、大学教員と大学管理者との間で教学事項と財政など他の事項の決定に関しての均衡を保つという原則の

もとで、大学評議会に代表される大学教員側が教学への最終決定に責任をもつ一方で、財政など他の事項に関しては大学管理者側が最終的な権限を保持している。しかし権限共有型管理運営が機能するためには最終決定にいたるまでに両者間の協議が緊密に行われていることが前提である。

UCLAはRCMを導入する際に、伝統的な権限共有型管理運営の形態をより大学管理者側が迅速に物事を決定し、実施できるような体制へと変換するよう試みた。RCMに関する事項を委員会で協議しながら進展させるために、学長が上級の運営管理者と有力な教授陣から構成された変革運営委員会を組織化したが、実際には実質的な協議と運営は15人の大学管理者から構成された戦略委員会で進められていた。W. ウイルムスは当時を振り返って、多くの大学教員は権限共有型管理運営が侵食され、さらには学問の自由までもとりあげられるのではないかという不安を抱いたと述べている。

1995年より、外部からの資金獲得に積極的でかつ魅力的なプログラムの構築に着手してきたビジネス・スクール、産学連携の経験がある自然科学部門、教育学系大学院に実験的に導入されたものの、1997年半ばまでにRCMの全学への導入は断念し、学長も辞任することでUCLAにおけるRCMは終結した。ウイルムスはその理由を、権限共有型管理運営を崩壊させるのではないかという大学教員からの危惧、大学が本来の役割である学問の追求から外れて、私企業的になるのではないかという批判、従来大学という1つの組織のなかで共存してきた各部門が予算をめぐって競合関係になるという危惧がRCMへの期待を上回ったとしている (Wilms et al., 1997)。

さらにRCMは、比較的小規模の南カリフォルニア大学や中規模大学であるインデイアナ大学、ペンシルベニア大学では過去において成功したが、意思決定への流れも複雑なUCLAのような大規模大学に応用するうえでの困難性も関連したと考えられる。江原はアメリカの大学の組織文化や組織モデルをI. マクネイやR. バーダールの類型論を参照し、全般的に近年の公立大学に企業制の管理運営が浸透するようになったが、同じ公立大学でも大学によってその組織文化の比重が異なることに言及している（江原、2003年、19頁）。従来の同僚制が色濃く反映されていた権限共有型管理運営がトップを中心とする財産管理運営制度に移行されながらも一部にしか根づかなかったカリフ

オルニア大学ロサンゼルス校の事例も、大学の組織文化が多様であることを示している。

しかしRCMの導入実験過程を経て、大学関係者が外部のアカウンタビリティへの関心を高めたこと、総合計画や予算を戦略的に策定するという内部組織改革への機運は間違いなく高まったことは評価されている。現在では、UCLAは州立大学でありながら、資金を州の財政補助に依存する比率が低下し、民営化が急速に進んでいる。こうした自律的な民営化への道程にRCM導入の動きなどの管理運営改革が影響を及ぼしたことは間違いないであろう。

ここまで提示してきた大学の管理運営改革は、大学への財政配分の縮小という現実のなかで、大学という組織体そのものを対象として効率的な組織運営をめざした改革として位置づけられよう。PPBS、MBO、TQMそして特殊な例であるRCMなどの一連の管理運営モデルは、あくまでも効率的な管理運営や財政管理を目的とするものであって、直接大学のカリキュラムや大学教員、学生の教育といった教学上の効果を目的としたモデルではない。実際には、大学への財政配分の縮小のみが管理運営改革の引き金になったわけでもない。

さて、社会のグローバル化の背後には、国際競争力をつけて、国の経済的利益につなげるという考え方が根底には存在している。そのためには、人材養成、すなわち学力を底上げするという各国の教育政策が浮上してくるのは必至である。アメリカにおいてもグローバル化と大学における教育の質の向上が近年の重要課題であることはさまざまな報告書、文献が示している。しかし近年のアメリカにおける学力低下の問題はけっして楽観できるものではなく、それらは大学のユニバーサル化と並行して進んできた。次節では、学力の低下という問題が大学のアカウンタビリティ問題にどうかかわっているのかをみてみる。

3　教育改善を意図する政策の動向と支援体制

大学の卒業率、リテンション率の低下

アメリカにおける学生をとりまく環境、価値観、学習技術の変容は著しい

(Astin et al., 1997, pp.15-31)。とりわけ新入生の学習技術、自己イメージ、個人的な目標、大学での専攻希望、キャリア目標の面における変化が顕著化している。学力が十分に備わっていない学生の存在とその増加も近年の特徴となっている。1968年から1980年の間に大学進学予定者の進学適性検査(SAT)受験者の平均点が全国的に、言語部門では40点以上、数学部門では26点低下するなど基礎学力の低下は著しいと懸念されている(Grandy, 1987)。

　学生の学力面および価値観の変化は実際にどのような影響を及ぼしてきているのか。80年代になって、急激に卒業率および各学年を終了して次年度に進級する割合であるリテンション率[7]が低下しはじめる。現在では4年制大学の卒業率は4年卒業率よりも5年卒業率を標準的な指標として採用する場合が多くなりつつある。かつては4年卒業率が標準的であったのが、現在では4年卒業率の高さを誇れるところは少数の威信の高い4年制大学のみという場合が多くなっている。

　むしろ、学生の多様化が進み、選抜がゆるやかになっている小規模大学、あるいは州立大学では5年もしくは6年を標準とした卒業率が一般的となっている。具体的な数字をあげてみると、アメリカ教育協議会が公表している1999年の数字をベースにすると、学士を授与する4年制公立大学の5年卒業率は43.1％、同私立大学の場合には53.9％、博士号まで授与する公立大学は46.4％、同私立大学は63.5％と低い数字を示している。山田が2002年に実施した全米1358校の4年制大学を対象にした1年次教育調査結果によると、4年制公・私立大学の4年卒業率は46.2％、同様に5年卒業率は54.9％であった[8]。

　また1年生から2年生へ進級するリテンション率の全米平均は、2000年時点で74％、山田の調査結果では、2002年時点で76％という数字となっている。これらの数字は2000年前後の数字であるが、こうした現象が顕著化してきたのは80年代からといわれている。70年代、80年代そして90年代から顕著になった学生の変容とそれにともなう卒業率、リテンション率の悪化という状況のなかで、90年代以降、アメリカの大学は高等教育への財政配分の縮小とアカウンタビリティという問題に直面することになる。次項以降では、こうしたアカウンタビリティ問題を通して、いかに大学がティーチングと学生のラーニング重視へとむかってきたかをサウスカロライナ州とノースカロライ

ナ州の事例を参考に検討し、それを支える組織運営についてみていくことにする。

サウスカロライナ、ノースカロライナ両州の大学制度の特徴

　ここで、サウスカロライナ、ノースカロライナ両州の大学制度の特徴を提示してみたい。サウスカロライナ州の場合、公立の４年制大学が12校、私立の４年制大学が23校、２年制大学が公立21、私立６校存在している (SCCHE, 2002, p.94)。在学生には、州内あるいは周辺の南部州出身者が多い。カリフォルニア州の大学制度を比較のために参照してみると、カリフォルニア州では州法であるカリフォルニア・マスタープランによって、高校時代の成績をベースとして公立の４年制大学への進学基準が定められている。すなわち高校時代の成績が上位12.5％までならカリフォルニア大学群（UC）へ、12.5％から50％までなら州立カリフォルニア大学群（CSU）への進学が一応保障されている。一方、サウスカロライナ州とノースカロライナ州では、進学に関しては、こうした州法での定めがないため、州立、私立を交えての学生獲得競争が激化する土壌となっている。つまり１年生に入学してきた学生が２年に進級せずに、他大学へ編入することが頻繁に起こっている。換言すれば、マスタープランにより編入枠[9]が定められているカリフォルニア州では４年制大学間での編入はそれほど一般化されていないのに対し、両州での州立・私立４年制大学間での編入は学年、セメスターを問わず実質化している。

　こうした状況は州の財政配分減少後、より学生納付金への依存度が高くなってきた大学にとっては、学生を確保することが難しければ財政状態が厳しくなることをも意味している。それゆえ、現在では両州の大学においても教育改善が学生確保の確実な方法であるとの認識が広く普及しているのである。

サウスカロライナ州におけるパフォーマンス・ファンディングの事例

　サウスカロライナ州のアカウンタビリティ問題の象徴ともいうべきことは、「パフォーマンス・ファンディング」の導入である。山崎によれば、パフォーマンス・ファンディングは州政府の財政難と学生の学力低下の問題の解決をめざして1979年にテネシー州で試験的に導入されて以来、11州が採用し

ている(山崎、2001年、131〜145頁；山崎、2002年)。従来、州の教育関連への財政配分は学生数にもとづく計算式(FTE)が採用されていたが、教育研究のパフォーマンスを基準として高等教育費の一部が配分されるようになった。サウスカロライナ州は1996年に359法を州議会で通過させて以来、2001-02年度は100％がパフォーマンスによるファンディングを実施してから6年目になる。その間さまざまなパフォーマンスにもとづくファンディングを実施するため、指標であるパフォーマンス・インディケーターの評価や改善を継続的に行ってきた。2001-02年度は、(1)目的と使命の焦点化、(2)教授陣の質、(3)授業の質、(4)組織的な協力と協同、(5)管理運営上の効率性、(6)入学要件、(7)卒業生の達成度、(8)外部利用者へのサービス度、(9)研究資金という9領域での37のインディケーターのうち、14インディケーターが数字によるランク評価で実施されている。当該年度の実績として、州にある大学63校のうち、1校が「非常に卓越している」、14校が「卓越している」、18校が「基準を達成している」との評価結果を受けている[10]。

　サウスカロライナ州の高等教育委員会は、パフォーマンス・ファンディングが目標とする効果として、組織の総合計画の策定、組織の予算管理と運営、学生の教育成果の3つをあげている。第1と第2の目標は、全体的な戦略的管理経営(江原、1999年、36〜37頁)にもつながり、第3の目標は教育面における改革につながる。

　サウスカロライナ州高等教育委員会が公表しているパフォーマンス・ファンディング導入後の大学での効果としては、教育領域においては、たとえば新規入学生のSAT得点の上昇、卒業に必要な単位時間の削減、全国ベースで認証をうけたプログラムの増加、学内および学外との協同プログラムの増加、マイノリティ学生の増加、教員教育改革への財政支援の増加などがあげられており、研究面においては研究機関としての大学への外部研究資金の増加がある。なお管理運営面においては、管理運営面と教学面におけるコストの削減、総合的計画の策定実績の向上が実質的な成果のあったものとして受け止められている。

　これからみるとパフォーマンス・ファンディングは研究面よりは、教学面および管理運営面における改革を促進する装置として機能しているとみなす

方が適切であろう。

　江原は、大学における日常の管理運営は現在志向であり、当面の個別的な解決課題をその都度操作的に処理することを求められやすいのに対し、戦略的計画は未来志向であり、全学的で総合的なビジョンを重視すると述べている。限られた資金をめぐり、より効果的な成果をあげるべく総合的計画を策定することは、個別の日常的な課題をさばくというよりは、全体的な将来のビジョンを描きながら戦略を練ることにほかならない。さらに総合的計画を策定する際には情報を集積し、その情報を活用したうえで効果的な総合的計画へと着手する過程と情報を集積し分析する部署が支援組織として不可欠であるが、このような部署が機関調査研究(Institutional Research、以下IR)部門である。次項では、このようなIR部門の役割についてノースカロライナ州の大学にあるIRオフィスの事例をもとに分析する。

教育改革、組織改革を支える IR 部門

　IRと呼ばれる機関調査研究部門は、各大学内の教育研究活動に関する調査研究活動を行う管理部門として設置されている。1924年にミネソタ大学で、カリキュラム、学生の在籍率、試験の達成度を研究する調査研究部門として設置されたのが現在のIRのモデルであるといわれている(Fincher, 1985, pp.17-37)。管理運営および組織の効率性改善をめざす部門として1960年代に急速に拡大した。アメリカ教育協議会の「統計情報と研究」部門が発行した声明によってIRの目的と意義が全国的に明示され、IRに携わる専門家集団の専門職協会であるIR学会(Association of Institutional Research)が設立されたのは1964年のことであった。IRは経営や教育にかかわるさまざまな情報の入手とその分析を行い、組織管理の改革支援を行っている部門である。とりわけ学生の多様化が顕著化するようになった1980年代以降、学生のデータを集積し、教育に活かそうという趣旨のもとで、IR部門が多くの大学に常設されるようになってきた。

　ノースカロライナ州にあるノースカロライナ大学群に属するノースカロライナ大学、アッシュビル校とアパラチアン州立大学のIR部門の活動から、IR部門の学内での仕事はおおよそ次のようにまとめられる。

(1) 地域、連邦基準認定(アクレディテーション)に関連した業務とプログラムの検討
(2) 運営管理上の情報の提供と計画、学内政策策定とプログラムの評価のための分析
(3) 学生、大学教員、職員のデータ収集と分析
(4) 予算および財政計画策定
(5) 学生の学習成果の評価のためのデータ収集および評価(アセスメント)実施と分析
(6) 学生による授業評価事業の実施
(7) 学生の履修登録管理と募集管理
(8) 年次報告書の作成
(9) 州の財政補助金獲得のために必要とされる書類の作成などの州高等教育部局との連絡調整
(10) 米国教育省の調査事業に提出するデータの作成
(11) 大学関係出版物への情報提供

　こうした日常的な業務に加えて、IR部門の所長は学長あるいは学務担当副学長直属の部門として学内の戦略的計画策定のコーディネータとして計画策定過程に密接にかかわっている[11]。
　5年卒業率や最近では6年卒業率を提示している大学も数多くなっている状況やサウスカロライナ、ノースカロライナ両州の大学間での自由な編入が実質化している状況をみると、リテンション率の動向が重要な意味をもつことは想像に難くない。ノースカロライナ州では、州の財政配分については、研究大学として認知されているノースカロライナ州立大学チャペルヒル校などいくつかを除けば、他のほとんどの州立4年制大学が財政配分をうけるうえで、リテンション率や卒業率の向上が「教育改善度」をはかる不可欠な指標となっている(UNC, OPP. 2002a, 2002b)。さらにこうした「教育改善」の結果としてリテンション率、卒業率を向上させることは、安定した財政状態を各大学にもたらすことにつながるという。そのために、教学部門で実施される

「1年次教育」とIR部門が実施する学生評価（アセスメント）の役割は小さくない。

「教育改善」の象徴としての「1年次教育」と「評価（アセスメント）」

ファーストイヤーもしくはフレッシュマン・セミナーと呼ばれる「1年次教育」は、学生の学力低下や価値観の変容に対処する教育改善の一環として評価される一方で、1年次教育を充実させることにより、リテンション率を向上させ、学生の定着につながるという意味でも、現在戦略的に重要な「教育改革」としても位置づけられている（山田、2000年、138～140頁）。1年次教育が教育改善の効果的なプログラムとして近年再評価されるようになった背景には、次の8つの要因が関係している[12]。

(1) 納税者が高等教育にかかわる費用の高騰に寛容でなくなってきたこと
(2) 資金提供者（納税者、寄付金など資金提供者、経営者など）が学生の生産性の向上と留年率の減少を要求するようになってきたこと
(3) 入学水準の向上への圧力（より適格な学生を確保することへの圧力）
(4) 2年制大学へより多くの学生を入学させるべきだという圧力
(5) 経費削減のために遠隔教育を浸透させるべきだという圧力
(6) より短期間での学位取得への圧力
(7) 補習教育機会の提供の増加への圧力
(8) 株式会社などの参入による競争力の激化

これらの8つの要因はアカウンタビリティとして認識され、それぞれが相互に絡み合いながら、基本的には各大学がよりティーチングを重視する方向へとむかう力となっている。そこで、1年次教育を実施するにあたって、多くの大学ではアセスメントと呼ばれるさまざまな調査とリンクさせることで、1年次教育を全学カリキュラムのなかで重要な位置に配置するような工夫を行っている。

大学生活の基礎となるアカデミックスキルの習得、時間管理、キャリア観の育成、人との付き合い方、コミュニケーション技能の習得などを意図した

第4章　アメリカの大学における管理運営モデルの変遷　131

内容から構成されている1年次教育は、高校から大学への移行を円滑化するうえでも効果があり、かつリテンション率の向上に効果をもたらすことがすでに幾多の先行研究で指摘されている。そうであるならば、より多くの学生を安定して確保することで、財政を安定させたい大学にとって、1年次教育を充実させることは、戦略としても重要である。

　さらに近年学生の基礎学力、モティベーション、価値観などのデータをアセスメントと呼ばれる調査を通じて、定期的に集積し、1年次教育のプログラム開発に学生データを活用し、教育改善につなげようとする動向が広がっている。全米の多くの大学がとりいれているアスティンが開発した「フレッシュマン・サーベイ」[13]もこのアセスメントの一例である。最近のアセスメントは各大学が開発しているものも含めると多種多様であり、100種類は越えるのではないかと推察されるが、IR部門はしばしばアセスメントの開発から集積まで責任をもって担っている。

　次に、アパラチアン州立大学のIR部門の事例について紹介したい。アパラチアン州立大学は、ノースカロライナ州の高等教育委員会より教育拠点校として認知されており、全学生数は2001年時点で13,762人（フルタイム学生11,898人、パートタイム学生1,864人）である。大学院プログラムへの2001年度の入学者は509人と少数である一方、学部への新規入学者は2,312人、新規編入者は854人となっている。志願者は8,863人で合格者は5,770人（合格率65％）である。編入者は学年が明記されていないことから、どの学年でも編入してくるものと推察できる。データは新入生と比較して編入者の割合が高いことを示している。リテンション率（1年次終了時点）は83％と全米平均を上回っており、5年卒業率は57％、5年間でのリテンション率は63％となっている（Appalachian State University, 2002, pp.31-41）。

　IR部門は、組織上は学務担当筆頭副学長の管轄下にありアセスメントの主要な役割を担っている。たとえば入学間もない1年生を対象にアセスメントをうけさせ[14]、長期間にわたって追跡調査を実施し、1年次教育を通じて教育改善につなげ、リテンション率の向上、卒業率の向上へつなげるよう教学部門との連絡調整を行っている。具体例を示してみよう。アパラチアン州立大学では1年次教育としてフレッシュマン・セミナーや1年生を対象とした

ラーニング・コミュニティと呼ばれる教育が実践されている。ラーニング・コミュニティとは新入生グループを無作為に形成し、このグループでたとえば、「20世紀の文化」という命題のもとで専門分野の異なる教員が担当となっている一連の科目群を受講させるという方式である。専門別に学生が履修登録しないアメリカの大学においては、ラーニング・コミュニティという方式のもとでの小グループの形成により、クラス制と同様の帰属意識が醸成され、同時に共同学習を通じての学習効果が期待されている。IR部門ではフレッシュマン・セミナーの受講生やラーニング・コミュニティに属した学生の1年次から2年次へのリテンション率、GPAをセミナー未受講者やラーニング・コミュニティに属していない新入生の実績と比較検討することで、教育上の効果分析や教育改善のためのデータを提示している。IR部門の分析結果やデータは部門の長である学務担当筆頭副学長に報告された後、学務担当筆頭副学長の指示のもと、大学全体が改善の動きに取り組むというサイクルが構築されている。このようなIR部門の活動から、いかに学生データを集積し、そのデータをフォローアップすることが教育改善のために、不可欠な作業であるかが理解できる。

4 日本への示唆

　本章は社会のグローバル化、財源縮小、アカウンタビリティ問題の増大が全世界で同時に進行している状況のもとで、日本の今後の大学における管理運営改革がどのような方向にむかうかを他国の状況を合わせ鏡として検討することを目的とし、ここではアメリカの動向を検討材料としてきた。
　アメリカでは大学の管理運営改革の経験は長く、さまざまな企業や政府機関でとりいれられてきたモデルが大学にも応用されてきたことが1つの特徴であり、組織の変革への抵抗は全体としてそれほど高くない。しかしこのようなモデルが適用される分野としては、管理運営や学生サービスなどの部門において効果的ではあるが、教育面や大学教員に関連した分野には応用にしくいという側面は否定できない。
　他方、サウスカロライナ州のパフォーマンス・ファンディングに象徴され

るように、学生への教育効果の測定にはまだ実績が不十分であるという課題は残っているが、学生の教育実績に基本的にもとづいた評価が多くの州で導入され、現在普及しつつある。この背景には多くの大学の使命や目的が研究志向よりも教育志向へと変革することを余儀なくされていることがあり、こうした動きは財源縮小とアカウンタビリティの影響であるとみなすことができる。そこで財源縮小とそれにともなうアカウンタビリティの動向をまとめてみれば以下のようになる。

「小さな政府」をスローガンに財政支出抑制政策を掲げたレーガン政権が登場して以来、1980年代には一転して連邦政府や州政府の高等教育への財政配分は減少し、1990年代初頭においては、アメリカが直面した景気後退の影響もうけて、高等教育予算の大幅削減が行われた。いいかえれば、高等教育は、限られた財源をめぐって他の公共部門との予算獲得競争に直面した。事実、1991-92年度の資料によるとおおよそ3分の2の公立大学が同時期に実質的な予算削減を経験し、多くの私立大学もさまざまな引き締め策を導入した (Slaughter, 1993, pp.250-281)。

同時に、ユニバーサル化が進んだ高等教育では、次の6つの事項が起こるとされている。

(1) 財源縮小にともなって強力な公共部門へのアカウンタビリティが出現する。すなわち大学の機能の社会的、経済的合理性に対して社会からの関心が高まる。
(2) 大学制度は私立セクターが拡大することによって、より私学化し、公立大学においても学生納付金への依存度がいっそう高まる。
(3) 大学は規制緩和が推進されるにつれて、管理運営に対する責任が強く求められるようになる。
(4) 市場原理が高等教育の規模、領域、価格を決定する際に支配的な要因となる。
(5) 大学が増加するにつれて、新形態のアクレディテーションを通じて、高等教育における質の保証への要求が強まり、納税者や関連利益団体などの意見が重要視されるようになる。

(6) 教育上での成果をあげることが質の保証と組織上のアカウンタビリティを示すうえでよりいっそう重要となる (Zemsky, 1997, pp.1-20)。

このような現象をふまえて現在のアメリカの大学をながめてみれば、管理運営に対するアカウンタビリティのみならず、実際大学教育を重視しない大学は存続することは困難であるといっても過言ではないことに気づくだろう。こうした前提に立ち、管理運営改革と同様に学内の教育改革を実施していくために、総合的戦略計画の立案が重要になってきているのが近年の動向である。そのために、IRと呼ばれる機関調査研究部門がデータの集積からはじまって、分析、評価、そして結果にもとづいて総合戦略計画立案に積極的に関与しているとまとめられよう。

こうしてみると、データが各部門に分散したまま、効果的に利用されていない日本の大学が、学生の教育を重視する一般大学へあるいは研究を中心とする研究大学へと総合的計画を立案しながら組織変革を進めていく過程において、日本の大学においてもIRに類似した部門が不可欠になってくるであろう。アメリカのIRの事例は日本の大学においても、組織改革、教育改革を支援する部門を構築することの意義を示唆しているように思えてならない。

注

1 J. E. FreemanはFreeman (1978)でPPBSが包括的な検討の後、カリフォルニア大学群での採用が却下されたことを示している。

2 TQMはしばしばContinuous Quality Improvement (CQI)と同意味で使用されるが、本章ではCQIを使用しないでTQMに統一している。

3 質に焦点化して継続的に質の向上をめざすという点で、TQMではなくCQIが使われることもある。

4 Plan-Do-Study-ActサイクルはPlan-Do-Check-Actサイクルとして使用されることもあり、オハイオ州立大学の事例では後者のサイクルを使用している。

5 具体的な調査内容は、(1)TQM計画の運用、(2)TQM専門コンサルタントの利用、(3)TQM委員会の設立と利用、(4)組織計画範囲内でのTQMプログラムの活用と実施、(5)TQMプログラムの管理サイドの支援体制、(6)TQMに関する訓練の実施、(7)TQMの職員のエンパワーメントへの効果、(8)TQMツール (PDCA、QC、ISO9000

など)の活用、(9)グループ訓練の実施、(10)チームワークの効用、(11)TQM関連研究の学習、(12)TQM関連論文の出版などについての12項目に関する質問紙調査が基本となっている。

6　統廃合されたプロフェッショナル・スクールは、看護学、公衆衛生、図書館、情報学、社会福祉、産業関係、建築、都市計画の各プロフェッショナル・スクールであった。

7　リテンション率は一般的に1年次から2年次への進級率、在留率を意味している。

8　アメリカの4年制大学1358校を対象に調査を実施し463校から回答を得た。

9　カリフォルニア州の大学における編入はおもにコミュニティカレッジから3年次でのカリフォルニア州立大学、カリフォルニア大学間において実施され、その場合にもおおよその定員枠(割合であらわされている)が設定されている。

10　サウスカロライナ州高等教育委員会への訪問調査の際に受けた説明を参考にした。コンピュータ上で説明された資料名は、(1) How Does Performance Funding Work in South Carolina? Performance Funding and Accountability. (2) Performance Funding in South Carolina. 両方とも Division of Planning, Assessment & Performance Funding, South Carolina Commission on Higher Educationが作成したものである。

11　ノースカロライナ大学アッシュビル校IR部門所長アーチャー・グレーバリー氏作成のレポート(Graverly, 2001)およびアパラチアン州立大学IR部門担当者との面接結果を参照した。

12　2002年夏の調査の際に、アメリカでの1年次教育の創設者ともいえるノースカロライナ州にある独立系の1年次教育政策研究センター執行所長であるジョン・ガードーナー氏との対談により教示を受けた。

13　多くのアメリカの大学が新入生対象にアスティンが開発した「Your First College Year」というアセスメントを購入して利用し、その結果分析についてはカリフォルニア大学ロサンゼルス校、高等教育研究所が実施し、各大学は分析結果を受け取り教育改善に役立てている。

14　最近は、大学で所定の時間にうけなくても、いつでも、どこでもという標語のもとで、オンラインでアセスメントをうけられるようになってきており、実際アパラチア州立大学生はオンラインでアセスメントをうける学生数の方が上回っている。

引用文献

Appalachian State University, Office of Institutional Research. *Assessment and Planning. 2002 Fact Book 2001-2002*. Boone, North Carolina: Appalachian State University, 2002.

Astin, A. W., Korn, W. S., Parrott, S.A. and Sax, L. J. *The American Freshman: Thirty Year Trends*. Los Angeles, C.A.: Higher Education Research Institute, UCLA, 1997.

Birnbaum, R. *Management Fads in Higher Education.* San Francisco: Jossey-Bass, 2000.

Bogard L. "Management in Institutions of Higher Education." In Mood, A. M. and others (eds.). *Papers on Efficiency in the Management of Higher Education.* Berkeley, Calif.: Carnegie Foundation for the Advancement of Teaching.1972.

Chafee, E. E. and Sherr, L. A. *Quality: Transforming Postsecondary Education.* ASHE-ERIC Higher Education Reports No.2. Washington, D.C: George Washington University, 1992.

Currie, J. *Universities and Globalization: Critical Perspectives.* London: Sage Publications, 1998.

El-Khawas, E. *Campus Trends 1993.* Washington, D.C.: American Council on Education, 1993.

Fincher, C. "The Art and Science of Institutional Research." In Corcoran, M. and Peterson M.W. (eds.). *Institutional Research in Transition.* New Directions for Institutional Research. No. 46. San Francisco: Jossey-Bass, 1985, pp.17-37.

Freeman, J. E. "Whatever happened to PPBS?" *Planning for Higher Education.* 7(1), 1978, pp. 37-43.

Grandy, J. *Ten-year Trends in SAT Scores and Other Characteristics of High School Seniors Taking the SAT and Planning to Mathematics, Science, or Engineering.* Princeton, N.J.: Educational Testing Service, 1987.

Graverly, A. *Departmental Effectiveness Plan: Three Year Assessment Planning Report.* Boone, North Carolina: Office of the Institutional Research, Appalachian State University, 2001.

Kerr, C. *Troubled Times for American Higher Education: The 1990s and Beyond.* Albany: State University of New York Press, 1994.

MacMillan, J. M. *Total Quality Management in Higher Education: A Study of Senior Administrators' Perceptions about Total Quality Management in Institutions of Higher Education.* Dissertation submitted to Kent State University. UMI Dissertation Services, 1998.

Robbins, H. and Finley, M. *Why Change Doesn't Work: Why Initiatives Go Wrong and How to Try Again-and Succeed.* Princeton, N. J.: Peterson's, 1996.

South Carolina Commission on Higher Education (SCCHE). *A Closer Look at Public Higher Education in South Carolina: Institutional Effectiveness, Accountability, and Performance.* Columbia, SC: South Carolina Commission on Higher Education, 2002.

Slaughter, S. "Retrenchment in the 1980s: The Politics of Prestige and Gender." *Journal of Higher Education.* Vol.64, No.3 (may/June 1993), 1993, pp.250-281.

Taylor, A. E. *The Academic Senate of the University of California: Its Role in the Shared Governance and Operation of the University of California.* Berkeley: Institute of Governmental Study Press, University of California, 1998.

The University of North Carolina, Office of the Presidents Publications (UNC, OPP). *The University of Institutional Profile, 2002-2003.* Chapel Hill, North Carolina: The University of North Carolina, Office of the Presidents Publications, 2002a.

The University of North Carolina, Office of the Presidents Publications (UNC, OPP). *Long Range*

Plan 2002-2007. Chapel Hill. North Carolina: The University of North Carolina, Office of the Presidents Publications, 2002b.

Wilms, W. W., Teruya, C. and Walpole, M. "Fiscal Reform at UCLA: The Clash of Accountability and Academic Freedom." 1997. (http://www.gseis.ucla.edu/gseisdoc/change.html)

Yamada, R. "University Reform in the Post-Massification Era in Japan: Analysis of Government Education Policy for the 21st Century." *Higher Education Policy.* 14, 2001, pp.277-291.

Zemsky, R. "Seminar on Post-Massification." In Research Institute and Higher Education (ed.). *Academic Reforms in the World: Situation and Perspective in the Massification Stage of Higher Education.* RIHE International Seminar Reports. Hiroshima: Hiroshima University, 1997. pp.1-20.

江原武一「管理運営組織の改革——日米比較」有本章編『ポスト大衆化段階の大学組織改革の国際比較研究』(高等教育研究叢書54)、広島大学大学教育研究センター、1999年、30〜44頁。

江原武一「転換期の大学改革における管理運営組織改革の方向」研究代表者 江原武一 平成13年度〜14年度科学研究費補助金 基盤研究(C)(2)研究成果報告書『転換期の高等教育における管理運営組織改革に関する国際比較研究』京都大学、2003年、1〜27頁。

大学審議会「21世紀の大学像と今後の改革方策について——競争的環境の中で個性が輝く大学」大学審議会、1998年。

ホーキンス、ジョン(山田礼子まとめ)「アメリカの高等教育予算削減時代における対応策:リストラクチャリングとプライバタイゼーション」『IDE 現代の高等教育』No. 369、1995年、63〜69頁。

山崎博敏「アメリカの州立大学における教育評価——大学・州・全国レベルでの機構」『大学論集』第32集、2001年、131〜145頁。

山崎博敏「アメリカ高等教育におけるパフォーマンス・インジケータ」日本教育社会学会第54回大会(広島大学)発表資料、2002年。

山田礼子「アメリカの高等教育機関における導入教育の意味——学生の変容との関連から」『大学論集』第31集、2000年。129〜142頁。

第5章 エンロールメント・マネージメントとアクセスの平等性

深堀 聡子

1 アメリカの高等教育機会拡大の構造

はじめに

　アメリカの大学は1975年以降、厳しい「冬の時代」を迎えて、さまざまな問題に直面するようになった。とりわけ入学者選考や学生援助のあり方を改善することによって十分な数の学生を確保し、大学経営を安定させることは、どの大学にとっても重要な課題だった。この第5章では、学生確保による大学経営の安定という管理運営課題に、アメリカの大学がどのように対処し、その結果どのような問題が生じてきたのかを検討する。

　章の構成は、次のとおりである。第1節では、アメリカの大学のタイプ分類を整理したうえで、アメリカの大学がこれまでどのような制度的構造をとることによって高等教育機会の拡大を達成してきたのかを検討する。第2・3節では、大学で学生確保が重視されるようになった社会的背景と、そのなかで大学が構築した企業経営的な管理運営体制の特徴を概観し、とくに大学が学生確保にむけてどのようなエンロールメント・マネージメント (enrollment management) の取り組みを展開しているのかを検討にする。第4節では、そうしたエンロールメント・マネージメントの取り組みが全体としてどのような成果をあげてきたのかを、大学タイプ別に検証する。最終節では、それら分析結果をアクセスの平等性の観点から考察する。

なおこの論文における分析の単位は、個別の大学ではなく、タイプ別の大学群である。すなわちここでは、学生確保による大学経営の安定という管理運営課題に、大学制度全体としてどのように対処し、そのなかでどのような問題が生じてきたのかを、大学タイプ別にあきらかにすることをめざしている。その結果は、個別大学の取り組みそのものではなく、個別大学が管理運営改革を実施するうえでの外的環境、ないし改革の与件を示すものである。

アメリカの大学のタイプ分類

　第二次世界大戦後のアメリカの大学の急激な拡大は、その制度的多様性と柔軟性に支えられていた。アメリカでは、先端科学技術の研究開発、リーダー養成、職業教育などの異なる機能を担う多様な大学が、異なる学生層を吸収しながら併存してきた。ここではそうしたアメリカの大学の多様で柔軟な制度的構造をとらえるために、大学をその設立目的と授与学位にもとづいてタイプ分類したカーネギー大学分類を簡単に紹介する。

　カーネギー大学分類によると、アメリカの3,941校(2000年)の大学は、(1)幅広い学士課程を提供しつつ、博士課程までの大学院教育に重点をおく博士・研究大学(Doctoral/Research Universities)(大学数比率6.6％、以下同様)、(2)幅広い学士課程を提供しつつ、修士課程までの大学院教育に重点をおく修士大学(Master's Colleges and Universities)(15.5％)、(3)学士課程に重点をおく学士大学(Baccalaureate Colleges)(15.4％)、(4)準学士の学位や資格免許書を授与する2年制の準学士大学(Associate's Colleges)(42.4％)、(5)特定の専門分野において、学士から博士までの学位を授与する専門大学(Specialized Institutions)(19.4％)の5つのタイプに分類される(CFAT, 2001, pp.1-2)[1]。

　そのなかで連邦政府の研究開発援助の支給対象となる研究志向大学に該当するのは、15以上の専門分野で年間50以上の博士学位を授与する広領域型の博士・研究大学(3.8％、研究開発援助の80.5％を獲得)を中心とする一握りの大学である[2]。これらの大学は、大学の本来的な機能である教育と研究のうち、研究機能が相対的に強い大学である。それに対して教育機能が相対的に強いのが、修士大学、学士大学、および準学士大学である。

　修士大学と学士大学で提供されている学士課程は、一般教育(general

education)、専門教育(major, minor)、および技能(外国語・保健体育等)の3つの要素から構成される。普通教育の最終段階に位置づけられている一般教育は、「技術者や専門職の養成に直接つながるものではなく、学生の専門分野の如何にかかわらず、全ての学生が共通に履修すべき学修」であり、「教養人として必要な普遍的知識、知的・抽象的概念ならびに様々な世界観の教授」を目的とする(早田(訳)、1995年、28頁)。学生が自己の関心に従って専攻する専門教育は、リベラルアーツ分野(liberal arts discipline)と、職業技能分野(occupational and technical disciplines)に区分されている(舘、1997年、17～23頁、35頁)[3]。

　こうした学士教育の構成のなかで、リベラルアーツ専門も職業技能専門も重視する学士課程をもつ修士大学は、アメリカの平均的な大学を代表するタイプである。それに対してリベラルアーツ専門を重視し、学士学位の半数以上をリベラルアーツ分野で授与するリベラルアーツ型の学士大学(5.8%)は、一般に入学者選考の選抜性が高く、博士・研究大学への進学者を多数輩出する、アメリカのエリート大学を代表するタイプとみることができる。

　準学士大学で提供されている準学士課程は、一般教育と職業教育(vocational education)から構成される。準学士課程の一般教育は、学士課程の一般教育と制度上は同格とみなされており、学士大学等への編入課程の中心要素に位置づけられている。それに対して準学士課程の職業教育は、学士課程の職業技能専門とは質的に異なり、従来は中等教育機関であるハイスクールが担ってきた職業準備教育を、技術革新による技術水準の高度化にともなって、準学士大学が担うようになったものである(高島・舘、1998年、11頁；三浦、1991年、84～85頁、98～102頁)。このように4年制大学への編入の道を開く一方で、これまで大学の役割とはみなされてこなかった職業教育を提供する準学士大学は、アメリカの大衆的な大学を代表するタイプである。準学士大学には、公立のコミュニティ・カレッジと、私立のジュニア・カレッジおよびテクニカル・カレッジが含まれる。

　本章で用いる大学タイプ分類は、アメリカで刊行されている高等教育統計や各種の調査報告書で一般的に用いられている、修業年限(2年制・4年制)と設置者(公立・私立)に注目した4つのタイプ分類である。カーネギー大学分類とのおおよその対応関係は、次のとおりである。公立4年制大学には、博

士・研究大学の63.6%、修士大学の44.5%、学士大学の15.0%、および専門大学の8.7%が含まれる。私立4年制大学には、博士・研究大学の36.4%、修士大学の55.5%、学士大学の85.0%、および専門大学の91.3%が含まれる。公立2年制大学には準学士大学の61.4%が、私立2年制大学には準学士大学の38.6%が含まれる（CFAT, 2001, pp.1-2, p.5, p.29）。したがってきわめて乱暴な分類ではあるが、公立4年制大学は博士・研究大学や修士大学を中心とする比較的大規模な大学群、私立4年制大学は修士大学や学士大学を中心とする比較的小規模な大学群、公立2年制大学はコミュニティ・カレッジ群、私立2年制大学はジュニア・カレッジおよびテクニカル・カレッジ群とみなすことができる。

高等教育機会の階層的で二元的な拡大

　高等教育機会の拡大過程には、一般的に4つの組織的パターンがみられる。第1はすべての大学がアカデミックな教育機関として発展する「一元的(unitary)」拡大、第2はステータスの低い機関が新設されることによる「階層的(stratified)」拡大、第3はアカデミックな教育を実施する大学と職業教育を実施する大学が併行して発達する「二元的(binary)」拡大、第4は職業教育機関が大学の地位に格上げされる一方で、大学もアカデミックな教育と並行して職業教育を提供する「総合的(comprehensive)」拡大である。

　そのなかでアメリカの高等教育機会は、階層的で二元的な拡大パターンをとってきた。すなわち4年制大学が授与する学士学位と、2年制大学が授与する準学士学位の間には、社会的ステータスにおいて大きな較差が存在する。たとえば取得学位と所得の関係（25〜34歳人口、2000年）をみると、学士取得者の所得（中央値）は、学士を取得しなかった大学進学者の1.34倍となっている（NCES, 2002a, pp.66-67）。そのような状況のもとで、4年制大学はリベラルアーツ専門や職業技能専門などのアカデミックな教育を実施するステータスの高い機関として、2年制大学は職業教育に重点をおくステータスの低い機関として、併行して発展してきた（Roska, et al., 2002, pp.3-4）。

　アメリカの階層的で二元的な高等教育機会の拡大を底辺で支えてきたのは、公立2年制大学のコミュニティ・カレッジである。コミュニティ・カレ

ッジは、通常きわめてゆるやかな入学者選考方法をとること、学費が無償または廉価であること、学生が親元から通える距離に分布していること、地域社会に開かれていること、パートタイム履修がしやすいことなどの理由で、これまで高等教育機会から閉め出されてきた低所得層、マイノリティ、女性などの「新しい学生」や、成人学生やパートタイム学生などの非伝統的学生にとってもアクセスしやすい大学として親しまれてきた。こうした幅広い学生層に対して一般教育と職業教育を提供しながら、コミュニティ・カレッジは1901年にはじめて設置されて以来飛躍的に増加し、2000年には大学全体の28.5％(1025校)を占めるにいたっている(CFAT, 2001, p.6)。

しかしながらコミュニティ・カレッジの編入課程に参加する学生は15～20％、実際に4年制大学に編入を果たす学生は1割程度にすぎない。とくに70年代以降は、コミュニティ・カレッジで職業教育を重視する職業化(vocationalism)の傾向が強まったため、コミュニティ・カレッジは、アカデミックな教育を実施する4年制大学の前期課程としてよりも、職業教育機関としての位置づけをいっそう強めてきた(Dougherty, 2001, pp.92-97；舘、2002年、68頁)。

したがってコミュニティ・カレッジは、一方ではこれまで大学から閉め出されてきた学生層の大学教育参入を促し、高等教育機会の拡大にきわめて重要な役割を果たしてきたと評価されている。しかしながら他方では、新しい学生や非伝統的学生を4年制大学に代わって受け入れることによって、彼らを学士学位とそれがもたらす社会的恩恵から遠ざけてきたと批判されている(Brint and Karabel, 1989, pp.225-232; Dougherty, 2001, pp.5-7; Roska, et al., 2002, pp.7-8)。

高等教育機会の拡大とアクセスの平等性の問題

高等教育機会へのアクセスの平等性とは、高等教育機会が学力以外の理由によって制限されることなく、すべての人に等しく開かれている程度を意味する。大学へのアクセスは、伝統的に高所得層の白人男性に限られていたが、第二次世界大戦以降はこれまでアクセスを拒まれてきた学生層にも開かれ、大学は「万民のための教育」として初等・中等教育の延長線上に論じられるようになった(江原、1994年、97頁)。

第5章　エンロールメント・マネージメントとアクセスの平等性

　たとえば全米規模の高卒者調査(NELS)を用いた大学へのアクセスに関する研究によると、高卒者全体に占める学力順位が上位3分の2以内の「大学進学資格者」のうち、進学適性検査(SATやACT)を受験し、かつ大学に出願した高校生の大学進学率には、社会経済的地位や人種・民族性による較差はみられない(Berkner and Chavez, 1997, pp.42-48)。こうした結果はたしかに、アメリカの高等教育機会が、進学資格と進学アスピレーションを併せもった高校生に対して等しく開放されており、アクセスの平等性が達成されていることを実証的に裏づけるものである。

　しかしながら高等教育機会へのアクセスの平等性が達成されたとはいえない理由が、少なくとも2つある。第1の理由は、高校生の進学資格や進学アスピレーション自体に、社会経済的地位や人種・民族性による根強い較差が存在し、中〜高所得層の白人生徒と低所得層マイノリティ生徒との間には、大学進学率や学位取得率に依然として大きな隔たりがあることである。低所得層マイノリティ生徒の成績や標準学力試験の得点、学業科目の履修率、進学適性検査の受験率、大学への出願率は、いずれも中〜高所得層の白人生徒よりも著しく低いことは、多くの先行研究によって確認されてきた(Natriello, McDill and Pallas, 1990, pp.99-101)。

　さらに低所得層マイノリティ生徒の学業不振の原因が、本人の能力や努力不足にではなく、近代社会の文化的・制度的支配構造に見出されるべきことは、ブルデュー(Bourdieu, P.)の文化的再生産論や、ボウルズとギンティス(Bowles, S. and Gintis, H)の近代教育による階級的支配関係の再生産論をはじめとする葛藤主義や新マルクス主義の立場に立つ研究の蓄積から明らかにされてきた。このことは大学が業績主義を貫くだけでは、構造的に規定された進学資格と進学アスピレーションにおける社会経済的地位や人種・民族性による較差を解消することは困難であり、むしろ社会的不平等の再生産に加担する危険性を多分にはらんでいることを示している。したがって高等教育機会へのアクセスの平等性を高めるためには、大学が差別解消積極措置(affirmative action)をはじめとする社会的不平等の是正にむけた措置を必要に応じて導入するとともに、低所得層マイノリティ生徒の進学資格と進学アスピレーションの向上にむけた組織的で継続的な取り組みを、就学前教育およ

び初等・中等教育の段階より積極的に展開する必要がある(江原、1994年、97〜103頁)。

　高等教育機会へのアクセスの平等性が達成されたとはいえない第2の理由として、大学タイプ別のアクセス状況にも、社会経済的地位や人種・民族性による大きな較差があることを指摘しなければならない。高等教育機会の拡大によって、社会経済的に恵まれない層もコミュニティ・カレッジを中心とする大学にアクセスできるようになったのは事実である。しかしながら職業教育に重点をおくステータスの低い2年制大学にアクセスすることと、アカデミックな教育を実施するステータスの高い4年制大学にアクセスすることの間には、その経験がもたらす社会的恩恵に大きな違いがある。

　コリンズ(Collins, R.)は、近代学校が知識や技能よりも資格を付与するところにその本質的な機能を有し、資格取得競争において支配者層を優遇することによって、社会的不平等の再生産に加担していることを示した。社会経済的に恵まれない層が2年制大学に進学して準学士を取得するようになると、有利な立場にある層はそれをしのぐ勢いで4年制大学に進学して学士を取得するようになった。そして業績主義の名のもとにその優位性を正当化し、既存の支配構造を維持・強化してきた(Sadovnik, 1994, pp.20-26)。

　このように4年制大学へのアクセスが社会経済的に恵まれない層に対して十分に開放されない状況のもとで、階層的で二元的な高等教育機会拡大の恩恵は、社会経済的に恵まれない層よりも有利な立場にある層によって、より積極的に享受されてきた。高等教育機会へのアクセスの平等性は、社会経済的に恵まれない層が、有利な立場にある層と同等の比率で4年制大学にアクセスするようになったとき、はじめて達成されたといえるのである。

2　ポスト大衆化時代におけるアメリカの大学の課題

学生確保による大学経営の安定

　第二次世界大戦後に急速な成長をとげてきたアメリカの大学は、1975年以降、拡大のピークを過ぎてゆるやかに成長する「ポスト大衆化」時代に入ったといわれている。その背景には、おもに次の3つの変化があげられる。第1

は、1973年と79年の石油危機を契機として、アメリカの経済力が相対的に弱体化したことである。第2は、アメリカの国家政策において、市場競争の原理と自助努力を重視する「小さな政府」の哲学が台頭し、連邦政府による公的資金の支出が全体的に抑制されたことである。第3は、大学の進学該当年齢人口が長期的に減少すると予測されたことである（江原、1994年、44～47頁）。したがってポスト大衆化時代とは、政府の財政支援も学生の進学需要も期待できない厳しい状況を、大学がその管理運営のあり方を戦略的に変革することによって乗り切ることを余儀なくされた時代ということができる。

こうした大学にとって厳しい状況のなかで、連邦政府が掲げた教育政策の課題は、公的資金の支出を全体的に抑制しながら、アメリカ経済の国際競争力の維持・向上に役立つ優れた人材の養成と、労働力の質の底上げをはかることだった。初等・中等教育レベルでは、アメリカの児童・生徒の学力水準の低さが『危機に立つ国家』（1983年刊行）で暴露され、アメリカ経済の国際競争力低下の原因として糾弾された。その結果、優れた才能をもつ人材の育成と、学力水準の底上げという二重のエクセレンス（卓越性）をめざす教育改革が、各州の知事や政治家、教育行政担当者、企業経営者などによって全国規模で手がけられたのは周知のとおりである（今村、1987年、118～120頁）。

それに対して高等教育レベルでは、先端科学技術の研究開発と人材資源の質の底上げが、連邦政府の主導でめざされてきた。この連邦政府の高等教育政策は、一方では少数の有力な研究志向大学に対して競争的に研究開発援助を配分することによって、先端技術の研究開発を促進しようとするものであった。他方では大学教育の成果に対するアカウンタビリティ（説明責任）を強化しつつ、学生への経済援助を改革することによって、大学教育の質を保ちながらより広い層の学生をとりこもうとするものだった（江原、2002年a、10頁）。

こうした連邦政府の姿勢は、学生援助や高等教育の施設設備などに支出される中等後教育援助（2002年価格補正）の総額が、1965年（65.5億ドル）から75年（235.0億ドル）の間には3.59倍に上昇したが、1975年から85年（173.0億ドル）にかけて0.75倍に縮小し、その後は乱高下を繰り返しながらゆるやかに増加しているものの、2002年（228.3億ドル）にいたっても1975年の水準には回復して

いないことからも窺える。それに対して研究志向大学に競争的に配分される連邦政府の研究開発援助は、この間にゆるやかに増え続け、2002年には中等後教育援助を上回る256.6億ドルまで増加した (NCES, 2002a, p.421)。

　高等教育に対する財政支援の縮小は、大学の収入内訳比率の変化にも反映されている。大学が連邦・州・地方政府より獲得した公的資金の合計は、1980年から95年にかけて、公立大学でも (62.2→51.0%)、私立大学でも (21.4→16.4%) 大幅に減少している。それを補う収入として最も顕著に増加したのは、授業料収入(公立：12.9→18.8%、私立：36.6→43.0%)である。それに加えて、民間寄付金やサービス・補助事業などの自助努力による収入が私立大学 (32.6→30.1%) だけでなく公立大学 (22.1→26.9%) でも重要な位置を占めるようになった (NCES, 2002a, p.373)。

　このように公的資金による収入が減少するなかで、大学はその生き残りをかけて資金獲得に取り組んでいる。連邦政府の研究開発援助の対象となる少数の研究志向大学にとっては、個々の研究者や研究グループによる申請にもとづいて競争的に配分される研究資金を獲得することが、大学の研究水準を維持・発展させるうえで、ますます大きな意味をもつようになってきている。しかしその他の教育を重視する大部分の大学にとっては、授業料収入をもたらす学生、とりわけに奨学金やローンつきの学生を確保することが、きわめて重大な管理運営課題となっているのである。

企業型管理運営体制の構築

　後述するように、授業料収入への依存度を高める大学は授業料を値上げし、それに対応して連邦政府は学生援助の形態を奨学金中心からローン中心へと切り替えてきた。その結果、学生はできるだけ安価で投資価値の高いサービスを享受しようとする消費者的な行動をとるようになってきた。学生確保をめぐって競合する大学は、こうした学生の変化に呼応して、学生に有益とみなされるサービスを優先的に提供するようになっている。このことは研究志向大学が研究開発援助の獲得にむけて、社会的要請の高い領域の研究に取り組む必要性に迫られていることと相まって、大学の管理運営体制に大きな構造変容をもたらしている。大学教員の合意にもとづく意思決定が重視される

伝統的な同僚制型の管理運営体制では、めまぐるしく変化する現代社会のニーズに十分に対応できないという認識から、理事会や大学管理者の強力なリーダーシップにもとづく合理的で戦略的な意思決定が重視される企業経営型の管理運営体制が、多くの大学で構築されてきている(江原、2003年、18頁)。

ところでこうした大学の管理運営体制の構造変容は、大学が現代社会のニーズに迅速に対応するにとどまらず、それにもとづいて再編成される契機として作用しやすい。学生確保をめざす大学は、大学教員がめざす真理の探究や大学の社会的使命よりも学生の利益を優先し、学生の卒業後の社会生活に役立つ実利的な科目を充実させざるをえないからである。同様に研究開発援助の獲得をめざす研究志向大学は、基礎研究よりも産業社会の利益を優先し、実学的な研究を推進せざるをえないからである。こうした状況のもとで大学は、人類社会の成熟と近代科学の発展をめざす公共の生産財としてよりも、現代社会が求めるサービスを提供する消費財としての性格を強めている(江原、2002年b、12～14頁)。

このように伝統的な制度的自律性を部分的に放棄してでも、企業型管理運営体制を構築することによって学生確保に努める大学と、より広い層の学生に経済援助を充当することでアメリカの教育水準の底上げをはかる連邦政府の思惑が一致するなかで、大学に在籍する学生数はゆるやかに増加し続けている。ポスト大衆化時代の高等教育機会の拡大は、社会的公正や高等教育の公共性の観点からではなく、大学経営の必要性と国力増強戦略の一環として推進されているのである。そのなかで、高等教育の利益を得るものが、その経費を負担するべきだという受益者負担の考え方が浸透してきている。

3 「冬の時代」のエンロールメント・マネージメント

学生確保への組織的取り組み

企業型管理運営体制をとることによって「冬の時代」を乗り切ろうとする大学にとって、学生確保はもはや学生部の入試課(admissions office)に一任される学生募集事業ではなく、厚生課(student aid office)や生活課(student life office)等との連携のもとで戦略的に推進されるエンロールメント・マネージメント

(enrollment management)事業として位置づけられるようになっている。エンロールメント・マネージメントとは、大学経営の授業料収入への依存度が高まるなかで、大学管理者の強いリーダーシップのもとに構築された諸組織の協働体制のもとで、在籍学生の質と量を包括的に管理統制することをめざす大学の組織的活動である。

　具体的な活動としては、まず課程修了まで継続履修を見込める優秀な学生の獲得にむけて、学生市場のニーズを分析し、学生募集の広報を行い、授業料を設定し、学生援助を斡旋・提供し、入学者選考を行うことがあげられる。次に入学した学生が中退したり他大学へ移籍したりしないよう、学生の要求を反映する教育課程を編成し、魅力的な大学環境を整備することもあげられる。さらに卒業生を社会的評価の高い卒業後の進路へと送り出すことによって大学の評判を高め、新たな学生募集にむけて有利な条件を整えていくことも、エンロールメント・マネージメントの一連の活動に含まれる(Shinken-Ad. Co.Ltd, 2003)。

　エンロールメント・マネージメント戦略は、潜在的な入学志願者の意識調査、競合する他大学の市場分析、在籍学生に対する学内調査(institutional studies)、外部統計資料をはじめとする豊富な情報にもとづいて立案され、大学管理者の強いリーダーシップのもとに遂行される。その際、従来相互に干渉することなく強い自律性を保ってきた大学の諸組織が情報共有と連携をはかり、学生確保にむけて一貫した行動を展開することが、エンロール・マネージメント事業の成果をあげる秘訣と考えられている(Forest and Kinser, 2002 pp. 190-195)。

　このようにポスト大衆化時代のアメリカの大学は、組織的な連携をはかりながら、一丸となって学生確保に努めてきた。ここではとくに入学者選考と学生援助の取り組みに注目し、アメリカの大学が、いかにして課程修了まで継続履修する学力と、学費を支払う経済力のある学生を確保してきたかを概観する。

入学者選考の取り組み

　エンロール・マネージメント戦略として最初に注目する入学者選考の取り

組みには、2つの大きな変化があった。第1の変化は、入学者選考の際に、入学志願者の学費支払能力を問わない方針(need-blind admission policy)をこれまでのように貫くことができなくなったことである。伝統的に業績主義とアクセスの平等性を重視する入試課が、学生の経済状況を把握している厚生課と情報共有することは敬遠されてきた。しかしながら授業料が高騰し、連邦政府の学生援助の形態が奨学金中心からローン中心へと転換されるなかで、ローンを借り控えたために授業料を支払えなくなったり、継続履修を断念したりする学生が出現してきている。そのような状況のもとで、入学志願者の学費支払能力を問わない方針を貫徹することは、エンロールメント・マネージメントの観点から困難になってきている(Forest and Kinser, 2002, p.38)。その結果、経済的に恵まれない層は、大学の入学者選考において不利な立場におかれるようになった。

　入学者選考に関する第2の変化は、入学要件にみる大学の選抜性の程度が大学タイプ別に二極化していることである。入学要件は、大学が入学者の質と量を管理統制するうえで重要な役割を果たす。大学は入学要件を緩和することによって、より広い層から多様な学生を募集することができるし、逆に入学要件を厳しくすることによって、少数の優秀な学生にのみ大学の門戸を開くこともできる。選抜性の低い入学要件を設定することは入学者の量を、選抜性の高い入学要件を設定することは入学者の質を高めるエンロールメント・マネージメント戦略とみることができる。

　アメリカの大学の入学者選考の方法は、選抜性の程度によって、開放入学制(open door)、基準内全入制(selective)、競争入学制(competitive)に分類される。開放入学制は、高校卒業証書またはそれに相当する資格(GEDなど)をもつことを条件に(ときにはもたない場合でさえ)、志願者全員を受け入れる方法である。それに対して、基準内全入制は、志願者が一定の要件を満たしていれば、入学を許可する方法である。さらに競争入学制は、一定の要件を満たす志願者のなかからとくに水準の高い者を競争的に選抜する方法である(江原、1994年、133～134頁)。

　表5-1は、アメリカの大学の全数調査(IPEDS)にもとづいて、入学要件の採用率を大学タイプ別に1990年と1999年について整理したものである。「高校

卒業証書」は中等教育課程修了の有無、「高校での成績(high school class standing)」は中等教育課程の習熟度、「TOEFL得点」は英語能力、「進学適性検査得点(admission test scores)」は大学レディネスの指標とみなすことができる。また「無選抜入学方式(open admission)」は、入学要件をもうけず先着順に入学者を受け入れる方式をとることをあらわす。

まず入学要件の採用パターンの全体的な傾向を1990年についてみると、2年制大学では「高校卒業証書」以外の要件の採用率が全体的に低いのに対して、4年制大学では「高校卒業証書」の他にも「TOEFL得点」や「進学適性検査得点」が高い比率で採用されている。入学者選考の選抜性は、一般に2年制大学で低く、4年制大学で高い状況が確認される。

次に1990年から1999年にかけての変化に注目すると、公立2年制大学で「無選抜入学方式」の採用率が著しく増加している。「無選抜入学方式」をとると回答した公立2年制大学は、1990年(15.9%)から1995年(48.2%)の5年間に3倍に増えた後、1997年(53.6%)、1998年(60.0%)、1999年(62.4%)と年々増加し続けてきた。このことは中等教育課程を修了し、一定の英語能力や大学レディネスを有することなどを条件に、志願者の入学を許可してきた公立2年制大学の多くが無選抜入試方式枠をもうけ、入学要件の多様化をはかることによって、より積極的に門戸を開放することをあらわしている。その結果として公立2年制大学は、90年代にその選抜性をいっそう低下させ、多様な学生層にとってさらにアクセスしやすくなったとみることができる。

それに対して4年制大学は、これまでと同様に高い比率で「TOEFL得点」や「進学適性検査得点」を採用している。4年制大学の多くが、少なくとも入学

表5-1　入学要件の採用率における変化　　　(%)

	公立2年制		私立2年制		私立4年制		公立4年制	
	1990	1999	1990	1999	1990	1999	1990	1999
高校卒業証書	84.9	83.7	96.0	99.2	93.4	94.3	96.0	97.0
高校での成績	10.3	6.4	20.7	12.3	64.7	59.2	69.5	68.4
TOEFL得点	69.3	72.7	33.6	31.2	83.7	85.3	88.2	95.3
進学適性検査得点	40.0	39.8	58.3	63.6	83.7	81.4	93.1	92.8
無選抜入学方式	15.9	62.4	3.3	6	0.7	4.4	1.8	7.5

注）IPEDS調査(Integrated Postsecondary Education Data System "Institutional Characteristics" Survey)データの分析結果。
(出所)NCES, 2002a, p.351の表308。

要件を減らすという形で選抜性を低下させることなく、「冬の時代」を乗り切ってきた。しかも90年代には中等教育レベルの教育改革の一定の成果として進学資格者数が増加し、学力水準も全体的に向上したことを勘案すると、入学者選考の選抜性は多くの大学でむしろ高まったと考えることもできる。1982年から2000年にかけて、科学や数学をはじめとするアカデミック科目を履修する高校生は増加し、全米卓越性協会 (The 1983 National Commission on Excellence) の大学進学者基準を満たす生徒の比率が目覚しく上昇した (2→31%)。さらに進学適性検査 (SAT) の数学の得点は、1970年 (513)、1980年 (492)、1990年 (500)、2001年 (514) と推移し、80年代初頭を底に全体として上昇してきた (NCES, 2002a, p.154)。

このようにポスト大衆化時代の大学の入学者選考では、志願者の学費支払能力が反映されるため、経済的に恵まれない層にとって、大学はアクセスし難くなった。また公立2年制大学と4年制大学の間で入学者選考の選抜性が二極化、大学の階層構造がいっそう強まった。すなわち課程修了まで継続履修する学力と、学費を支払う経済力のある学生を確保しようとする入学者選考の取り組みは、学力の低い学生を2年制大学にとりこむ一方で、経済力の低い学生は高等教育機会から閉め出す方向に作用している。

学生援助の取り組み

エンロールメント・マネージメント戦略として2番目に注目するのは、学生援助の取り組みである。大学は従来、連邦政府による学生援助プログラムを学生に斡旋することで、多大な公的資金を授業料収入として獲得してきたが、80年代半ば以降、授業料収入を財源とする大学独自の学生援助 (institutional aid) を積極的に提供するようになった。ここでは連邦政府の学生援助における変化を概観したうえで、大学独自の学生援助の取り組みについて整理する。

連邦政府による学生援助は、1965年に高等教育機会へのアクセスの均等化をめざす高等教育法が制定されて以来、多様な奨学金やローン・プログラムを通して積極的に支給されてきた。主要な奨学金プログラムとしては、(1) 経済支援を必要とするすべての学生を対象とするペル・グラント (Pell Grant)、(2) 州との連携による共同教育助成金 (LEAPP)、(3) 大学との連携に

よる補助的教育機会奨学金(SEOG)があげられる。ローン・プログラムとしては、(4)連邦政府が貸付人となる連邦学生直接ローン(FDSL)、(5)連邦政府が保証人となって民間機関より貸し出される連邦家族教育ローン(FFEL)、(6)大学との連携によるパーキンズ・ローン(Perkins Loan)があげられる。(4)と(5)の連邦政府が貸付人または保証人となるローンは、スタッフォード・ローン(Stafford Loan)と総称されている。さらに大学生の就労支援プログラムとしては、(7)雇用主との連携によるワーク・スタディ(Work Study)があげられる(NCES, 2002a, pp.424-428)。

連邦政府による学生援助は、低所得層に対する奨学金に重点をおく事業として手がけられたが、1978年に連邦政府による中所得層に対する学生援助を合法化する中所得層学生助成法(MISAA)が制定されたことを契機として、中〜高所得層を含む幅広い学生層を対象とするローン中心の事業に切り替えられてきた。1992年の高等教育法改正にともなって、学生ローンの資格査定における所得制限は取り除かれ、低所得層のための補助つき(返済開始日まで無利息)ローンと、中〜高所得層のための補助なしローンが個別に設けられた。

その結果、1992年から1999年にかけての学生ローンの利用率は、中所得層(30.9→46.6％)でも、高所得層(13.3→31.9％)でも大幅に増加した。それに対して、低所得層の奨学金(68.3→72.4％)や学生ローン(48.4→46.9％)の利用率に大きな変化はなかった。学生援助への連邦支出金は、奨学金が80億ドルで伸び悩むなかで、ローンは180億ドルから330億ドルに大きく膨れ上がった(NCES, 2003, p.172)。

こうした中〜高所得層を優遇する連邦政府の学生援助政策は、大学授業料の高騰と不可分の関係にある。連邦政府の大学への公的資金の支出が抑制され、大学が授業料収入への依存度を高めた結果、学費(1年間の授業料・住居費・食費の合計、物価変動補正後)は1991年から2001年にかけて、私立大学では1.26倍(2001年は2万2,520ドル)に、公立大学でも1.21倍(2001年は8,046ドル)に高騰した。授業料の世帯所得に占める割合(1996年)は、低所得層(20％分位点)・中所得層(50％分位点)・高所得層(80％分位点)の順に、私立大学では90％・42％・24％、公立大学でも33％・15％・9％に及んでおり、低所得層のみならず中〜高所得層にとっても、大学、とりわけ私立大学に在籍することは、軽

視できない経済的負担になっている(NCES, 2002a, p.354)。連邦政府の学生援助政策の転換は、大学進学が経済的に厳しくなった中〜高所得層に対する救済策とみることができる。

このように連邦政府の学生援助がローン中心に転換されるなかで、大学独自の学生援助は、授業料免除・減額などの形をとる奨学金を中心に急速に拡大してきた。その目的としては、おもに次の2点をあげることができる。第1の目的は、低所得層の大学教育参入を促すことである。経済的援助を必要とする学生に与える奨学金(need-based aid, 以下、ニーズ奨学金)を整備することによって低所得層学生を受け入れ、大学のアクセスの平等性を高めることは、これまで連邦政府のリーダーシップのもとに、その社会的使命の1つとして大学が継続的に取り組んできた課題である。連邦政府の学生援助が中〜高所得層を優遇するようになるなかで、大学独自の取り組みは、これまで以上に重要な意味をもつようになっている。

第2の目的は、優秀な学生を確保することである。優秀な学生に与える奨学金(merit-based aid, 以下メリット奨学金)を整備することによって大学の水準と社会的評判を高めることは、エンロールメント・マネージメントの重要な課題の1つである(Forest and Kinser, 2002, p.192)。

全米規模の大学生調査(NPSASとBPS)によると、大学独自の学生援助を受給した学生の比率は、4年制の公立大学よりも私立大学で高く、1992年から1999年にかけて、私立大学(47→58％)を中心に大幅に増加した(公立大学：17→23％)。また、所得層別にみると、私立4年制大学で大学独自の学生援助を受給した学生の比率は、1992年から1999年にかけ、低所得層(53→56％)よりも、中所得層(58→63％)や高所得層(35→51％)でより顕著に増加した。このことはこれまで低〜中所得層に重点的に配分されてきた大学独自の学生援助が、90年代に中〜高所得層を優遇する形で大きく変化したことを示している(Horn and Peter, 2003, pp.iv-v)。

大学独自の学生援助を受給した学生が中〜高所得層で増えた理由としては、多くの大学がニーズ奨学金よりもメリット奨学金を拡充したことがあげられる。メリット奨学金を受給した学生は、1992年から1999年にかけて大きく増加したが(17→29％)、進学資格や進学アスピレーションには社会経済的

地位などによる偏りがあるため、増加率は低所得層(15→23％)よりも、中所得層(21→32％)や高所得層(15→29％)でより顕著だったのである(Horn and Peter, 2003, pp.vi-viii)。

さらにメリット奨学金によって優秀な学生を積極的に確保しようとする大学は、選抜性が相対的に低い私立4年制大学に多くみられた。選抜性の高い有力大学は、優秀な学生の確保にすでに成功しているため、むしろアクセスの平等性をめざす学生援助の取り組みを優先している。それに対して、多くの中堅大学は、優秀な学生を確保し、大学の社会的評判と投資価値を高めることによって、大学の生き残りをめざしている(Horn and Peter, 2003, pp.viii-xiii)。

このように中～高所得層を優遇する学生援助の取り組みが連邦政府や大学によって展開されるなかで、低所得層に対する学生援助は、いまだ十分とはいえない水準にとどまっている。表5-2は、全米規模の高卒者調査(NELS)にもとづいて、大学に進学した低所得層学生(年間世帯収入が2万5,000ドル以下)の学生援助の受給率と年間平均受給額(1994年)を、大学タイプ別に整理したものである。連邦政府の学生援助と大学独自の学生援助が、低所得層学生の高等教育機会を総合的にどれほど保障しえているのかを示している。

まず全体的な受給率では、低所得層学生の72.8％が奨学金、39.0％がローン、17.4％がワーク・スタディを利用しているが、いずれの援助もうけていない学生が19.0％存在する。大学タイプ別の受給率では、私立大学(4年制：96.1％、2年制：87.7％)や公立4年制大学(89.9％)では比較的高いが、公立2年制大学(65.8％)では低い。

次に学生援助の年間受給額では、大学タイプ別のコストの違いを反映して、1,696～8,429ドルと大幅に異なっている。これは授業料が無償または廉価で、自宅通学が可能なために住居費や食費の負担も軽いコミュニティ・カレッジよりも、コストの高い4年制大学や私立大学に進学した者に学生援助が重点的に配分されていることを示している。

しかしながら全米規模の大学生調査(NPSAS)試算では、授業料・教材費・寮費など大学在籍にかかわるすべてのコストを学生援助額から差し引いたとき、いずれの大学タイプでも、年間約5,000ドルの資金不足が発生する。低所得層学生は、進学した大学タイプにかかわらず、パートタイムで働いたり

表5-2　低所得層学生の学生援助受給率と平均受給額（1994年）

	全体(%)	奨学金(%)	ローン(%)	ワーク・スタディ(%)	平均受給額(ドル)
全体	81.0	72.8	39.0	17.4	3,980
公立2年制	65.8	57.7	9.9	6.4	1,696
私立2年制	87.7	70.6	60.7	4.3	4,198
私立4年制	96.1	88.4	75.4	51.6	8,429
公立4年制	89.9	83.6	51.3	19.3	3,788

注）NELS（National Education Longitudinal Study）調査データの分析結果。
（出所）Berkner and Chavez, 1997, p.10の表3。

(65.3%、週平均23.8時間)、親の経済支援に頼ったり (53.2%、平均2,001ドル)、親元で暮らしたり (49.2%)、生活費を切り詰めたりすることによって、この資金不足を工面している (Berkner and Chavez, 1997, pp.9-14)。

したがって連邦政府や大学による援助は、すべての低所得層学生の就学を支援する水準にはいたっていない。またそれぞれの大学タイプのコストを反映するために進学先に制約を加えるものではないものの、いずれの大学タイプについても十分な水準には達していない。そのような状況のもとで、多くの低所得層学生は長時間の就労を余儀なくされている。

一般に週平均15時間以上の就労は、学生の継続履修の妨げとなることからも (NCES, 1999, pp.18-21)、低所得層学生は、大学へのアクセスにおいて依然としてきわめて不利な状況におかれている。中～高所得層への学生援助が拡充されるなかで、低所得層への学生援助も積極的に引き上げられない限り、両者の較差はさらに拡大すると予想される。

4　エンロールメント・マネージメントの成果

成果の指標

入学者選考や学生援助におけるこのようなエンロールメント・マネージメント戦略に加えて、個別大学では顧客である学生の多様なニーズに応えて、さまざまな取り組みが展開されている。たとえば自宅通学生や成人学生の多い都市・郊外型大学では、駐車場や託児サービスを整備したり、入学手続き、学生援助申請、履修登録などの事務手続きを24時間インターネットで行えるようにするなどのフリンジ・ベネフィットが拡充さている。また多くの大学

では、教育課程の枠組み、履修要項、事務手続きなどを全学的に統一することによって学生の学部をまたがる学際的な履修を支援したり、大学教員による個別指導を増やしたりすることで、学生の大学に対する満足度を高める取り組みが展開されている(Forest and Kinser, 2002, pp.193-194)。

こうした個別大学のエンロールメント・マネージメントの成果は、大学制度全体としては、まず大学進学率や学位取得率などの指標に反映されるだろう。なぜならより多くの学生を確保しようとする個別大学の入学者選考や学生援助の取り組みは、大学進学該当年齢人口(大学進学者のプール)に占める大学進学者の比率を高める方向に作用するからである。また在籍学生のニーズに応える大学環境を整備しようとする個別大学の取り組みは、課程修了まで継続履修して学位を取得する学生の増加に結実するからである。

もっともポスト大衆化時代の大学が、非伝統的学生に門戸を開き、彼らの継続履修を支援することによって学生確保をなしとげてきたのも事実である。非伝統的学生を、(1)高校卒業直後に進学しなかった者、(2)パートタイム学生、(3)経済的に自立している者(24歳以上)、(4)フルタイム就労者(週35時間以上勤務)、(5)配偶者以外の扶養家族がいる者、(6)配偶者はいないが子どもがいる者、(7)高校卒業証書を取得しなかった者の7項目のいずれかに該当する者と広く定義した場合、アメリカの大学の在籍学生全体に占める非伝統的学生の比率は、1986年(64.6％)、1992年(69.6％)、1999年(75.0％)にかけて大きく増加してきた。

非伝統的学生(1999年)の中核をなすのは、高校卒業直後に進学せず(45.5％)、経済的に自立している(50.9％)成人学生と、パートタイム学生(49.1％)やフルタイム就労者(37.8％)である。非伝統的学生の比率は、公立2年制大学(86.2％)に圧倒的に多いが、修士・学士大学(57.9％)や博士・研究大学(47.4％)でも半数を占めている(Horn, 1996, p.5, p.14 ; Horn, Peter, and Rooney, 2002, p.x.)。したがって非伝統的学生は、どの大学でもおおむね多数派に転じており、今後ますます増えると考えられる。非伝統的学生を確保することは、どの大学においてもますます重要なエンロールメント・マネージメントの課題になっている。

同一年齢集団に占める大学進学者と学位取得者の比率を検討することで

は、大学が非伝統的学生をどれほど効果的に確保してきたかを十分把握することはできない。こうした限界を指摘したうえで、ここでは大学進学や学位取得の時期にできるだけ幅をもたせることによって、高校卒業直後に進学しなかった学生や、パートタイムで履修する学生の大学へのアクセス状況をとらえる。すなわちここでは、アメリカの大学がエンロールメント・マネージメントの取り組みにどれほど成功してきたかを、大学進学率（高校卒業2～4年後）と学位取得率（高校卒業6～8年後）に注目しながら、大学タイプ別に検討する。またその過程において、高等教育機会へのアクセスの平等性にどのような変化があったのかを、学位取得者の属性に注目することによってとらえることをめざす。

大学進学率と学位取得率の上昇

ポスト大衆化時代は、大学進学該当年齢人口が長期的に減少すると予測された時代である。実際に大学進学該当人口を含む15～24歳コーホートは、1970年（約3,544万人）から1980年（約4,249万人）にかけてピークを迎え、1990年（約3,677万人）には1980年の0.87倍に落ち込んだ（U.S. Census Bureau, 2002, pp.A-9）。ところが大学在籍者数は、1970年（約858万人）から1980年（約1,210万人）にかけて1.41倍に大幅に増加した後も、1980年から1990年（約1,382万人）にかけて1.14倍に、1990年から2000年（約1,531万人）にかけて1.11倍にと、10年間で1割程度のゆるやかな在籍者数の増加傾向を維持してきた（NCES, 2002a, p.210）。したがってアメリカの大学は、70年代の勢いは失ったものの、大学進学者のプールの縮小という悪条件にかかわらず、全体としてはその規模の維持・拡大にある程度成功してきたと評価することができる。

表5-3は、3つの全米規模の高校生を対象とするパネル調査（NLS, HS&B, NELS）から得られた、1972年、1980年、1992年の高卒コーホート（以下、72年高卒者、80年高卒者、92年高卒者）の大学進学率、学位取得率、および学位取得者の属性を、取得した学位のタイプ別（非学位取得者、準学士取得者、学士取得者）に示したものである。まず大学進学率をみると、72年高卒者では卒業4年後までに60％、80年高卒者では卒業4年後までに68％、さらに92年高卒者では卒業2年後までに75％の者が進学しており、時代を追ってより多くの高卒

表5-3　1972年・1980年・1992年高卒コーホートの大学進学率と学位取得率　　(%)

高校卒業年		1972年			1980年			1992年		
		大学進学率:高校卒業2〜4年後(卒業直後)								
		60%(47%)			68%(53%)			75%(65%)		
		学位取得率:高校卒業6〜8年後								
学位の種類		非取得	準学士	学士	非取得	準学士	学士	非取得	準学士	学士
		68.4	7.9	23.7	68.7	12.5	18.8	55.6	16.2	28.2
	〔合計〕	—		〔31.6〕	—		〔31.3〕	—		〔44.4〕
性別	男性	67.3	7.1	25.6	70.8	10.8	18.4	59.5	15.5	25.0
	女性	69.5	8.6	21.9	66.7	14.1	19.2	51.6	16.9	31.5
人種	白人	66.0	8.5	25.5	66.7	12.5	20.8	51.6	15.6	32.8
	黒人	83.0	3.5	13.5	79.5	10.4	10.1	61.6	22.6	15.8
	ヒスパニック	86.9	4.0	9.1	78.5	14.7	6.8	72.9	15.0	12.1
	アジア系	86.2	8.0	5.8	55.6	15.7	28.7	42.5	11.4	46.1
SES	上位25%	45.7	8.7	45.6	48.3	13.4	38.3	30.5	9.4	60.1
	中位50%	72.2	8.6	19.2	70.5	13.9	15.6	56.1	19.2	24.7
	下位25%	85.8	5.3	8.9	83.1	10.1	6.8	75.2	17.6	7.2
試験得点	上位25%	43.3	8.8	47.9	46.0	12.2	41.8	26.8	6.6	66.6
	中位50%	72.4	9.8	17.8	69.4	15.1	15.5	52.1	20.3	27.6
	下位25%	92.0	4.2	3.8	88.3	8.7	3.0	76.6	18.6	4.8

注1) NLS(National Longitudinal Study)、HS & B(NLS; High School and Beyond)、NELS(National Education Longitudinal Study)調査データの分析結果。
注2) 72年高卒者と80年高卒者については、卒業4年後までに進学した学生の比率、92高卒者については、卒業2年後までに進学した学生の比率である。
注3) 72年高卒者が1978年6月までに、80年高卒者が1986年2月までに、92年高卒者が2000年1〜9月までに取得した学位を反映する。準学士等は資格免許書を含む。また学士は修士や博士等を含む。非取得は非進学と中退を含む。
(出所)　大学進学率についてはネッパー(Knepper, 1990, p.7)を参照；学位取得率および学位取得者の属性については、72年高卒者および80年高卒者は江原武一(1994年、96〜138頁)の分析結果を採用、92年高卒者はNELS調査データ(NCES, 2002b)の分析結果である。

者が大学に進学するようになったことが分かる。アメリカの大学は、大学進学者プールの縮小という試練を、大学に進学する高卒者を増やすことで乗り越えてきた。

　次に学位取得率(準学士と学士の〔合計〕)に注目すると、72年高卒者と80年高卒者の卒業6年後の学位取得率はいずれも3割の水準である。この間の大学進学率の上昇を勘案すると、学生が課程修了まで継続履修することは、80年代にやや厳しくなったといえる。ところが92年高卒者の卒業8年後の学位取得率は、44.4％に達している。このコーホートの大学進学率が75％に達していることや、学位取得率を測定する時点が他のコーホートよりも2年遅いことを考慮しても、学位へのアクセスは、90年代に大幅に緩和されたことが分かる。したがって90年代のアメリカの大学は、学生を課程修了まで継続履修

第5章　エンロールメント・マネージメントとアクセスの平等性　159

させることに全体として成功してきた。

　取得した学位をタイプ別にみると、2年制大学の準学士取得者の比率は一貫して増加(7.9→12.5→16.2％)してきた。それに対して4年制大学の学士取得者の比率は、80年代に一度減少した後に、90年代に大幅に増加した(23.7→18.8→28.2％)。

　さて非学位取得者、準学士取得者、学士取得者の属性の違いに注目すると、72年高卒者では、学位を取得しなかった者は女性(69.5％)、黒人(83.0％)、ヒスパニック(86.9％)、アジア系(86.2％)などのマイノリティ層、中(72.2％)～低(85.8％)所得層、および中(72.4％)～低(92.0％)学力層に高い比率で確認される。また準学士を取得した者は白人(8.5％)またはアジア系(8.0％)、女性(8.6％)、中(8.6％)～高(8.7％)所得者層、および中(9.8％)～高(8.8％)学力層に比較的多い。さらに学士を取得した者は男性(25.6％)、白人(25.5％)、高所得層(45.6％)、高学力層(47.9％)といったグループに多くみられる。こうした学位取得パターンは、白人高所得層の男性を優遇してきたアメリカの伝統的な権力構造を反映している。

　ところが72年高卒者と80年高卒者の学位取得パターンを比較すると、この伝統的な学位取得パターンは基本的に継承されながらも、80年代に2つの重大な変化をともなったことが分かる。第1の変化は、女性が著しい規模で高等教育に参入し、準学士(14.1％)および学士(19.2％)を取得する比率において、男性(準学士：10.8％、学士：18.4％)を上回ったことである。第2の変化は、アジア系の高等教育参入が促され、他のマイノリティを引き離し、白人(準学士：12.5％、学士：20.8％)よりも上回る比率で準学士(15.7％)および学士(28.7％)を取得するようになったことである。高等教育機会へのアクセスが全体として制限された80年代に、女性とアジア系の学生は、大学の重要な顧客としての地位を確立した。

　そしてこの80年代に形成された学位取得パターンは、準学士だけでなく学士へのアクセスも大幅に開放された90年代により顕著になった。92年高卒者のなかで学位を取得しなかった者は男性(59.5％)、黒人(61.6％)、ヒスパニック(72.9％)、中(56.1％)～低(75.2％)所得層、および低学力層(76.6％)に多くみられた。準学士を取得した者は、女性(16.9％)、黒人(22.6％)、中(19.2

%)～低(17.6%)所得層、および中(20.3%)～低(18.6%)学力層に高い比率で確認される。そして学士を取得するうえで、女性(31.5%)、アジア系(46.1%)、白人(32.8%)、高所得層(60.1%)、高学力層(66.6%)、がこれまで以上に有利な立場に立つようになった。

　90年代におけるこれらの変化は、大学でエンロール・マネージメント戦略として展開されている入学者選考や学生援助の取り組みを反映するものである。公立2年制大学における選抜性の低下は、低学力層の準学士取得を促した。また志願者の学費支払能力を問う入学者選考のあり方は、低所得層の大学へのアクセスを制約する方向に作用した。そして中～高所得層を優遇する学生援助のあり方は、低所得層の学位取得がゆるやかにしか進まないなかで高所得層の学士取得における圧倒的優位性を支え、中所得層の準学士・学士取得を促した。

　こうした変化は、高等教育機会の階層的で二元的な構造がより鮮明になってきたことを示している。たしかに高等教育機会が拡大したことによって、より多くの者が大学にアクセスできるようになった。しかしそのことによって必ずしも学位取得における平等性が高まったのではなく、ステータスの高い学士へのアクセスは、白人、高所得層、高学力層、女性、アジア系といった属性をもつグループを中心に、制限的に拡大されてきた。

5　学生確保とアクセスの平等性

拡大する社会的不平等

　政府の財政援助も学生の進学需要も期待できない「冬の時代」を、多くのアメリカの大学は企業型管理運営体制を構築することによって乗り切ってきた。エンロールメント・マネージメントは、大学経営の授業料収入への依存度が高まるなかで、大学が大学管理者の強いリーダーシップのもとに学内の諸組織の連携をはかることによって展開してきた、組織的で戦略的な学生確保の取り組みである。個別大学によるエンロールメント・マネージメントの取り組みの大学制度全体としての成果は、90年代における大学進学率と学位取得率の大幅な上昇に反映されている。アメリカの多くの大学は、課程修了

まで継続履修する学力と、学費を支払う経済力のある学生の獲得をめざす入学者選考を実施したり、優秀な学生に優先的に奨学金を支給する学生援助を展開したりしながら、大学進学者のプール縮小という試練を乗り越えてきた。

　アメリカの高等教育機会は、このように大学経営の必要性と連邦政府の国力増強戦略に支えられながら拡大し続けてきたが、アクセスの平等性はむしろ低下してきた。90年代における4年制大学の教育機会拡大の恩恵は、すでに社会経済的に有利な立場にある層によってもっぱら享受され、進学資格、進学アスピレーション、学費支払能力などにおいて不利な立場にある多くの低所得層マイノリティ学生は、組織的に除外されてきた。4年制大学と2年制大学のステータス較差がますます顕著になるなかで、白人高所得層を中心とする学士取得者と、低所得層マイノリティを中心とする準学士取得者および非学位取得者の間の不平等構造もいっそう拡大してきた。

公共財としての大学の使命

　先端技術の研究開発やアカデミックな教育を重視する4年制大学と、職業教育に重点をおく2年制大学の間の較差構造は、合理的な機能分化の副産物とみることもできる。アクセスの平等性の観点からは、較差構造そのものに問題があるのではなく、4年制大学や2年制大学に進学して学位を授与する機会が、学生の資質やアスピレーションによってではなく、社会経済的地位や人種・民族性などの社会的属性によって構造的に規定される点に問題が見出される。

　高等教育機会を学力以外のいかなる理由によっても制限することなくすべての人に等しく開くことは、連邦政府のリーダーシップのもとに、これまで大学が継続的に取り組んできた課題である。「小さな政府」の哲学を掲げる連邦政府の平等性追求へのコミットメントが低下するなかで、大学がどのような使命を担っているのかを、今日あらためて問う必要がある。

　連邦政府の財政支援も学生の豊かな進学需要も期待できない冬の時代を生き抜く戦略として、多くの大学は企業型管理運営体制を構築し、現代社会が求めるサービスを提供する消費財としての性格を強めてきた。大学を受益者の負担する消費財とみなす立場からは、十分な学力と経済力をもつ学生が競

争的に高等教育にアクセスして、その恩恵を享受する状況が自助努力の名のもとに正当化される。また志願者の学費支払能力を入学者選考に反映させたり、学生援助が低所得層に対して十分な水準に達していない状況のもとで、中〜高所得層に対して拡充したりするエンロールメント・マネージメントの取り組みも大学経営にとって必要な戦略とみなされる。そこでは大学は、高等教育サービスとして資格を付与し、資格取得者と非取得者の差別化を行うことによって、社会的不平等の拡大再生産に加担することになる。

しかしながら大学を人類社会の成熟と近代科学の発展をもたらす公共の生産財とみなすならば、アクセスの平等性を実現すること自体が、大学の重要な目的の1つに位置づけられるだろう。そこでは大学は、社会の構造的不平等の撤廃にむけて積極的に働きかける使命を担う。

もちろん大学がその使命を単独で全うすることはできない。高等教育機会へのアクセスの平等性を高めるためには、なによりもまず、連邦政府のコミットメントと大学への財政支援を高い水準で回復する必要がある。さらに入学志願者の進学資格や進学アスピレーションにおける、社会経済的地位や人種・民族性による較差を解消するために、就学前教育および初等・中等学校の段階からより組織的で継続的な取り組みを展開する必要がある。こうした学外条件の整備を呼びかける大学がその公共財としての使命を再確認し、アクセスの平等性の実現にむけた取り組みと矛盾しないエンロールメント・マネージメント戦略を展開していくことが、ポスト大衆化時代の大学の管理運営にとってきわめて重要な課題であると思われる。

注

1 カーネギー大学分類には、6つ目の大学タイプとして部族大学(Tribal Colleges and Universities)があげられている。部族大学(大学数比率0.7%)は、先住民保護区に所在し、先住民によって管理運営されている(公立比率78.6%)。なお特定の専門分野において半数以上の学位を授与する専門大学には、神学大学、医学大学院、経営学大学院、法学大学院、芸術系専門大学、教員養成大学などが含まれる。

2 3つ以上の専門分野で年間10以上の博士学位を授与する集約型の博士・研究大学(2.8%、研究開発援助の8.9%を獲得)や専門大学(研究開発援助の7.9%を獲得)に

も、研究志向大学に該当する大学が含まれる。
3　カーネギー大学分類によるリベラルアーツ専門とは、英語・英文学、外国語文芸、自由・総合研究、生命科学、数学、哲学・宗教学、物理科学、心理学、社会科学、視覚・演技芸術、地域・民族研究、およびマルチ・学際研究である。職業技能専門とは、農業、保健関連学、建築、ビジネス・経営、コミュニケーション、自然資源・保護、教育、工学、健康科学、家政学、法律・法規研究、図書館・公文書館科学、マーケティング・流通、軍事科学、防護サービス、公経営・サービス、および神学である(舘、1997年、35頁)。

引用文献

Berkner, L. and Chavez, L. *Access to Postsecondary Education for the 1992 High School Graduates.* NCES 98-105, Washington DC: U.S. Department of Education. National Center for Education Statistics (Carroll, C.D., project officer), 1997.

Brint, D. and Karabel, J. *The Diverted Dream: Community Colleges and the Promise of Educational Opportunity in America, 1900-1985.* New York: Oxford University Press, 1989.

The Carnegie Classification for the Advancement of Teaching (CFAT). *Carnegie Classification of Institutions of Higher Education 2000 Edition.* Menlo Park, CA: Carnegie Publications, 2001.

Dougherty, K. J. *Contradictory College: The Conflicting Origins, Impacts, and Futures of the Community College.* Albany, NY: SUNY Press, 2001.

Forest, J.JF. and Kinser, K. (eds). *Higher Education in the United States-An Encyclopedia.* Volume I. A-L. Santa Barbara, CA: ABC-CLIO, 2002.

Horn, L. *Nontraditional Undergraduates: Trends in Enrollment from 1986 to 1992 and Persistence and Attainment Among 1989-90 Beginning Postsecondary Students.* NCES 97-578, Washington D.C.: U.S. Department of Education. National Center for Education Statistics, 1996.

Horn, L., Peter, K. and Rooney, K. *Profile of Undergraduates in U.S. Postsecondary Institutions: 1999-2000.* NCES 2002-168, Washington D.C.: U.S. Department of Education. National Center for Education Statistics, 2002.

Horn, L. and Peter, K. *What Colleges Contribute-Institutional Aid to Full-Time Undergraduates Attending 4-Year Colleges and Universities.* NCES 2003-157, Washington D.C.: U.S. Department of Education. National Center for Education Statistics, 2003.

Knepper, P. *Trends in Postsecondary Credit Production, 1972 and 1980 High School Graduates.* CS 90-351, Washington D.C.: U.S. Department of Education. National Center for Education Statistics, 1990.

Natriello, G., McDill, E.L. and Pallas, A.M. *Schooling Disadvantaged Children- Racing Against*

Catastrophe. New York; Teachers College Press, 1990.

Roska, J., Grodsky, E., Arum, R. and Gamoran, A. "Trends in Inequality in U.S. Postsecondary Education." Paper prepared for presentation at the Spring 2002 Meeting of the International Sociology Association's Research Committee on Social Stratification (RC28), Oxford, England, 2002, pp. 1-33.

Sadovnik, A.R., *Equity and Excellence in Higher Education - The Decline of a Liberal Education Reform*. New York: Peter Lang, 1994.

Shinken-Ad. Co. Ltd., 『アメリカの大学情報: Report form New York』.
(http://www.between.ne.jp/america/17.html)(2003年12月31日)

U.S. Department of Commerce. U.S. Census Bureau. *Demographic Trends in the 20th Century-Census 2000 Special Reports*. Washington D.C.: U.S. Census Bureau, 2002.

U.S. Department of Education. National Center for Education Statistics (NCES). *Institutional Aid: 1992-93*. NCES 1998-104 Washington D.C.: NCES, 1997.

U.S. Department of Education. National Center for Education Statistics (NCES). *Digest of Education Statistics 1998*. NCES 1999-108 Washington D.C.: NCES, 1999.

U.S. Department of Education. National Center for Education Statistics (NCES). *Digest of Education Statistics 2002*. Washington D.C.: NCES, 2002a.

U.S. Department of Education. National Center for Education Statistics (NCES). *National Education Longitudinal Study of 1988 (NELS:88/2000)*. NCES 2002-322 Washington D.C.: NCES, 2002b.

U.S. Department of Education. National Center for Education Statistics (NCES). *Condition of Education 2003*. Washington D.C.: NCES, 2003.

今村令子『教育は「国家」を救えるか——質・均等・選択の自由』東信堂、1987年。
江原武一『現代アメリカの大学——ポスト大衆化をめざして』玉川大学出版部、1994年。
江原武一「アメリカの大学政策」『大学評価研究』第2号、2002年a、9～12頁。
江原武一「転換期の大学改革——グローバル化と大学のアメリカ・モデル」『京都大学大学院教育学研究科紀要』第48号、2002年b、1～22頁。
江原武一「転換期の大学改革における管理運営組織改革の方向」『転換期の高等教育における管理運営組織改革に関する国際比較研究』平成13～14年度科学研究費補助金基盤研究(C)(2)研究課題番号13610294研究課題報告書、2003年、1～27頁。
髙島正夫・舘昭『短大ファーストステージ論』東信堂、1998年。
舘昭『大学改革——日本とアメリカ』玉川大学出版部、1997年。
舘昭編『短大からコミュニティ・カレッジへ』東信堂、2002年。
早田幸政(訳)『アメリカ北中部地区基準協会の大学・カレッジ評価ハンドブック』(大学基準協会企画)、紀伊国屋書店、1995年。
三浦嘉久『コミュニティ・カレッジ論——アメリカの高等成人教育』高文堂出版社、1991年。

第6章　イギリスの大学における管理運営改革

鈴木　俊之

1　大学改革の背景

　大学をとりまく環境が大きく変化している。環境の変化は大学制度全体の変動を促すが、大学それ自体の組織改革も同時に促す。この大学組織の変容過程を考察するには、大学組織の基本的構成要素とその性質、つまり、(1)教育組織、(2)研究組織、(3)管理運営組織、(4)社会サービス組織、(5)学習組織に注目する必要があるだろう(有本、1997年、8～11頁；有本、1999年、7頁)。とくに管理運営組織の改革は、教育や研究といった機能を十分に発揮するためには欠かせない要素であり、社会的要請が増し、経済状況も厳しさを増すなかで大学の舵取りを行うためにも、重要な位置を占めている。

　イギリスの文脈で考えれば、1960年代の大学進学者数の増加や1979年のサッチャー政権にはじまる政府による公共部門の見直し、社会からのアカウンタビリティの要求の増加や1980年代の急激な進学者数の増加などのように、大学をとりまく環境は激変している。またポリテクニクや高等教育カレッジの大学昇格による二元制度の改廃、大学補助金委員会(University Grants Committee)の廃止と高等教育財政審議会(Higher Education Funding Council)の発足にみられる資金配分方式の変更などのように、大学制度も環境の変化に対応して変わることを強いられたのである。

そのような環境や制度の変化が大学、とりわけ管理運営組織に対して大きな影響を与えたことは容易に想像できるが、その影響がいかに管理運営組織を変えたのか、変えたとすればどのようにどの程度変えたのかをあきらかにすることは、これからの管理運営を考えるうえで重要であると思われる。

そこで本章では、まずイギリスにおける大学改革を促した要因を整理したうえで、管理運営組織の発展を歴史的・政策的な観点から分析する。とくに政府の大学に関する報告書や大学関連の法律などから大学の管理運営に対する政府の方針を抽出し、それに対して大学がいかに対応してきたかを分析する。そしてこのような管理運営組織の発展を大学の組織文化の変容のなかに位置づけたあと、最後に転換期における管理運営組織の役割と大学運営のあり方について考察する。

イギリスの大学改革の背景

イギリスの大学は80年代に入ってから大きな構造変動を経験したが、その基底には大学をめぐる環境の急激な変化があった。さまざまな要因があげられるが、ここではC.バラらの論を中心に5つに絞って検討してみよう (Wagner, 1995, pp.15-24；Bargh et al., 2000, pp.1-16；Rushton, 2001, pp.169-177などを参照)。

第1に、経済状況の悪化である。70年代の2度のオイルショックや高失業率、インフレの進行などの影響によって、イギリスの財政状況は芳しくなかった。そのため政府、とりわけサッチャー政権は国家予算のなかでも大きな割合を占めていた教育予算の削減をはかった。その一環として留学生に対する学費の大幅な増額や大学への補助金の削減が行われた。とくに後者に関しては、従来の大学補助金委員会による5年に1度の一括補助金の交付を廃止し、1年に1度にした。これは後述するように、議会や納税者に対して大学の活動をより透明度の高いアカウンタブルなものにする政策の一環であるが（パーキン、1998年、99頁）、この方針は80年代以降よりいっそう強く打ち出された。つまり補助金が研究評価や教育評価といった目にみえる成果と連動して支出されるようになったのである。この方針、つまり大学への市場原理の導入は、従来の大学の自治や自主性を重んじる大学側から強い反発を招いた

が、1988年教育改革法や1992年継続・高等教育法などの一連の政策によって強化された。また1998年には財政難にもかかわらず増加する学生数に対応するため、授業料の徴収が開始された。

第2に、学生数の増加である。60年代初頭の進学率はわずか5％あまりであったが、70年代はじめには13％前後となり、90年には19％、94年には32％と増加し、2000年には33％となっている (DfES, 2003)。また成人学生も増えており、それも含めた進学率は50％を越える。ここ10年に限っても学部学生の数は50％増加している。このような急激な学生数の増加によって典型的なエリート段階と考えられてきたイギリスの高等教育は、80年代にマス段階に到達し、一気にユニバーサル化をめざす段階にきたのである。学生数の増加の影響は、第1の要因にあげたように授業料徴収といった形であらわれているが、大学のカリキュラムにも影響を与えた。伝統的な学生だけでなく、成人学生やパートタイム学生が増加したため、一方で質の低下を招いたが、他方で多様な学生や労働市場の要求に応えて、大学が提供する科目が多様になったのである。また新しい科目だけでなく従来の科目も、学生の選択を重視したモジュラー方式、単位の累積・移行制度といった新しい方法で提供された (Bargh, et al., 1996, p.16.)。

第3に、大学制度の一元化である。イギリスでは60年代以降、一方で大学、他方でポリテクニクや高等教育カレッジからなる高等教育の二元制度がとられてきた。イギリスの高等教育制度は従来、こうした2つの異なる使命をもった高等教育機関が並立する形であり、その扱いは平等ではなくポリテクニクは大学よりも劣る存在であると考えられてきた。しかしポリテクニクの学生は全国から集まっており、就職も全国的である、ポリテクニクの質・量に関する拡大はめざましく、量的には大学を凌駕している、また地方当局は大学政策を立案することができない、あるいは不必要な干渉をしているなどの理由から、1988年教育改革法では地方当局管轄下から離脱し、さらに1992年継続・高等教育法では、大学としての地位が与えられた (DES, 1987, pp.25-30)。

この一元化は異なる使命をもつ2つのセクターが統一され、同じ土俵のうえで競争するようになったことを意味する。これまで実学指向の教育機能が強く研究機能では大学に劣るポリテクニクにとって、いきなり大学と研究評

価で争うのは難しく、苦戦を強いられている。しかしその反面60年代以降の高等教育拡大期にその教育機能の役割をポリテクニクなどに任せ、自身はほとんど変わらなかったといわれる大学側も競争相手が急激に増えたことで、拡大した大学セクターのなかでの自分たちの立場や使命、目的を考えざるをえなくなったのである。

　第4に、アカウンタビリティ(説明責任)の要求である。まず考えられるのが、効率性の観点からのアカウンタビリティである。先にも触れたように、財政状況が悪化したために、政府にとって大学に支出する補助金は深刻な財政負担となった。そのため補助金を削減し、大学が補助金を適切に効果的に使っているのかどうか、つまり公的資金に見合う価値(Value for Money)を提供しているのかどうか、もっといえば社会と密接に関連した成果を大学が生産しているかどうかが厳しく監視されるようになった。もう1つは大学の拡大やそれにともなう新たな役割の付与などによって、大学の自己統制が不十分であるとみなされるようになったことである。それまでのエリート段階では、政府と大学、あるいは国民と大学の間に信頼関係があり、それにもとづいて大学は比較的自由に運営されてきた。しかしこのような信頼関係が成り立たなくなり、大学はより批判的、懐疑的態度に直面するようになったのである。

　第5に、大学の性格の変化である。この20年ほどの間に大学は学生数の増加や予算の増大、教育研究分野の広がりなどの面において、非常に巨大な組織となった。そのため大学は所在地域の最も重要な経済単位の1つとなり、その経済的重要性が強調されるようになった。また政府・市場・大学の関係が、予算の削減、産学連携の強化、政府の大学への統制方法の変化などにより変わってきたことも指摘できる。とくに政府と大学の関係では、政府は統制を強める一方、個別の大学については規制を緩和し、自律的に市場のなかで責任を果たすように方向づけている(Thomas, 1996, p.35)。その結果、大学は何を目的にどのように組織され、運営されるべきなのかがあらためて問われるようになった。

2 管理運営組織の構造

　大学の管理運営は変化を要求する外部からの圧力と、大学組織がゆるやかで多様な性質をもっているという事実の両方に直面している。管理運営の役割は大学の本質を守りながら、外部からの要求に適応していくことである(Lockwood, 1987, p.95)。しかしながら、補助金の削減や公的資金に見合う価値を達成することへの要求に代表されるように、社会からの要請が強くなるなかでは、単に適応をめざすだけでなく大学自体の生き残りが問題になってくる。大学組織全体の生き残りをかけた改革が、教育や研究などを全体的に見直す管理運営組織の権限やリーダーシップなどに大きく依存することを考えると、管理運営改革は大学改革の中心的課題となるのである(有本、1997年、14頁)。

　イギリスの場合、政府による改革への動きは80年代以降とくに強くなった。これはなによりもサッチャー政権の掲げる小さな政府の方針が大学セクターに適用されたことによっているが、同時に社会と密接に関連した研究や優秀な人材を生産することも要求されているので、単に補助金を削減するだけではなく、大学の効率的な運営も重要になっている。

　本章では60年代から90年代後半までの管理運営改革を概観するが、その前に現在のイギリスの大学の法的地位、管理運営組織の構造について確認しておこう(CUC, 2001a;HEFCE, 2001などを参照)。

　現在イギリス全体で大学は112校(ロンドン大学のカレッジ・研究所16校、ウェールズ大学のカレッジなど8校を含む)存在するが、大きく2つのグループに分けることができる。1つは1992年以前から大学の地位にあった大学、もう1つは1992年継続・高等教育法によってポリテクニクや高等教育カレッジから大学に昇格した大学である。この2つのグループに共通しているのは、法的に独立した法人であること、公益法人であること、理事会が大学のすべての事柄の管理運営の責任を負っており、その理事会を通じて説明する責任を負っていることである。イギリスでは前者を旧大学、後者を新大学あるいは現代大学と呼ぶことが多いが、新大学と呼ぶと1960年代に設置された新大学とまぎらわしいため、ここでは前者を伝統的大学、後者を旧ポリテクニク大

170　第2部　欧米諸国の動向

伝統的大学の管理運営

　まずは伝統的大学からみてみよう。このグループは非常に多様であり、オックスフォード、ケンブリッジのような大学から1963年のロビンズ報告後に大学に昇格した上級技術カレッジまでを含む。多くの大学は枢密院による勅許状にもとづいて設立されたが、議会法によって設立された大学もある。1988年までは大学補助金委員会から補助金を得ていたが、1988年教育改革法の成立によって大学財政審議会(Universities Funding Council)、1992年継続・高等教育法の成立によって高等教育財政審議会から補助金を受け取っている。その他研究審議会、寄付などさまざまなルートから資金を集めている。

　管理運営組織も大学によって多様であるが、主な組織や役職の構造は次のようになっている。図6-1は伝統的大学のなかでは比較的歴史の新しいバース大学の管理運営構造である。

　理事会(Council：スコットランドではCourt)は大学の最高意思決定機関であり、管理機関である。大学の財政や投資、土地建物の運営の責任をもち、多くの場合教育と研究を管理する責任もある。通常は教学関係については評議会の権限に従うが、大学のすべての事柄の管理運営の責任をもつ。しかし理

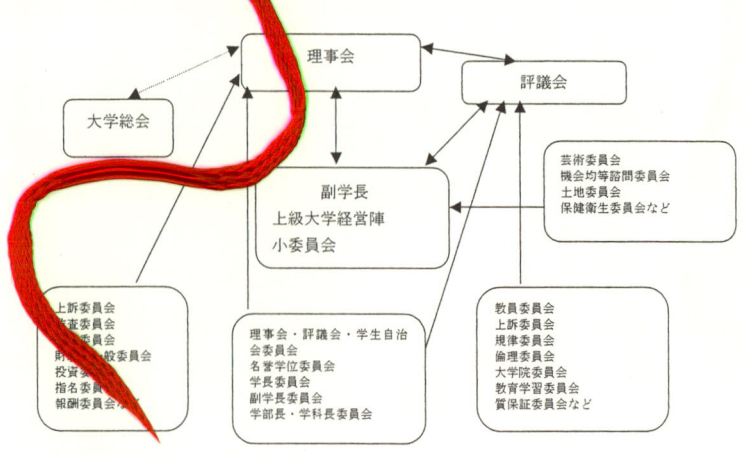

図6-1　バース大学の管理運営構造

(出所)University of Bath, 2003の管理運営構造図を修正。

事会が全体としてある事項に取り組むだけでなく、多くの機能は委員会を通じて実行される。しばしば評議会と共同で構成される、大学の発展に関する計画を検討する資源委員会や戦略委員会などがそれにあたる。

　理事会の大多数は学外者によって構成されなければならない。その他に大学管理者、大学総会により任命された学外者と大学教員、評議会によって任命されたメンバー、地方当局の代表、職員や学生の代表などを含む。通常年3回から6回会合が開かれるが、その仕事の多くは委員会を通して行われるので、細かな事項を議論するよりも大学にとって戦略的に重要な事柄の検討に時間を割いて議論する。

　評議会(Senate：スコットランドではSenatus Academicus、Academic Councilなど)は大学の教学面を統制し、管理する責任をもっている。教学に関する権限は評議会に属すると学則に明記されている場合もあるが、そうでなくとも評議会は教学に関して最高の権限をもっているとみなされている。形式的には理事会が評議会の審議事項に関して統御できることになっている場合が多い。ただし財政的、資源的に影響を与える教学に関する評議会の決定は理事会の承認が必要であるが、教学に関する理事会の決定に関しては評議会との協議が必要である。

　評議会のメンバーは基本的に学内から選ばれ、副学長が議長を務める。そのメンバーは、大学教員、学生の代表などから構成されている。定員は50人以下から100人以上とさまざまである。教学面の戦略、研究の促進、カリキュラムの内容や新しいプログラムの承認、学内および学外の試験官の任命、入学者選考の基準、学生の懲戒などがおもな審議事項である。

　大学総会(Court：スコットランドではGeneral Council)は形式的な役割を果たしており、実質的な管理運営や意思決定過程には加わらない。しかし多くの学外者が参加し、彼らが年次報告の検討を通して大学の使命や達成について論じ、質問する機会を提供しているため、大学総会は公的に重要な役割を果たしている。大学総会の規模は非常に大きく、メンバーの数は50人ぐらいから400人を越える場合もあるが、通常200人前後である。その構成員は地方当局の代表、国会議員、他大学やカレッジ、学会の代表、理事会や大学管理者のメンバー、教職員と学生、大学の同窓生の代表などである。少なくとも年1

回会合を開くことが要求されている。その権限は大学によって異なっているが、典型的には、大学の年次報告の検討、年次決算の受領、学長の任命(ほとんどの大学で)などを審議する。

上級大学管理者(Officers of the University)は学長、学長代理、収入役、副学長、副学長代理、登録官などによって構成されている。学長(Chancellor)は形式的な大学の長であり、学外者である。その役割は儀式的なものであり、大学総会の議長を務める。学長代理(Pro-chancellor)は理事会の学外者のなかから理事会によって任命され、通常理事会の議長を務める。収入役(Treasurer)も理事会によって学外者のなかから任命され、通常財政委員会の議長を務める。

多くの大学で副学長(Vice-chancellor：スコットランドではPrincipal)は教学と管理運営に関する最高責任者であり、大学の最高経営責任者である。大学の経営管理と経常的運営に対して責任をもち、それらの実行について理事会あるいは評議会に報告する責任がある。また大学が財政審議会によって指定された契約条件に従っていることを保障する責任を負っている。評議会の議長である。また副学長代理(Pro-vice-chancellor：スコットランドではVice-principal)は理事会によって、通常大学教員のなかから一定期間任命され、副学長の職務をサポートする。

登録官(Registrar)は職員のトップであり、理事会や評議会などの事務局長、書記官を兼ねる場合が多い。登録官は副学長に対して職務に関する責任を負う。

これら上級大学管理者のなかでも副学長を中心にして実際の運営にあたる組織(学部長や管理職員が入る場合もある)をSenior Management TeamとかManagement Group、Executive Committeeなどと称する場合があるが、本章ではこれらの組織やそのメンバーを上級大学経営陣とよぶことにする。

旧ポリテクニク大学の管理運営

旧ポリテクニク大学は1992年継続・高等教育法によって従来のポリテクニクや一部の高等教育カレッジから大学に昇格した大学である。ポリテクニクは60年代後半に産業や経済と結びついた地域センターとして構想された高等教育機関であり、技術教育や職業教育を強調した実学指向が強い機関であっ

た。また高等教育カレッジは70年代の教育カレッジなどの再編成によって作られた機関であり、教員免許だけでなくその他のコースなども提供している。

これらの機関は1988年まで地方当局の管轄下にあったが、1988年教育改革法によって独立法人となった。また1992年まで学位は学位授与審議会(Council for National Academic Awards)によって授与されていたが、1992年継続・高等教育法の成立によって自ら授与できるようになった(一部の高等教育カレッジを除く)。1988年以降、ポリテクニクや高等教育カレッジはポリテクニク・高等教育カレッジ財政審議会(Polytechnics and Colleges Funding Council)から補助金を受け取っていたが、1992年に大学財政審議会と合併したため、現在は高等教育財政審議会から補助金を受け取っている。また旧ポリテクニク大学は枢密院によって承認された管理規則のもとで機能している。

基本的な構造は伝統的大学と同じであり、理事会(Board of Governors)と評議会(Academic Board)が存在する。ただし大学総会はなく、最高経営責任者は副学長の場合もあればそうでない場合(プリンシパルなど)もある。その権限は伝統的大学の権限よりも強い場合が多い。理事会の役割は管理規則によって決まっており、大学の使命や目的を決定し、その活動を監視することや効果的で効率的な資源の使用、そして財政計画の承認や学外監査者の任命などについて責任を負っている。理事会のメンバーは12人以上25人以下で、学外者、大学教員、学生などにより構成されるが、その過半数は学外者でなければならない。また通常年3回から6回会合を開くことになっており、その仕事の多くは委員会を通じて実行される。評議会は教学に関して責任をもつが、最高経営責任者と理事会の全般的な責任に従うことになっている。

管理運営組織には管理機関(理事会)、大学教員団(評議会)、経営陣(副学長などを中心とした上級大学経営陣)の3つの要素があり、大学における力の均衡はこれらの要素間の関係に依存しており(Bargh et al., 1996, p.35)、その関係の変化によって大学の管理運営のあり方も変化してきたのである。

3 管理運営改革の歴史的・政策的変遷

大学教員主導の管理運営(1970年代まで)

本節では管理運営改革の歴史的・政策的変遷を概観する。イギリスの大学

の管理運営改革はとくに80年代になって大きな転換点に差しかかることになるので、以下では70年代までの管理運営について触れたあと、80年代における改革の展開と90年代以降の動きについて分析する。

　オックスフォードやケンブリッジ、伝統的なスコットランドの大学(セントアンドリュース、グラスゴー、アバディーン、エディンバラ)などを除くと、イギリスの大学は熱心な市民の努力によって設置されたため、初期の大学では学外者が参加する理事会が主要な管理運営組織であった。第一次世界大戦後、大学教員が評議会を通して理事会との共同管理を主張しはじめ、それ以来徐々に理事会は大学教員の人事や教学関係の意思決定の権限を大学教員の手にゆだね、理事会の権限は財政問題やその他の経営上の問題に集中するようになった。この傾向は、市民からの寄付が減り、政府(大学補助金委員会経由)の補助金の割合が高くなるにつれて強くなっていった。1970年代までには、形式的には理事会が最高意思決定機関であるにもかかわらず、実際には評議会が主導権をもっており、理事会はめったに政策を策定しないし、学問的な事柄にも口出ししない状況になっていた(Bargh, et al., 1996, pp.4-5；Shattock, 1999, p.277)。

　これに対して、ポリテクニクや高等教育カレッジなどの事情は少々異なっている。これらの機関はその設立当初から地方当局の監督下にあったため、理事会が地方当局の政治的勢力争いの場になることもしばしばあった。また1950年代まで評議会がないところも多く、管理運営組織は無力であり問題にされていなかった。しかし60年代になりポリテクニクが創設されると、これらの機関に大幅な自治が与えられるべきであるという考えがあらわれ、またウイーバー委員会の勧告などにより評議会の重要性が増大することとなり、大学に及ばないがある程度の制度的な自律性を得るようになったのである(Jones and Kiloh, 1987, pp.110-112；Dearlove, 2002, pp.258-259)。

　この評議会主導の図式が変化するのは80年代に入ってからであるが、管理運営のあり方や実践において根本的な概念の転換が起こりはじめたのは60年代からだといわれている。従来の同僚制モデルから上級大学経営陣や管理の専門職化といった概念が管理運営にもちこまれた。ただしその動きは遅く漸進的で気づかれないほどであり、実際大学教員の力は60年代以降も強かった。

たとえば60年代に設置された新大学では、近代市民大学をまねて理事会や大学総会が設置されたが、大学の管理運営は教員によって行われるべきだと考えられていた。理事会、とりわけその学外メンバーは限られた事柄にのみ関与する大学運営の余白だと考えられていた(Bargh, et al., 1996, pp.6-7)。

ジャラット報告

80年代に入ると大学教員の自治に対して学外から公然とその正当性を疑う声が出されはじめたが、それはとくに1981年の大学補助金委員会の補助金の削減と、1985年にジャラット報告が出版されたことが大きく影響している(Bargh, et al., 1996, p.7)。補助金の削減が大学の活動に対するアカウンタビリティの要求や大学の自己統制に対する疑念と関係があることについてはすでに触れたので、ここではジャラット報告についてみてみよう。

ジャラット報告とは、1984年から85年にかけて、大学運営の効率性の研究を促進し統合することを目的に設置された委員会である「大学の効率性に関する研究委員会(Steering Committee for Efficiency Studies in Universities: Jarratt Committee)」の報告書であり、そこでは効率性に関する大学の運営組織の構造とシステムについて調べられ、大学に対する勧告として次の10点があげられている(CVCP, 1985, p.36)。

(1) 理事会は、学問的、財政的、物的側面を関連づけ、これらの側面を1つのプロセスとして考える戦略的計画の観点から大学を運営する責任を主張すべきである。
(2) 評議会は教学に関する事項を調整、保障することにおいて、また学問的見解を提出し理事会に助言する主要な場として、その本質的な役割を果たし続けるべきである。
(3) 各大学は学問的、組織的計画を発展させ、それらを定期的に見直し、資源を割り当てるべきである。
(4) 副学長は大学教員の代表としてだけではなく、大学の最高経営責任者であると認識されなければならない。
(5) 各大学は理事会と評議会に対して責任を負う副学長を議長にし、大学

教員と学外者を含む少数からなる計画・資源委員会を設置しなければならない。
(6) センターに対する予算の委譲があるべきである。そのセンターは自分たちの達成したことについて計画・資源委員会に対して責任を負う。
(7) 信頼性が高く整合的なパフォーマンス・インディケーターを作成し、コストに対する意識を高めるべきである。
(8) 学科長は適切な協議の後、副学長の推薦にもとづき理事会によって任命されるべきである。学科長は学科の業績や資源の使用に対して義務と責任をもつ。
(9) 教職員研修や評価、アカウンタビリティのための手はずを整えるべきである。
(10) 会議の数を少なくしたり、参加人数を減らしたりすることによって、教職員が費やす時間を節約すべきである。とくに学問的な問題でなければ職員に権限を委譲する。

　これらの勧告の意図は大学運営に経済的な効率性を導入することであり、そのために副学長が最高経営責任者として大学の運営に責任をもつこと、最高意思決定機関としての理事会が自律的に大学の管理運営に参加することなどを提言した。また理事会の管理運営への参加や理事会と評議会による共同委員会の重視の姿勢は、これまで管理運営において二次的な役割しか果たしていなかった学外者が大学運営に積極的に参加することを意味している(Bargh et al., 1996, p.8)。
　このように80年代になって大学運営は以前よりも明示的になってきた。それは大学が外部からの要求に迅速に応えたり、大学がもつ価値を外部に打ち出していくことが必要になっているからである。とくに限られた資金で効率的に大学を運営するためには教学や財政、人事や施設などの方針を統合し、全学的な計画を大学が作成する必要性があり、その意味で管理運営の役割が重視されたからである(Lockwood, 1987, pp.98-100)。

1988年教育改革法、1992年継続・高等教育法、デアリング報告

　80年代後半になると大学政策にとって大きな転機となる法律が作られた。それはサッチャー政権による教育政策の集大成ともいえる1988年教育改革法であり、その後1992年に継続・高等教育法によってポリテクニクなどが大学に昇格する下地となった法律である。

　1988年教育改革法では、ポリテクニクが地方当局管轄下からの離脱することや、大学補助金委員会を改組して大学財政審議会を創設すること、そして新たにポリテクニク・高等教育カレッジ財政審議会も創設することなどが決められた。この法律の背景にある方針は1987年に出版された白書『挑戦への対応』で示されており、そのなかで高等教育が90年代以降の社会経済上の問題に関して国家にとって有用な役割を演じると認識したうえで、大学政策と大学制度の有効性を高めるために政府が意図している改革について論じている。

　具体的にみてみると、高等教育の目的として経済界や産業界などとのつながりを重視し、高等教育は経済界や産業界などの要求に対してより有効に答えるべきであるという方針を掲げ、その方策の1つとして高等教育の質と効率を問題にしており、管理運営の問題は高等教育の効率性の観点からとりあげられている。個々の大学の管理運営のあり方について直接言及していないが、運営の有効性と効率性を促進するためにパフォーマンス・インディケーターの開発と活用などを指摘している。またポリテクニクに関しては、有効な管理運営がポリテクニクの監督者である地方当局によって妨げられているため、ポリテクニクは地方当局の管轄から離脱し、独立した法人格をもつ大学として、新設のポリテクニク・高等教育カレッジ財政審議会と契約関係を結ぶことを提言した(DES, 1987)。

　これらの方針は90年代に入っても受け継がれ、1991年には白書『高等教育：新たな枠組み』においてポリテクニクの大学昇格が提言され、翌年1992年継続・高等教育法によりポリテクニクなどが大学に昇格した。また1992年継続・高等教育法では、ポリテクニクなどが大学に昇格した関係で大学財政審議会とポリテクニク・高等教育カレッジ財政審議会が合併して高等教育財政審議会となり、大学全般に対する補助金の配分に責任をもつこととなった。またこの審議会はこれまでと違い、イングランド、ウェールズ、スコットラ

ンド、北アイルランドにそれぞれ財政審議会(ただし北アイルランドは教育省が担当する)を設置し、各財政審議会がその地域内の大学への補助金配分に責任をもつこととした。この新たな枠組みのなかで、各大学は財政審議会との関係を定めた財政定款(financial memorandum)をとりかわし、その定款にもとづいて活動することになっており、財政審議会は大学に対して公的資金を支出し、その適切な使用を監視することになっている。

こうした大学改革の動きのなかで注目されるのは、60年代に大学に昇格した大学が、管理運営を伝統的大学の管理運営モデルに近づけようとしていたのに対して、90年代には、そのような動きがみられなかったことである (Shattock, 2002, pp.237-238)。

たとえば1992年継続・高等教育法では、旧ポリテクニク大学の理事会の定員を伝統的大学のそれを大きく下回る12人以上25人以下と決め、13人までは産業や商業における問題を扱った経験があり、そのことについて能力がある学外の人間を入れること、大学教員は2名以内としている(DfEE, 1992)。また理事会は、実際には評議会などによって仲介されるにしても、大学の教育的使命に関する決定に対して責任がある(Shattock, 1999, p.277)。

1988年教育改革法や1992年継続・高等教育法などでは直接に言及されていないものの、この時期に政府は伝統的大学の理事会も強化しようとしていた。その一端は大学内の言論の自由の保護に理事会が責任をもつこと(1986年教育法第2)、通常伝統的大学では評議会が行ってきた学生自治会に対する監督責任を理事会がもつこと(1994年教育法)などにあらわれている。また財政定款の導入は、補助金をうける条件として大学が学内に財政管理・統制のための信頼できるシステムをもっていることを理事会が保障しなければならないことを意味している(Shattock, 2002, p.238)。

このような理事会を強化する動きは1997年に出されたデアリング報告でより強く提言されている(NCIHE, 1997)。デアリング報告は、21世紀を迎えるにあたって高等教育の発展が社会の繁栄にとって不可欠だとの認識から、今後20年間にわたる大学政策の方向性を吟味し勧告している。管理運営に関しては、いかに大学が資源の利用において公的資金に見合う価値と費用効果を確保すべきか(Chapter 15-2)という視点から、理事会による効果的な大学の

管理運営をあげている。

　その内容は理事会が最高意思決定機関であること、管理と経営の明確な分離、理事会のメンバーの削減、理事会や大学の有効性を見直しとその結果の公表などであり、ジャラット報告において表明された改革の方向性を徹底する方向にある。また大学による有効性の見直しを財政審議会が公的資金を支出する条件にすることも勧告したのであった (Chapter 15-54~56)。

　これらの勧告はデアリング報告に対する政府の応答である『21世紀のための高等教育』(DfEE, 1998) でも基本的に受け入れられ、大学議長委員会 (Committee of University Chairmen, 以下CUC) もこれらの勧告を『理事会のメンバーへの指針』に反映させている。その内容は、第1に、理事会が大学の能力を正確に理解し、定期的に理事会の有効性と大学の能力の両方を見直すこと、第2に、理事会の有効性のレビューは公表されるのが望ましい、そして第3に、公的資金が支出されているため、常に最高水準のコーポレート・ガバナンスを履行する義務があるとしている (CUC, 2001a)。

　実際にジャラット報告の方針が影響をもちはじめたのはポリテクニクが地方当局の監督下から離脱し、高等教育法人として独立してからである。もともとポリテクニクは伝統的大学に比べて少数だが権限の強い理事会をもっていたが、1988年教育改革法により地方当局の監督下から離脱したため、今まで以上に理事会や上級大学経営陣による積極的で実践的な大学経営が求められたのであった。なかには失敗したケースもあるが、だからといって新しい運営モデルが失敗しているとわけではない。なぜならこのモデルは伝統的大学の理事会に対しても自分たちがもっている権限が今まで以上にふるうことができるということを認識させたからである (Shattock, 1999, pp.277-278)。またデアリング報告以後伝統的大学の理事会の規模は、旧ポリテクニク大学の25人以下とまではいかないものの30人から34人程度と従来よりも減らしており、効果的な大学の管理運営をめざすようになってきている (Shattock, 2002, p.239)。

　これらの一連の政策が意味しているのは、限られた予算とアカウンタビリティを要求する声の高まりのなかで大学の管理運営が戦略的に行われる環境を設定することである。その方策として管理と経営の明確な分離、副学長を中心とした上級大学経営陣による機動的な大学経営、全学的な政策や将来の

方向性を決める機関としての理事会の重視が主張された。これらの管理主義的な方策は従来の大学教員や評議会を重視する大学の管理運営とは異なっており、そのため大学に完全に受け入れられていないが、確実に大学組織に影響を与えている。

4 組織文化の変容

　大学組織分析ではさまざまな見方が提出されているが、ここではI.マクネイの大学組織モデルを参考に、(1)同僚制、(2)官僚制、(3)法人制、(4)企業制の4つの組織モデルを簡単に紹介したうえで、イギリスにおける大学の組織文化の変容について概観する(McNay, 1995, 1999；詳しくは本書序論を参照)。このモデルはK.ウェイクの「ゆるやかに連結したシステム」モデルを発展させたものである。ウェイクのモデル自体は教員による自治を重視する古典的な同僚制の組織文化に相当するが、マクネイはこのモデルを、(1)大学全体の政策の定義と、(2)政策の実行に対する統制の2つの観点から再構成し、大学の組織文化を4つに分類している(図序-1、表序-2を参照)。

　同僚制はオックスフォードやケンブリッジのカレッジに代表されるイギリスの大学の古典的な組織文化であり、大学の制度的自律性と学問の自由が強調される。意思決定は大学の伝統や大学教員の学問的権威にもとづいて、合意によって行われる。また教員は大学や学部よりも学外の準拠集団である同じ専門分野の大学教員や研究者に帰属意識をもっている。ただしこのモデルは保守的になりやすく、現状を変えようとする動きに抵抗しやすい。

　官僚制の組織文化の特徴は手続きを重視することである。このモデルでは、意思決定の連続性と一貫性を確保することや効率性を重視するために標準化された実施手続きを適用することが重要であり、このような手続きに詳しい職員や大学管理者の権限が強くなる。官僚制では全学的な政策を明確な形で打ち出すというよりは、これまでの前例に従って新たな提案などを判断することになるので、学外の環境が安定している場合には適しているが、急激な変化には適していない。

　法人制では、最高経営責任者としての学長(イギリスでは副学長)の権限が

強く、上級大学経営陣や任命されたメンバーからなる特別調査委員会に意思決定の権限が委譲されることが多い。学外の環境が危機的状況の場合に適した組織文化である。法人制の問題点は学長が強大な権限をもつために驕傲になりやすかったり、大学管理者と大学教員などの間に溝ができてしまうことである。

　企業制では、重要な意思決定は顧客の近くで行われるべきであり、決定にあたっての有力な基準は顧客にとってよいことであるとされている。この企業制でもリーダーシップは強調されるが、実行の詳細や財政は第一線に任される。大学によっては、大学本体とは別にジョイント・ベンチャーやインキュベーターを立ち上げたりしている。企業制の問題点は顧客や市場の要求に応えるあまり、本来大学がもっている特徴をゆがめかねないことである。

　イギリスの大学にとって同僚制は古典的であり理想的な組織文化だが、70年代以降は同僚制の組織文化を維持するのが難しくなっている (McNay, 1995, pp.108-111)。まず70年代の変化をみてみると、旧ポリテクニク大学の存在が指摘できる。旧ポリテクニク大学は、地方当局下におかれていたこともあり、設立当初より伝統的大学に比べ大学教員の権限は弱く、官僚制的な組織文化であった。一方伝統的大学の組織文化は70年代にはそれほど大きな変化はみられなかった。

　80年代に入ると旧ポリテクニク大学だけでなく伝統的大学も変化に巻き込まれることになった。たとえばある大学における財政運営の失敗などが問題となり、大学に対する規制を強化する声が高まった。それに対し大学内部で大学運営をより形式的に行うことができる仕組みを作る動きにつながり、官僚制の要素が組織文化のなかに入ってきたのである。さらに90年代に入ると高等教育財政審議会が戦略的計画の提出を要求したり、教育評価や研究評価に対応しなければならなくなった。こうした外部からの要求に対応するために、多くの大学では官僚制的な要素が強くなった。

　80年代はまたジャラット報告に代表されるように最高経営責任者としての副学長や上級大学経営陣による大学運営の概念が広がった時期でもあった。そのため旧ポリテクニク大学の組織文化は法人制の要素も含むように変化し、伝統的大学も大学によって温度差はあるものの法人制の方向性に進んで

いる。
　90年代には大学の組織文化を企業制の方向に進める要素もあらわれている。その理由の1つは高等教育費の減少である。そのため大学は政府とは別の資金源を確保する必要となり、市場に参入し、競争的に資金を獲得するきっかけとなった。また学生の確保も財政にかかわってくるため、学生へのサービスを大学運営の核としてみるようになり、このことも大学の組織文化を企業制の方向に進めることとなった。
　このような組織文化の変容を簡潔にまとめると、同僚制から官僚制、法人制、企業制へと変化しているといえるだろう。たとえば、**表6-1**は旧ポリテクニク大学の大学管理者に大学の組織文化がどのように変わってきているかを聞いた結果だが、90年代に入ってから法人制や企業制の占める割合が多くなっていることが分かる(McNay, 1995, p.111)。
　ただし4つのモデルは互いに排他的ではなく1つの大学のなかに共存しており、その比重は大学の伝統や使命、リーダーシップのスタイル、外的圧力などによって異なっている。実際、1981年の補助金の削減によって、伝統的大学のなかでも比較的歴史の新しい大学、たとえば旧上級技術カレッジであった大学などはいち早く危機を迎えたため、その後副学長や上級大学経営陣のリーダーシップにもとづく経営をわりと初期から行っており、法人制の要素が強い。それに対してより伝統のある古い大学では、管理運営改革の動きはやや緩慢だが、ケンブリッジやインペリアルカレッジなどは、同僚制から企業制へと移っている(McNay, 1995, pp.110-111)。
　気をつけなければならないのは、イギリスの大学における管理運営の変化を考えるとき、一般化は注意深くしなければならないことである(Shattock,

表6-1　ある旧ポリテクニク大学における組織文化の変容

タイプ	1989年	1994年	1999年
同僚制	3.7	1.9	1.3
官僚制	3.4	2.7	2.3
法人制	2.2	3.9	4.0
企業制	0.7	1.6	2.5

注）大学管理者25人の見解。全体の文化のバランスを考慮して10点を振り分けている。
（出所）McNay, 1995, p.111の表9.2。

1999, p.281)。たしかに大衆化や厳しい財政状況のもとで大学が優れた存在であるためには、企業制モデルが求められていると多くの大学管理者は考えている (McNay, 1999, p.54)。これはそのとおりだとしても、大学によって、つまり伝統的大学なのか、旧ポリテクニック大学なのかなどの違いによって大学の使命も異なり、したがって管理運営の役割も異なってくるので、それぞれの大学にとってふさわしい管理運営のあり方が模索されなければならないだろう。

5　管理運営改革の問題点

80年代以降、イギリスの大学は質と効率性の確保を求められており、それらを実現する手段として管理運営改革や大学制度改革などが行われてきた。そのなかでさまざまな問題が生じたが、ここでは最近の大学運営にあらわれた概念である監視について、そして転換期における大学運営のあり方について論じてみたい。

「距離をおいての操縦」と監視の概念

イギリスの大学の管理運営は19世紀には、おもに学外管理者によって行われていたが、20世紀に入ると徐々に大学教員が管理運営に参加しはじめ、1960、70年代には評議会が管理運営の中心であり、理事会は形式的な役割しか果たさなくなった。ところが効率的な大学運営をめざす政府の意向や大学の大衆化、市場化の波をうけ、機動的な大学運営の必要性が叫ばれるようになり、80年代には副学長を中心とした上級大学経営陣と理事会(とその下部組織である委員会)による管理運営が旧ポリテクニック大学を中心に強化されたが、その影響は伝統的大学にも及んだ。

最近のイギリスにおける大学の管理運営で、とくに重要度を増したのが監視の役割である (Bargh et al., 1996, p.36)。近年の政府の公的セクターに対する方針は、「距離をおいての操縦(steering at a distance)」という言葉にあらわれているように、強制的に大学を支配するのではなく、自律の名のもとに、といっても財政を通じた間接統治だが、その組織の自律的運営を促している。そ

こではアカウンタビリティと競争が重視され、失敗した場合はその大学の責任として処理される(Ball, 1994, p.54; p.80)。

したがって距離をおいての操縦を可能にするには自律的運営の概念が重要であるが、自律的運営が適切に行われているかどうかは、政府に代わって大学を監視することに大きく依存しているので、監視の役割が重要になったのである。そしてその監視は、(1)大学と政府、(2)大学内部の2つのレベルにかかわっている。(Bargh et al., 1996, p.39)

まず大学と政府の関係からみてみると次のようになるだろう。すなわち大学補助金委員会が大学と国家の間に存在する緩衝機関として、政府からの過度の干渉を防ぐ役割を果たしていたのに対し、研究評価と教育評価にもとづく補助金配分の権限を握っている高等教育財政審議会は、政府とは別組織であるが、政府の意向を大学に伝える監視機関としての役割を果たしている。また副学長はそうした政府の意向を実行する責任をもち、大学の運命を左右する監視者として行動することになる。

次に大学内部についてみてみると、理事会の主要な役割は大学の目標を概観し、上級大学経営陣の政策と戦略に同意し、大学が適切に運営されているかを確保することである(Bargh, et al., 1996, pp.36-37)。CUCの大学管理者に対する指針でも理事会の役割としてこの監視、すなわちモニタリングが強調されている。またこうした大学の経営に対する監視だけでなく、外部に対する役割、つまり開放性とアカウンタビリティを確保する役割も強調されている。これは大学が公的資金を使っていることから生じる義務でもあるが、厳格なアカウンタビリティの確保にとっては、大学教員が行動規範を決め、それを監視するのではなく、理事会が学外の人びとを代表して行うべきであるという考えからである(Bargh et al., 1996, p.37)。

このように理事会は適切な大学運営の確保と開放性とアカウンタビリティの確保の二重の観点から監視をする役割をもつようになったが、とくに大学運営が上級大学経営陣によって強力に行われるときにその役割は重要になってくる。たとえば一般企業においても、エンロンやワールドコムの破綻にみられるように、強力な最高経営責任者の行き過ぎを止められなかった反省から、欧州では機関投資家などからコーポレート・ガバナンスに関して注文が

出ている。その内容は、監視役としての取締役会と実質の経営を担当する執行役員を分離するだけでなく、取締役会の会長と最高経営責任者を兼任させない、株主などの社外関係者が取締役会に入り、執行役員による経営状況を監視するなどである(石山、2003年、60〜61頁)。ここで上級大学経営陣を執行役員会、理事会を取締役会と読み替えれば、大学の状況とかなり似てくるだろう。とくに一般企業よりも公的な性格が強い大学の場合、理事会は市民に代わって監視し、アカウンタビリティを確保することが要求される。

したがって大学の管理運営では大学の本質を守りながら外部からの要求に対応していくことが重要だが、外部からの厳しい監視の目によって、対外的にも対内的にも高い透明性を要求されているのである。

大学運営のあり方
　管理運営改革のなかでめざされた管理運営組織は機動的で効率的な大学運営を可能にする組織であったが、それでは現実にはどのようになっているのかが問題となる。このような組織では、最高経営責任者としての副学長のリーダーシップを中心として上級大学経営陣と理事会やその委員会が大学経営を行うことになり、評議会の役割は教学関係だけに限られている。たしかに機動的で効率的な運営ができそうだが、実際には、上級大学経営陣は大学教員とその関心事にまったく興味を示さず、コミュニケーションは非常に貧弱であるとか、上級大学経営陣と学科長レベルの中間管理職との間に信頼感があまりなく、学部長あるいは学科長以下の大学教員との交流はほとんどないとか、あるいは大学は人びとよりもシステムを強調するようになっている、上級大学経営陣は重要な決定を既成事実として大学教員に伝えるなどのように、報告されているのは大学教員と上級大学経営陣との間の溝である(McNay, 1999, pp.51-52)。そのため現実には理事会や上級大学経営陣と評議会の関係を改善することの必要性が指摘されているし(CUC, 2001b, p.9)、効率的な管理運営組織をもつ大学が研究評価で上位にくるわけでもない。

　このように効率的な管理運営組織による大学運営が必ずしもうまくいっているとはいえない。それは大学という組織が教育と研究を中心とした組織であること、それに関連するが、とくに上級大学経営陣と大学教員の間に溝が

あったり、大学の方針に大学教員が反対しているときには、効率的な管理運営モデルは目標の設定にはよくても、その実行は難しいことと関係がある(McNay, 1999, p.51; Dearlove, 2002, p.268)。

　大学は教育や研究を通じて知識を発見したり、伝達していくところである。また組織としての大学は企業のように確固とした目的をもつものでなく、専門分野のような基礎的要素やそこで働く大学教員の自律性が重んじられてきた。そのため意思決定の権限が拡散しやすく、意思決定が迅速でない場合が多く、その点がジャラット報告やデアリング報告でも批判されたのであった(江原、1999年、41頁)。しかしこのような大学の特徴が、それが組織としての本質からあらわれている限り、その特徴を無視した、つまり大学教員の意向を反映しない管理運営がうまくいくはずはない。だからといって今までのような同僚制にもとづく運営が望ましいのかというと、政府の方針が管理主義的になり、社会からの大学に対する圧力が増大する現在の環境では不可能である。いわゆる「距離をおいての操縦」の概念が80年代以来の政府の、大学も含めた公的セクターに対する方針であったわけだが、限られた資金で大衆化と市場化に代表される環境の変化を乗り切るためには、やはり戦略的な視野をもって大学を運営するだけの能力が大学に要請されるのである。

　したがってB．クラークが論じているように、生き残りに関心のある大学は、変化する環境に対応するために機動的にならなければならない。それには計画を作成する権限を作り直すための組織化された方法が必要であり、運営の核の強化(strengthened steering core)が必要となる。その運営の核を強化するにあたって要請されるのが、上級大学経営陣と学科を含み、新しい管理主義的価値と伝統的なアカデミックな価値を調和させることである(Clark, 1998, p.5)。この場合、ジャラット報告が提言した計画・資源委員会のような、理事会と評議会による合同委員会などがその役割を果たすと考えられる。たしかに強力な上級大学経営陣による大学運営は計画を作成するだけなら適切に機能するかもしれないが、実行段階はまた別の話である。計画を実行するためには、大学教員が上級大学経営陣や理事会の意向を共有することが必要なのである。その意味でこの合同委員会は学外理事と大学教員の溝を埋め、学外理事がもたらす貢献を引き出す、つまり大学の諸問題をより広い文脈か

らみることを可能にする組織にならなければならないし(Shattock, 2002, p. 243)、上級大学経営陣、学外理事と大学教員が相互に理解する場でなければならない。

　1980年代以降のイギリスでは、ジャラット報告やデアリング報告にみられるように管理運営改革の重要性が強調され、管理運営における大学教員の役割はあまり重視されていなかった。しかし管理運営組織の改革は大学の運営にとって非常に大事なトピックであるけれども、管理運営は大学組織の一部でしかないことを考慮すると(Dearlove, 2002, p.271)、大学という組織が教育研究を中心としているという特性を生かすような管理運営組織モデルを構築していく必要があるだろう。その際、大学は一様でなく、管理運営組織も多様であること、つまり大学の歴史や性格、外部環境や大学制度における位置を考慮しなければならない。

引用文献

Ball, S. J. *Education Reform: A Critical and Post Structural Approach.* Buckingham: Open University Press, 1994.

Bargh, C. et al. *Governing Universities: Changing the Culture?* Buckingham: Society for Research into Higher Education & Open University Press, 1996.

Bargh, C. et al. *University Leadership: The Role of the Chief Executive.* Buckingham: Society for Research into Higher Education & Open University Press, 2000.

Clark, B.R. *Creating Entrepreneurial Universities.* Oxford: Pergamon, 1998.

Committee of University Chairmen(CUC). *Guide for Members of Governing Bodies of Universities and Colleges in England, Wales and Northern Ireland.* Bristol: Higher Education Council for England, 2001a.

Committee of University Chairmen(CUC). *Review of University Governance 1997-2000.* Committee of University Chairmen, 2001b.

Committee of Vice Chancellors and Principals(CVCP). *Report of the Steering Committee for Efficiency Studies in Universities,* London: Committee of Vice Chancellors and Principals, 1985.

Department for Education and Employment(DfEE). *The Further and Higher Education Act 1992.* London: HMSO, 1992.

Department for Education and Employment(DfEE). *Higher Education for the 21st Century.* London: Department for Education and Employment, 1998.

Department for Education and Skills (DfES). *Trends in Education and Skills*. London: DfES, 2003. (http://www.dfes.gov.uk/trends/index.cfm) (2003年7月7日)

Department of Education and Science (DES). *Higher Education: Meeting the Challenge*. London: HMSO, 1987.

Dearlove, J. "A Continuing Role for Academics: The Governance of UK Universities in the Post-Dearing Era." *Higher Education Quarterly*. Vol.56, No.3, 2002, pp.257-275.

Higher Education Council for England (HEFCE). *Higher Education in the United Kingdom*. Bristol: Higher Education Council for England, 2001.

Jones S. and Kiloh G. "The Management of Polytechnics and Colleges." In Becher, T. (ed.). *British Higher Education*. London: Allen & Unwin, 1987, pp.107-132.

Lockwood, G. "The Management of Universities." In Becher, T. (ed.). *British Higher Education*. London: Allen & Unwin, 1987, pp.87-106.

McNay, I. "From the Collegial Academy to Corporate Enterprise: The Changing Cultures of Universities." In Schuller, T. (ed.). *The Changing University?* Buckingham: Society for Research into Higher Education & Open University Press, 1995, pp.105-115.

McNay, I. "Changing Cultures in UK Higher Education: The State as Corporate Market Bureaucracy and the Emergent Academic Enterprise." In Braun, D. and Merrien, F-X, (eds.). *Toward a New Model of Governance for Universities? A Comparative View*. London and Philadelphia: Jessica Kingsley Publishers, 1999, pp.35-58.

National Committee of Inquiry into Higher Education (NCIHE). *Higher Education in the Learning Society*, 1997. (http://www.leeds.ac.uk/educol/ncihe/) (2002年4月3日)

Rushton, J. "Managing Transformation." In Warner, D. and Palfreyman, D. (eds.). *The State of UK Higher Education: Managing Change and Diversity*. Buckingham: Society for Research into Higher Education & Open University Press, 2001, pp.169-177.

Shattock, M. "Governance and Management in Universities: The Way We Live Now." *Journal of Education Policy*. Vol.14, No.3, 1999, pp.271-282.

Shattock, M. "Re-Balancing Modern Concepts of University Governance." *Higher Education Quarterly*, Vol.56, No.3, 2002, pp.235-244.

University of Bath. *University of Bath Committee Manual*, 2003. (http://www.bath.ac.uk/committees/manual/govstruct.gif) (2002年2月23日)

Thomas, H. "Strategic Planning." In Warner, D. and Palfreyman, D. (eds.). *Higher Education Management: The Key Elements*. Buckingham: Society for Research into Higher Education & Open University Press, 1996.

Wagner, L. "A Thirty-Year Perspective: From the Sixties to the Nineties." In Schuller, T. (ed.). *The Changing University?* Buckingham: Society for Research into Higher Education & Open University Press, 1995, pp.15-24.

有本章「ポスト大衆化段階の大学組織改革——研究の意図と方法」広島大学大学教育研究センター編『ポスト大衆化段階の大学組織変容に関する比較研究』広島大学大学教育研究センター、1997年

有本章「大学組織改革——大衆化とポスト大衆化の視座」有本章編『ポスト大衆化段階の大学組織改革の国際比較研究 』広島大学大学教育研究センター、1999年、7〜19頁。

石山新平「『米国型』からの脱却を探る欧州の企業統治」『フォーサイト』2003年2月号、新潮社、2003年。

江原武一「管理運営組織の比較——日米比較」有本章編『ポスト大衆化段階の大学組織改革の国際比較研究 』広島大学大学教育研究センター、1999年、30〜44頁。

角替弘規「イギリスの一元的高等教育システムにおける旧ポリテクニク大学」『比較教育学研究』第27号、東信堂、2001年、139〜158頁。

パーキン、H.J.(有本章・安原義仁編訳)『イギリス高等教育と専門職社会』玉川大学出版部、1998年。

第7章　ドイツにおける国立財団型大学の成立

金子　勉

1　大学政策の展開

国立財団型大学への転換

　国立財団型大学(Stiftungshochschule)は、ドイツのニーダーザクセン州で導入された新しい設置形態の大学である[1]。そのような設置形態を導入する法律が2002年6月24日に成立した[2]。同州では、すでに国立(州立)の5大学が2003年1月1日より国立財団型大学へ転換している[3]。もっとも、ニーダーザクセン州には国立大学が20校あったから、すべての国立大学が財団型の大学になったのではない。またドイツ全体に国立大学が271校あることを考慮すれば、ここで議論する国立財団型大学は、まだ少数である[4]。とはいえ、1998年8月20日に改正された高等教育大綱法(Hochschulrahmengesetz、以下HRG)の趣旨に沿う最初の本格的な対応として注目されている。HRGは、1976年1月26日に施行された連邦法であり、高等教育制度の一般原則を定める。その第4次改正法により、大学の法的地位について、連邦法の定める従来の形態とは異なる法形式を、各州の法律で独自に定めることが認められたのである。

　国立財団型大学は「ニーダーザクセン州の大学改革に関する法律」により創設された。この法律により同州の大学法等が改正されることとなったが、その主たる内容は大学の非国有化、意思決定機構の簡素化、学術・芸術後継者の若返りの3点であった。これらのうち国立財団型大学の成立と直接に関係

するのは大学の非国有化と、これにともなう意思決定機構の簡素化である[5]。

立法過程分析の視点

　ここでは、国立財団型大学の設置形態と学内組織をとりあげ、その政策の展開を分析したい。具体的には、新大学法が成立するまでの過程を法案修正に着目して追跡することになるが、その際に検討の対象となる4つの草案がある。まず学術文化省において、2000年9月22日に参事官草案(MWK, 2002a)が、次いで同年12月11日に聴聞草案(MWK, 2000c)が作成された。そして翌年5月31日に政府草案(Niedersächsische Landesregierung, 2001a)が州議会に提出されたものの、学術委員会の審議で修正があり(Domröse, 2002)[6]、最終的に2002年4月18日の委員会草案(Ausschussentwurf)を調整して新大学法が成立した。ここでは、これら草案の比較検討を通して、国立財団型大学の構成要素の変容ぶりを浮き彫りにすることにより、ドイツにおける国立大学の法的性格と、国立財団型大学を創設することの意義を考察したい[7]。

2　国立大学の非国有化

国立財団型大学の概念

　国立財団型大学の創設は大学の非国有化を具体化することである。新大学法によると、国立財団型大学とは、国家の責任のもとに設置運営される大学で、設置者が財団の形態をとるものをいう[8]。ここで財団とは、正式には権利能力ある公法上の財団のことである。公法上の財団は、公法上の社団および公法上の営造物と同じく、権利能力ある公法上の法人である。

　一方、新大学法は国立財団型大学とは別に、国家の責任のもとにあり、しかも設置者たる財団を設けない直轄型の大学について定めている。旧大学法による国立大学は新大学法の施行により国立直轄型大学(Hochschule in Trägerschaft des Staates)となるが、大学の発議と州政府の命令(Verordnung)により国立財団型大学へと転換することができる。大学の発議は評議会が総委員数の3分の2以上の賛成で可決する。州政府は、大学の発議を受けて財団の基本事項を定める命令を公布する(第55条1項)。

財団型大学では、財団が大学本体と学術文化省との間に立つことになるので、州と大学の関係が変化する。たとえば、学術文化省が大学運営一般の合法性について監督するとき、直轄型大学では法規監督(Rechtsaufsicht)が大学へ直接及ぶのに対して、財団型大学では学術文化省の法規監督のもとで財団が大学本体を監督することになるから、州の監督は間接化される。また大学が国家事務を処理するときの監督の性格も異なってくる。国家事務とは自治事務に対する概念である。大学の管理運営を教学と経営に区分することがあるが、教学に関する事務を自治事務、人事や経理など経営に関する事務を国家事務ととらえるとよい。そして、直轄型の大学が国家事務を処理するとき、学術文化省による監督は合法性に加えて合目的性をも審査する専門監督(Fachaufsicht)となるが、財団型大学が国家事務を処理するときの学術文化省による監督は法規監督にとどまる。国立財団型大学への転換は、まさに大学と国家との関係の間接化を現実化するのである。

従来の国立大学

　国立財団型大学と国立直轄型大学は、ともに自治事務の取り扱いにおいて公法上の社団とみなされる。一方、国家事務を取り扱うとき、国立財団型大学が公法上の財団であるのに対して、国立直轄型大学は州の施設(Einrichtung)であるから、両者には明確な相違がある。州の施設という概念は旧大学法にもあったから、その点に限っていえば直轄型の大学は従前の国立大学を継承している。もともとドイツでは国立大学の法的地位および学内組織が統一的に整備されていなかった。そして全ドイツにわたる標準的な大学像をはじめて明示したのがHRGである。この連邦法の趣旨がすべてドイツ全体に浸透したとはいえないけれども、各州の法律が定める大学の法的地位に関する規定は、おおむね連邦法の規定に準拠する内容となっている。

　ニーダーザクセン州においても、旧大学法は「大学は公法上の社団であり、同時に州の施設である」と規定していた(第75条1項)。後半の「州の施設」は、連邦法において「国家の施設」となっているけれども(第58条1項)、国立大学の設置管理は州の事務に属するから、両者の意味内容は同一である[9]。そして公法上の社団であると同時に国家の施設であることを大学の二重の性格

（二重性）という (Thieme, 1986, pp.106-111; Oppermann, 1996, pp.1010-1038)。公法上の社団とは、社員たる学生および教職員を構成要素とする法人である。大学は法人として自治権をもつ。ところが、大学は同時に州の施設でもあるから、国家に直属する性質をあわせもつことになる。

このような国立大学の二重性は、自治事務と国家事務の区別と関連する。大学は法律の定めるところにより自治権をもつけれども、その直接的な対象となるのは自治事務である。ドイツの国立大学では自治事務と国家事務を分離して取り扱ってきた。これに対応する機構は多様であったが、歴史的にみるとプロイセンの大学では国家事務の機構が自治組織から独立し、南ドイツの大学では自治組織が同時に国家機関たる地位を付与されて国家事務を処理した。そのような運営機構が不統一な状況にあって、HRGでは学内に国家事務の機構を特設することなく、自治組織を強化することにより国家事務を含めて一元的に処理することが構想された。

もちろん、大学を一元的に管理運営することは、大学全体に自治が及ぶことを意味しない。それは自治事務と国家事務の機構を並立させないことを意味するにとどまり、事務区分に対応する大学と国家の関係に変化をもたらさないからである（旧大学法第78条4項、第79条1項）。このことを考慮するならば、国立大学は公法上の社団として法人のごとく待遇されるとはいえ、事柄の性質によっては、事実上、権利能力なき非独立営造物と同然に処遇されるとする解釈さえ成り立つのである。

国立財団型大学の事例

ニーダーザクセン州において国立財団型大学を設置することが可能になったのは、連邦法にある大学の法的地位に関する規定が改正されたことによる。つまり大学は公法上の社団であり、同時に国家の施設であるという従来の形態を通例とするが、その他の法形式により大学を設置することも許容されることになったのである（第58条1項）。

もっとも、ドイツにおいて財団型の大学は、ニーダーザクセン州の事例が最初ではない。かつてフランクフルトに財団型大学があった。フランクフルト大学は同市とプロイセン国家との間で締結した協定（Universitätsvertrag）にも

とづいて1914年に開設された。この大学は1967年にヘッセン州の設置する国立大学となるまでの間、財団型大学という特殊な形態であった。一方、ケルン大学も都市型大学として知られるけれども、この大学は財団型大学ではなかった。ケルン大学は都市と国家との協定によって1919年に開学し、フランクフルト大学と類似する運営機構を整えていた。ところが大学の基本財産が乏しかったために国家の施設として処遇された(Thieme, 1956, p.162; Gerber, 1965, pp.36-38)。

したがって、ドイツの大学史において財団型大学といえるのはフランクフルト大学のみであり、都市のイニシアティブにより創設される大学を最初から財団型大学としたところに特徴があった。しかも35年前に国立大学へと改組されている。ニーダーザクセン州における国立財団型大学の創設では、既存の国立大学を財団型大学に転換する。今回の事例はフランクフルト大学の成立をなぞるものではなく、新たな構想にもとづく政策の展開とみるべきであろう。

財団評議員会の構成

国立大学を国立財団型大学へ転換すると、大学は財団組織を備えることになる。財団たる大学には、図7-1の組織図にみられるように、財団評議員会(Stiftungsrat)と総長部(Präsidium)がおかれる(新大学法第59条1項)。国立財団型大学は、大学本体と財団組織の複合体であり、総長部は財団の機関であると同時に大学本体の機関でもある。財団評議員会は国立財団型大学のために新設される理事会組織であり、国家事務を所管する機関である。財団評議員会は7人の委員(3人以上の女性を含む)で構成される。大学の評議会(Senat)から1人、学術文化省から1人が加わるほか、その他の5人は大学制度に識見を有し、大学の構成員ではない実業家、学者または文化人から、評議会の同意を得て学術文化省が任命する(第60条1項)。

ただし、財団評議員会の構成について最初から規定内容がそのようになっていたのではない。2000年9月の参事官草案では学術文化省から派遣する2人が財団評議員会の委員となることが定められていた(第54条1項)。この2人の委員は国家責任との関係により財団評議員会に加わると説明された

(MWK, 2000b, p.31)。これに対して、大学の構成員は財団評議員会の委員にならないことになっていた。ところが2000年12月の聴聞草案をみると、学術文化省から派遣される委員が1人に削減され、大学の評議会から派遣される1人が財団評議員会の委員に加わることとなっている(第55条1項)。

　このことに関連するニーダーザクセン州大学協会の意見表明がある(LHK, 2000, p.11)。これによると学術文化省は財団評議員会へ1～2人の委員を派遣してもよいが、その委員は表決権をもつべきではない。ただし学術文化省から派遣される委員に表決権がないのなら、表決権をもつ委員を別に2人増員してもよい。この意見表明の後、新大学法と同一内容へ修正されることになった。これは州大学協会の要求と同一ではないけれども、大学と政府の均衡を考慮して一定の譲歩を引き出したものとみられる。自治機関である評議会が財団評議員会へ委員を派遣して国家事務に関与することは、意思決定機構の簡素化が、ともすると自治の領域を縮小することにつながる状況にあって、注目すべきことである。

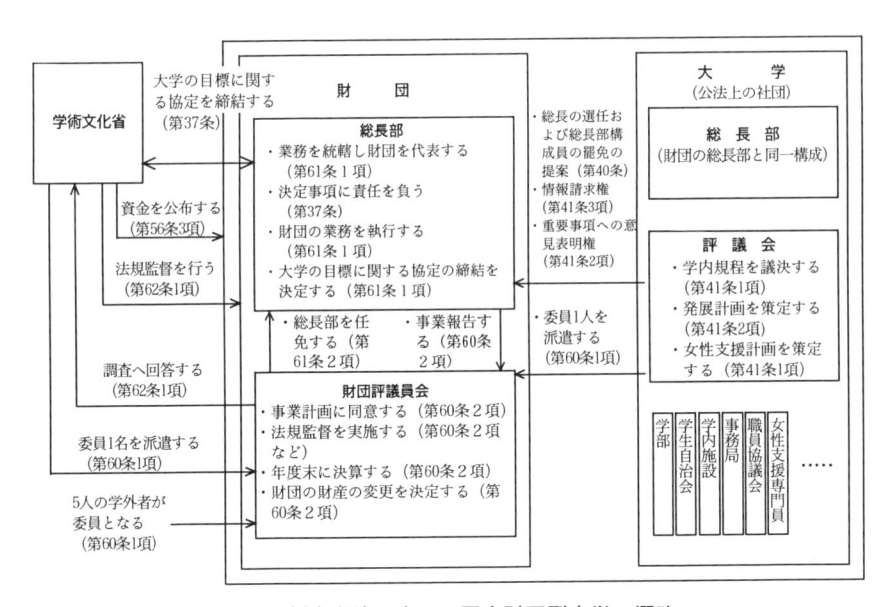

図7-1　新大学法の定める国立財団型大学の概略

（出所）Präsident Universität Hildesheim, 2004をもとに筆者が作成した。

大学評議員会の構成

　国立財団型大学に財団評議員会が設置されるのに対応して、国立直轄型大学では、州の施設たる大学に特別の機関として大学評議員会（Hochschulrat）がおかれる。財団評議員会と異なり議決権をもたないことが大学評議員会の特徴である。新大学法によると、大学評議員会は7人の表決権をもつ委員（3人以上の女性を含む）で構成される。うち4人は評議会が任命し、3人は学術文化省が任命する。これら7人の委員は大学の構成員であってはならない（第52条2項）。

　この構成は、大学と政府の均衡が考慮されているようにみえる。ところが2000年9月の参事官草案をみると、このように規定されていない。大学評議員会の委員7人（3人以上の女性を含む）のうち、1人は学術文化省から派遣され、その他の6人は2年から5年の任期で学術文化省が任命することになっていた。学術文化省が任命する委員のうち3人は評議会の提案にもとづいて任命することになっていたとはいえ、評議会の関与は間接的になる（第47条2項）。ここに国家事務への自治機関の関与を抑制することによる意思決定機構の簡素化をみることができる。それが2000年12月の聴聞草案では新大学法のように修正されている。つまり大学評議員会の過半数の委員を評議会が自ら選任することとなり、評議会が当初の構想より直接的な影響力を大学評議員会に及ぼすことが可能になったのである。

財団化の手続き

　このように、新大学法では、国立大学を財団型と直轄型の2種類としたが、これらは大学にとって同等の選択肢になっていない。国立大学から直轄型大学への移行は設置形態そのものを変更することなく組織運営を変革するにとどまるが、財団型大学への転換では設置形態の変更こそ変革の手段となる。直轄型大学から財団型大学への転換にメリットがあるとしたら、国家事務において大学の自律性を高めることができそうな期待をもてるところにある。しかしそのような構想が大学側に歓迎されたのかというと、必ずしもそうではない。財団型大学への転換に慎重であったことは、その手続きにあらわれている。

国立財団型大学となるには、評議会の議決により大学が発議することが要件となる。上述のとおり、評議会総委員数の3分の2以上の賛成で発議を可決する。しかしそのような規定は2000年9月の参事官草案(第49条1項)と12月の聴聞草案(第50条1項)にはなかった。これらの草案は大学の自治機構が国立財団型大学への転換について公式に意思表示することを想定していない。2001年5月の政府草案になって、はじめて評議会の単純多数で発議できることとなり、さらに2002年4月の委員会草案において、単純多数ではなく総委員数の3分の2以上の多数の賛成を必要とするまで、要件が引き上げられたのである(第50条1項)。

国立財団型大学の教職員の身分

　国立財団型大学への転換を思いとどまらせる不安の1つとして、財団型大学の創設にともなって、教職員の身分が州の官吏(Beamte)ではなくなるのではないかという問題がある。新大学法では、教職員に従来の待遇を保証することが原則となっているけれども、新採用の教職員には財団型と直轄型の区別なく適用される新たな規定がある。そこで教授および準教授は州の官吏として任用されるか、または雇員(Angestellte)として雇用されることが規定されている(第21条1項)。旧大学法のもとで教授は終身の官吏として任用されることが原則であり、雇員としての雇用は例外とされていたから(第55条1項)、新旧大学法の規定内容は同一ではない。しかし財団型大学であっても官吏の身分をもつ教授をおけるところに特徴がある。一方、その他の学術・芸術職員を私法上の雇用関係にある雇員とすることが、やはり財団型大学と直轄型大学において共通の原則となっている。これらの教員は旧大学法において官吏としても任用することができたから、新大学法のもとでは財団型大学に限らず直轄型大学にあっても、雇用形態が変更されることになる。

　教員の身分について、当初、2000年12月の聴聞草案では教授以外の教員を官吏としない原則が厳格であった。教授のみを官吏または雇員とすることを定めるにとどまり、その他の学術・芸術職員は雇員のみとされた。この時点において、すでに準教授の新設が法案に含まれていたけれども、その身分は従来の助手・講師とは異なり、私法上の雇用関係に限定することになってい

た(第17条1項)。

ところが、2001年5月の政府草案は、教授のみ官吏として任用できる点において2000年12月の聴聞草案と同一内容であったが、教授以外の教員を雇員に限定するという原則に例外規定を設けた。これによると、すでに官吏である教員が新大学法施行にともなって州から大学へ移籍するとき、官吏の身分を継続することができる(第17条1項)。さらに2002年4月の委員会草案では準教授についても官吏とすることができることとなった(第17条1項)。これは州大学協会の要望の1つであったが(LHK, 2001, p.4)、各界の意見表明を考慮した結果、穏当な内容にとどまったようである。

3 意思決定機構の簡素化

二重性の変質

このような直轄型から財団型への転換とは別に、意思決定機構の簡素化を目的として、大学の改組が行われている。新大学法では、国立大学に財団型と直轄型の2種類があるけれども、前出のとおり大学は公法上の社団でもある(第15条)。厳密に表現するならば、大学本体は公法上の社団であって、国家との関係において財団型と直轄型とに分類されるのである。ところで新大学法には「社団であると同時に財団である」とか「社団であると同時に施設である」と規定されていない。旧大学法において「大学は公法上の社団であると同時に州の施設である」となっていたのとは異なる。同時にという部分に二重性の意味が込められていたとするならば、そのようになっていない新大学法において、大学の二重性は所与の前提とはならない。とくに財団型大学の場合には、社団たる大学本体と財団たる設置主体が部分的に重複しているものの、本来的には両者を分離しうるとさえいえるのである。

ここでは、二重性の変質とかかわって、全学協議会(Konzil)という社団たる大学の基本となる審議機関が廃止されたこと、評議会の任務と構成に変更があったこと、総長部の構成がさまざまに検討されたことをとりあげる。

全学協議会の廃止

　新大学法の定める大学本体の機関は、総長部と評議会である(第36条1項)。旧大学法において、大学が総長部等の統轄機関(Leitung)、全学協議会、評議会を基本に組織されていたから、新大学法では全学協議会がなくなったことになる。全学協議会は総長部等の統轄機関に関する選挙および学則の改廃等を任務とした。旧大学法によると、委員数は教授の定員により決まるものとされ、教授定員100人以下では49人、101以上200以下では91人、200以上では133人であった(第94条3項)。全学協議会は社団の社員総会に相当する機関であり、社団たる大学の本質にかかわる規模の大きな会議であったが、開催される回数が少ないからであろうか、諸州の大学改革において見直しの対象となっている。ニーダーザクセン州の場合には、1999年12月22日に公表された「新大学法に関する勧告」において、大評議会(Großer Senat)への改組に言及していた。勧告によると評議会とは別に全学協議会を独立しておくことをやめて、議題の性質により、通常の評議会に学部長や学生団体などの役職者あるいは選挙による委員を加えて評議会を拡大することになる(MWK, 1999, p.7)。ところが、新大学法は大評議会の設置について規定していない。

評議会の任務と規模

　旧大学法の定める全学協議会の任務は、新大学法による評議会が継承することになる(第41条1項)。もともと評議会は全学に関する事務や学部横断的な事務のうち重要な事項について決定する機関であった(第96条1項)。ところが2000年9月の参事官草案では、評議会の所掌事務の範囲が自治事務に限定されるとともに、議決権が否定された(第37条2項)。このことはたしかに意思決定の時間を短縮するうえで有効かもしれないが、それだけ大学構成員の運営に参加する機会が制約される。2001年5月の政府草案では、評議会が一部の事項について議決を行うことになっていたから(第37条2項)、立法の過程で評議会の権限がやや回復されてはいる。とはいえ、評議会の所掌を自治事務の範囲に限定することが、新大学法の特徴であり、このことは直轄型大学においても同様である。

　また評議会の規模にも変化があった。旧大学法によると、評議会において

表決権をもつ委員は13人であった(第97条1項)。新大学法による評議会も表決権をもつ委員を13人とするのが基本である。ただし学則の定めるところにより、教授定員が100人以下の大学は19人まで、101人以上200人以下の大学は25人まで、200人以上の大学は31人まで、表決権をもつ委員を増員することができる(第41条4項)。

もともと「新大学法に関する勧告」にみられた大評議会は、評議会の委員を核として、委員数を増大させるものであった。ところが、2000年9月の参事官法案にそのような大評議会の規定はなく、全学協議会の権限を新評議会がそのまま継承することになっていた。このとき表決権を行使する委員数は25人となっている(第37条1項)。その内容は2001年5月の政府草案に引き継がれ、提案理由のなかで、旧大学法による評議会よりも委員数を増員することになるので、大規模な大学においても大学構成員の多様な意思を反映するうえで有効であると説明されている(Niedersächsische Landesregierung, 2001b, p.30)。そして2002年4月の委員会草案において、大学の規模を考慮して委員数を31人まで増員できるように修正されたのである(第33条2項)。

たしかに、旧大学法による評議会は13人で構成されたから、それと比較すると新評議会は大規模である。とはいえ、全学協議会の委員数が旧大学法で最大133人(教授定員200人以上の場合)となっていたのと比べれば、新大学法による評議会の委員数はかなり少ない。他方において、13人という人数が、会議を進めるうえで適正の規模と意識されていたと思われるから、委員数の増大は、大学改革の柱の1つとなっている意思決定機構の簡素化と相容れないのではないかとの疑問もある。

総長部の構成

改革の柱の1つである意思決定機構の簡素化を意図して、新大学法においては、評議会の権限が全体として縮小する代わりに、大学を統轄する機関が重要性を増大している。「新大学法に関する勧告」では、すべての大学に総長部をおくことを提起した。大学に総長部がおかれると、その構成員の一人である総長(Präsident/-in)が単独で意思決定するのではなく、合議制の原則が総長部に適用されることとなる。また総長部の決定を執行するにあたり総長は

ガイドラインを示すにとどまり、担当副総長が自己の責任のもとで業務を実施する。そのような組織は旧大学法にもあったが、それは選択肢の1つにすぎなかった(第86条1項)。選択肢には、学長制と総長制および独任制と合議制の組み合わせによる4種類があった。学長(Rektor/-in)は当該大学の教授であることを必須とするが、総長は必ずしも当該大学の教授であること要しないので学外に適材を求めることができる。独任制とは学長または総長が単独で意思決定することであり、合議制とは学長または総長のほか副学長または副総長等を含めて多数決により決定を行う仕組みである。旧大学法では4種類のいずれとすることも認められていたが、新大学法では総長部に限定されたのである(第36条1項)。

　総長部の構成についても、法案作成の過程で紆余曲折があったようである。2000年9月の参事会草案では、総長のほか2人の副総長が総長部に所属することになっていた。このうち1人は非常勤・兼任でよいが、その他の1人は事務局長に相当する常勤・専任の副総長である(第33条2項)。このとき副総長2人の体制により最善の分業が可能になると説明された(MWK, 2000b, p.23)。ところが、2000年12月の聴聞草案では、副総長の員数が2人に限定されないで、1人でもよいことになり(第33条2項)、さらに2001年5月の政府草案では、副総長の員数について4人以下となるように学則で定めることになった。副総長の員数を4人まで増員できるのは、財団の業務が増大することを配慮したことによる(Niedersächsische Landesregierung, 2001b, p.26)。とはいうものの結局、2002年4月の委員会草案では副総長の員数を1人以上と定めてしまった(第33条4項)。事実上、総長と従前の事務局長の2人による構成をさまたげないから、本格的な総長部体制をとらなくてよいことになった。

　このように総長部の構成をめぐり変更が相次いだことについては別途考察を要するけれども、少なくとも意思決定機構の簡素化を進めるなかで、典型的な総長部の構成を提示することにはならなかったといえる。

4　大学の法的地位再考

　国立財団型大学の創設をめぐって、非国有化と意思決定機構の簡素化が模

索された。しかし非国有化と意思決定機構の簡素化は、ただちに大学側の受容するところとはならなかった。むしろ当初の基本原則をゆがめながら、新大学法が成立したといっても過言ではない。その結果として、いささか典型的とはいい難い財団型の大学ができあがったこと自体興味深いけれども、そのこととは別に、国立財団型大学の成立がドイツの大学の法的地位について再考する手がかりになることも見落としてはならないであろう。

　大学の法的地位を考察するとき、公法上の社団の性質をもつことに異論はあるまい。問題となるのは国家の施設のとらえ方である。施設を営造物と同義とするものもあるが(Reich, 1996, p.391)、営造物であるとしても独立の程度は一定しない。また財団を施設の概念に含めてもよいとする解釈もある(Thieme, 1986, pp.108-109)。そもそも国家の施設が行政法学の概念ではないから、その解釈が多義的になるのはやむをえない。

　むしろ実際には、施設の概念を構成する個々の要素の方が大きな問題となる。たとえばニーダーザクセン州の場合には特別な事情があった。今回の検討は大学の組織を対象にしたのであるが、財務においては別の改革が進展していた。つまりニーダーザクセン州の国立大学は2001年1月1日に公企業(Landesbetrieb)になっていたのである。州立大学が公企業になると、同州の財政法(Landeshaushaltsordnung)の定めるところにより、企業会計原則の適用など運営の効率化が促進することになる(第26条1項)。だから、公企業となった大学は、財務の分野をみる限り典型的な非独立営造物とはいえない。ところがニーダーザクセン州の立法過程においては、たとえ大学が公企業として取り扱われるとしても法的に独立していない営造物であり、国家行政組織(staatlicher Behördenaufbau)の一部であると説明された(Palandt, 1999)。国家施設の概念は多義的であるけれども、ニーダーザクセン州において州の施設は非独立営造物と同義であったのである。

　もちろん、そのような解釈を普遍化することはできない。ニーダーザクセン州の今回の立法過程においては、国立大学が非独立営造物であることの問題点を強調することによって、あえて国立財団型大学の創設を促進したとみられるからである。とはいえ国立財団型大学への転換は国家の責任の範囲内において設置形態を変更したのであって、それは非国有化ではあるが、けっ

して民営化ではない。まさに、財団の本質ともいうべき基本財産を確立しないまま、むしろ州政府からの交付金を主たる財源とする変則的な財団型大学へと転換したのである。法律が施行された直後の現段階において、ニーダーザクセン州の事例を精緻に解釈することはできないけれども、大学の設置形態と学内組織を左右する大学観を、政策過程のなかに見出すことは可能なのである。

ところで、ドイツの隣国であるオーストリアでも大学法が改正されて、大学の設置形態が変更になった。1975年の大学組織法 (Universitätsorganisationsgesetz) は、国立大学を「連邦の施設」と規定していたが、2002年の大学法 (Universitätsgesetz) において公法上の法人へとあらためた。大学には設置形態について選択の余地はなく、また総合大学では医学部を単科大学として分離独立させることになった。日本の国立大学は、戦後改革では教学面において米国の制度をとりいれたものの、経営面においてはドイツ流の自治観を色濃く残してきた。そのような意味において、類似の設置形態をとってきた両国における大学改革の展開は、とりわけ示唆に富むといえよう。

注
1 国立財団型大学のうち総合大学であるものはStiftungsuniversitätと呼称する。なお本文中の「大学」は高等専門学校(Fachhochschule)を含む広義の高等教育機関をさす。
2 本章では、2002年6月24日に改正されるまでの高等教育法を旧大学法、改正後の大学法を新大学法と呼ぶ。
3 国立財団型大学になった5校とはゲッティンゲン大学、ヒルデスハイム大学、リューネブルク大学、ハノーファー獣医科大学、オスナブリュック高等専門学校である。
4 2000年冬学期の大学数である(BMBF, 2002, p.151)。
5 学術後継者と芸術後継者の若返りは、準教授(Juniorprofessor/-in)の職を新設することにより、40歳を過ぎるまで自立した研究のできる教授職に就くことのできない状況を改善することを内容とする。
6 政府草案(LT-Drs.14/2541)は、2001年5月29日の内閣草案(Kabinettsentwurf)を州議会に提出したものである。
7 審議の過程における草案への賛否についてはコッホ(Koch, 2001, pp.57-81)およびブリュンネック(Brünneck, 2002, pp.21-44)の論文がある。

8 国立財団型大学と国立直轄型大学というときの「国立」は、大学に対する国家責任という意味で使用している。

9 国立大学に対する概念として非国立大学(nichtstaatliche Hochschule)がある。非国立大学には、公法上の社団たる教会の設置する大学のほか、私法上の法人の設置する私立大学が含まれる。

引用文献

Brünneck, A. v. "Verfassungsrechtliche Probleme der öffentlichrechtlichen Stiftungshochschule." *Wissenschaftsrecht*. Vol.53, Tübingen: Mohr Siebeck, 2002, pp.57-81.

Bundesministerium Bildung und Forschung (BMBF), *Grund-und Strukturdaten 2001/2002*. Bonn: 2002.

Domröse, W. *Stand entsprechend der Drucksache 14/3450*. 2002.(http://www.harz.de/wolfgang.domroese/NHGaktuell.pdf)(2004年2月6日)

Gerber, H. *Das Recht der wissenschaftlichen Hochschulen in der jüngsten Rechtsentwicklung*. Vol.1, Tübingen : Mohr, 1965.

Koch, T. "Verfassungsfragen eines neuen Hochschulrechts für Niedersachsen." *Wissenschaftsrecht*. Vol.34, Tübingen: Mohr Siebeck, 2001, pp.57-81.

Landeshochschulkonferenz (LHK) Niedersachsen. *Stellungnahme zum Entwurf eines Referentenentwurfs für ein Gesetz zur Hochschulreform in Niedersachsen*. Hannover, 2000.

Landeshochschulkonferenz (LHK) Niedersachsen. *Stellungnahme zum Entwurf eines Gesetzes zur Hochschulreform in Niedersachsen*. Hannover, 2001.

Ministerium für Wissenschaft und Kultur (MWK). *Empfehlungen der Gemeinsame Arbeitsgruppe von Landeshochschulkonferenz und Niedersächsischem Ministerium für Wissenschaft und Kultur zur Neufassung des Niedersächsischen Hochschulgesetzes*. Hannover, 1999.

Ministerium für Wissenschaft und Kultur (MWK). *Referentenentwurf - Gesetz zur Hochschulreform in Niedersachsen*. Hannover, 2000a.

Ministerium für Wissenschaft und Kultur (MWK). *Begründung zum Referentenentwurf*. Hannover, 2000b.

Ministerium für Wissenschaft und Kultur (MWK). *Anhörungsentwurf - Gesetz zur Hochschulreform in Niedersachsen*. Hannover, 2000c.

Niedersächsische Landesregierung. *Entwurf - Gesetz zur Hochschulreform in Niedersachsen*. Hannover, 2001a.

Niedersächsische Landesregierung. *Begründung zum Entwurf - Gesetz zur Hochschulreform in Niedersachsen*. Hannover, 2001b.

Oppermann, T. "Selbstverwaltung und staatliche Verwaltung." In Flämig, C. et al.(eds.).,

Handbuch des Wissenschaftsrechts. 2., völlig überarb. und erw. Aufl., Vol.1, Berlin: Springer, 1996.

Palandt, K. *Rechtliche selbständige Trägerorganisation für Hochschulen?* Weimar: Arbeitsgruppe Fortbildung im Sprecherkreis der Universitätskanzler, 1999.

Präsidident Universität Hildesheim. *Das Modell der Stiftungsuniversität nach dem neuen NHG* (04.07.2002). (http://www.uni-hildesheim.de/aktuell/stiftungsmodell/files/organigramm.pdf) (2004年2月6日).

Reich, A. *Hochschulrahmengesetz -Kommentar-,* 5., völlig neubearb. Aufl., Bad Honnef: Bock, 1996.

Reinhardt, U. *Stiftungshochschulen-Wege zur Entstaatlichung der Hochschulen.* Hannover: Bertelsmann Stiftung et al., 2002.

Thieme, W. *Deutsches Hochschulrecht - Das Recht der wissenschaftlichen Hochschulen in der Bundesrepublik Deutschland und Land Berlin.* Berlin: Heymann, 1956.

Thieme, W. *Deutsches Hochschulrecht - Das Recht der wissenschaftlichen, kunstlerischen, Gesamt-und Fachhochschulen in der Bundesrepublik Deutschland.* Köln: Heymann, 1986.

第3部
アジア諸国の動向

第8章　中国の高等教育における行政改革の進展

楠山　研

1　高等教育の管理運営改革の背景

拡大を続ける中国の高等教育

　2003年春、アジアから出現したSARS（重症急性呼吸器症候群）は、発達した交通網を通じて瞬く間に世界中に広まり猛威をふるった。とくに中国の北京市や広東省で多くの感染者・死者を出し、発展著しい中国の社会や経済に与えたダメージははかりしれない。その中国でSARS拡大の勢いにようやく衰えがみえはじめた6月初旬、延期もささやかれていた高等教育全国統一入学試験（高考）が実施された。613万人にのぼる受験生の体温をチェックし、感染の可能性のある場合は隔離試験室で受験させるなどの厳戒態勢のなか、今年の入学者募集枠335万人に入ることをめざして、例年どおりの過酷な競争が繰り広げられた（王・劉、2003年）。

　この難関を突破した彼らが入学する普通高等教育機関は、文化大革命（以下文革）終結後、その規模を拡大させてきた。1978年には機関数598校、在校生数85万6,322人だったのが、2002年には機関数1,396校、在校生数903万3,600人となっている。機関数は1980年代に急増した後、1990年代は停滞していたが、近年再び増加傾向にある。学生数も基本的に増加を続けてきたが、とくに近年の伸びにはめざましいものがあり、入学者募集数は1998年の108万3,600人から2002年の320万5,000人へとこの数年で驚異的な規模で増加して

いる。なお2002年現在日本の大学(短大・高等専門学校含む)は機関数1,289校、在学生数311万人である。しかし中国のそれは日本の約10倍の人口をもつことを考えるとまだ少ない感があるが、規模ではすでに日本を上回っており、しかもその差はさらに広がろうとしている状況にある(『中国教育年鑑(1949～1981)』、1984年、965～966頁;『中国教育統計年鑑 1998』、22頁;「全国教育事業発展統計公報──2002年教育統計報告」、2003年;文部科学省、2003年、2頁)。

さらに中国の普通高等教育機関にはこうした正規の学生以外にも、成人高等教育に分類される学生や大学院生、高等教育独学試験を受験するためのクラスに通う学生、外国人留学生等さまざまな学生がおり、どのカテゴリーの学生もこの20年あまりの間に増加している。また普通高等教育機関以外にも、成人高等教育機関や軍事高等教育機関、正式な学歴を授与できない民営高等教育機関等が存在し、これらの規模も拡大している。これにともなって高等教育の「粗就学率」(成人高等教育、大学院等を含む。分母は18～22歳人口)は、1980年の2.2%から2002年の15%へと大きく上昇しており、1998年12月教育部制定の「21世紀に向けた教育振興行動計画」において示された2010年までに高等教育粗就学率を15%に近づけるという目標を早くも達成している(南部、2002年、60～66頁;「全国教育事業発展統計公報──2002年教育統計報告」、2003年;『中国教育年鑑 1999』、108頁;本間・高橋、2000年、242頁)。

改革の背景としての経済体制の転換

このように急速に発展を続ける高等教育について、現在その管轄のあり方をめぐる改革がさまざまなレベルで進行中である。こうした改革を引き起こした最大の要因は経済体制の転換である。

中国では文革終結後、改革開放政策によって厳格な計画経済体制に市場主義的な要素をとりいれ徐々に改革を進めてきたが、1990年代に社会主義市場経済を標榜するようになってこれが一気に加速することになった。政府はマクロ管理へと役割を転換し、地方や民間の活力を利用して経済発展をめざすこととなった。

高等教育に関しても従来は計画経済体制のもと、財政や教育機関の規模はもちろん、教員の採用や入学者選抜、カリキュラムにいたるまですべての事

柄に関して、管轄する政府部門が厳格に計画を立て、管理してきた。高等教育機関は政府の教育政策の単なる実施機関にすぎず、基本的に自主裁量は存在していないともいえる状態であった。改革開放政策下では高等教育は国の発展に重要なものと認識されてはいたが、慢性的な国の教育財政不足により需要に追いつかず、政府の役割を見直すとともに、地方や民間の活力を積極的に利用する必要が生じてきた。

こうして1990年代以降、高等教育機関の管理体制には次のような変化が起きている。第1に、行政組織のスリム化や政府活動の効率化・合理化が求められるようになり、部門の合併・削減や適正な人員規模への調整などの改革が実行された。第2に、これまで政府の財政のみに頼っていた高等教育機関が他の高等教育機関や地方政府、企業と共同で教育機関運営にあたったり、共同研究を行ったりすることにより、国の財政以外からの収入の道が開けた。また学生から徴収する学費も規定の範囲内であれば自由に決めることができるようになった。このように資金調達ルートの多様化が可能となったことは国の慢性的な財源不足を補う重要な手段となっている。民営高等教育機関の設置を認めたことも重要な変化といえよう。第3に、高等教育機関の自主裁量の拡大が進められている。また上述した資金調達ルートの多様化は、国の財政負担を軽減する一方で、高等教育機関に対する中央政府の影響力が弱まることも意味しており、教育機関の自主性を高める可能性をもたらしている。

また序論でも述べられているように社会のグローバル化は2種類の高学歴人材の養成の圧力を生じさせている。その1つは高等教育レベルの教育機会をできるだけ開放して国民全体の基礎学力を向上させる人的資源の全般的な底上げである。中国では高等教育の粗就学率は急激に上昇しているとはいえ依然15％とけっして高い水準には達しておらず、人口規模も膨大であるため、この全般的な底上げの圧力はかなり高いと考えられる。もう1つの先端的な科学技術の研究と開発を支える先端的な人材の養成への期待も大きい。さらに経済体制の転換と重複する部分もあるが、政府組織の合理化や個々の機関の自由度が増していることも、社会のグローバル化の影響と無関係ではないであろう。

このように中国における高等教育機関の管理体制改革は経済体制の転換を

最大の軸として、ここに社会のグローバル化が絡まり、国の財政の不足という状況下で、高等教育が拡大していくなかで引き起こされたということができよう。

本章では中国の高等教育に関して、その行政改革部分に注目し、1990年代以降大規模に進められている管理体制改革の状況を明らかにする。まず1949年の中華人民共和国成立以降1980年代までの高等教育管理体制の形成と変遷をまとめた後、中央教育行政部門そのものの見直しである国家教育委員会から教育部への改組とそれによる権限関係の変化をとりあげる。次に1990年代後半からみられた高等教育機関の管轄をめぐる中央政府と地方政府の関係および政府と高等教育機関の関係の変化を明らかにする。前者では1998年頃から急速に展開している高等教育の管理体制改革に焦点をあて、後者については高等教育機関の自主裁量が拡大している状況を確認する。その後このように権限委譲が行われるなか、政府がマクロ管理によって高等教育機関を監視し、質の向上をはかる手段として注目される評価についてその状況を検討することによって、中国における政府と高等教育機関の関係に新たな枠組みが生まれようとしていることを明らかにする。最後にわが国の国立大学が法人化したあとの政府(文部科学省)と国立大学との関係について、中国の状況をふまえてコメントする。

2 高等教育管理体制の形成と変遷

本節では中華人民共和国成立後、政府が高等教育機関をどのような方式で管理してきたのか、その変遷をみておくことにする。この点を確認しておくことによって、後に詳述する近年の改革を高等教育の管理体制に関する全体的な流れのなかに位置づけることができるだろう。

1949年の中華人民共和国成立当初、高等教育の管理体制は形式上「一括所管方式」をとろうとしていた。1950年8月に政務院(現国務院)が公布した「高等教育機関の指導関係問題に関する決定」では、「全国の高等教育機関は中央人民政府教育部による統一指導を原則とする」とされていた[1]。ところが中央政府と地方政府の関係については、「中央人民政府教育部が全国の軍事教育

機関をのぞく高等教育機関に対して均しく指導責任をもち、各大行政区人民政府あるいは軍政委員会教育部あるいは文教部が中央の統一的方針政策にしたがって自区の高等教育機関指導の責任をもつ」としていた。これは中央教育部と各大行政区教育部との間で高等教育管理権限の分担を行うことを示している。つまり中央教育部が統一的に管理する目標はあったが、統一政権としての体制が確立していないため過渡的な措置として地方に実質的な権限を委譲していた(大塚、1996年、148～150頁)。

　その後1953年10月、政務院は「高等教育機関の指導関係の修正に関する決定」を公布し、若干の修正を行った。そこでは1952年に創設された中央人民政府高等教育部が各省庁と連携し全国の高等教育機関に対して統一管理を行うという方針が示されている。つまりこの修正は中央高等教育部以外の中央省庁(部・委員会)も高等教育機関の管理を請け負うことを定めたものであった。具体的には、他省庁と関係する総合高等工業学校の管理は中央高等教育部が直接行うが、必要に応じてその管理を関係省庁に委託できること、おもに１つの省庁の幹部養成を行っている単科高等教育機関の管理責任をその省庁に委託できること、中央省庁の直接管理が難しい高等教育機関については、大行政区の行政委員会か省政府に管理責任を委託できることなどが示された。その結果、1955年時点で高等教育機関194校のうち、高等教育部所管75校、教育部所管40校、その他の中央省庁所管79校、地方０校となっていた。公的には、地方政府が管轄する高等教育機関は存在しなくなっていたことになる(大塚、1996年、150～153頁)。

　その後大躍進運動の流れのなかで、1958年９月、中共中央・国務院「教育工作に関する指示」によって高等教育を15年で全国に普及させるという方針が示されたことに代表されるように、この時期高等教育は大きく発展した。このことは同時に権限の大幅な下方委譲が行われることを意味した。つまりこの大規模な発展を中央省庁直轄のみで行うのは不可能であり、高等教育機関の管理についての権限を下方委譲し、地方政府が直接管理を行うようになっていった。1958年４月、中共中央は「高等教育機関および中等技術学校の権限の下方委譲問題に関する意見」において、地方政府の管理運営権を強化し、高等教育機関の管理運営権は、中央省庁が直接指導する少数の総合大学

や専門学院、中等技術学校以外すべて、地方政府に委譲することを規定した。また1958年7月教育部は「高等教育機関の引き継ぎと権限の下方委譲に関する通知」において直轄高等教育機関の地方委譲の方法を具体的に示し、1958年8月の中共中央・国務院「教育事業管理権の下方委譲問題に関する規定」において地方の管理権の拡大を強調した。これにより中央政府が立てた総合計画にもとづき、地方政府が管理するという分権体制ができあがることになった。この結果、当時中央省庁が直轄していた229の高等教育機関のうち187校が省・直轄市・自治区の管轄となった(『中国教育年鑑(1949～1981)』、1984年、236頁；張、1998年、426～427頁)。

その後「教育工作に関する指示」に合わせるように高等教育機関数は大幅に増加し、1957年に229校だった普通高等教育機関は1960年時点で1,289校にまで拡大した。しかしこの極端な量的拡大は高等教育財政を逼迫させ、教育の質の低下を招くことになる。また規模の小さい高等教育機関が乱立し、中央政府のマクロ管理機能がききにくい状況に陥っていた。その結果大躍進運動が混乱を招いて挫折したことに合わせるように、高等教育の急激な拡大も歯止めがかけられて整理の対象となり、1963年には407校へと削減された(張、1998年、427頁；『中国教育年鑑(1949～1981)』、1984年、965頁)。

こうした経験を経て、1963年5月中共中央・国務院公布「高等教育機関に対する統一指導、共同管理を強化することに関する決定(試行草案)」によって、中央政府が高等教育機関に対して統一集中指導を行い、管理は中央政府と地方政府が共同で行うことが決められた。1965年には全国の普通高等教育機関434校のうち、高等教育部直轄が34校、中央省庁所管が149校、地方251校となった(『中国教育年鑑(1949～1981)』、1984年、236～237頁；郝・顧、2002年、56頁)。

文革中は学校数が減少し、中央省庁が管理する高等教育機関はほとんどなくなった。1969年10月中共中央「高等教育機関の権限の下方委譲問題に関する通知」によって、全国のほとんどの高等教育機関が省・直轄市・自治区の革命委員会の管轄下におかれ、1970年6月には高等教育部および教育部が廃止された(張、1998年、428頁)。

文革終結後、1978年には全国598校のうち、高等教育部直轄38校、中央省庁217校、地方343校へと回復し、1979年9月に教育部は「再び『高等教育機関

に対する統一指導、共同管理を強化することに関する決定』を公布することに関する報告」を出した。こうして1963年に確立された中央政府の統一的な指導のもとに中央政府と地方政府が共同で管理するという体制に戻ることになった（郝・顧、2002年、56頁；『中国教育年鑑（1949～1981）』、1984年、237頁）。

このように中国における高等教育の管理体制は、当初中央政府の一括所管を名目としながらも事実上地方政府に権限を委譲するという状況から出発した。その後すべてが中央政府所管となるも、高等教育拡大のために再び地方政府へ権限を委譲し、これによって教育機関が乱立し質が低下したとしてさらに中央政府の管理に戻し、文革中は再び地方へ委譲するという動きを繰り返し、結局共和国成立当初からしばしばみられていた「多数省庁所管方式」[2]に落ち着くこととなった。なお大塚は、1930年代のソビエト区にその原初形態をみることができ、その後も共産党の支配地域でこの形態がみられていたこと、それはその直前旧ソ連で実施されていたものをモデルとした可能性があることを指摘している（大塚、1996年、153～159頁）。

こうした「統一的に指導し、各レベルごとに管理する」という体制は、広大な国土に多様な人口をかかえ、経済発展の程度にも地域差が大きい中国の状況に合わせて作られてきたものであり、厳格な計画経済を実施するには都合のよいものであった。しかしさまざまな問題も指摘され、さらに改革開放・市場経済化の進展もあって、改革の必要性が意識されるようになった。この高等教育の管理体制に関する改革は1980年代に検討され、1990年代前半に一部で実験的にはじまり、1990年代後半に入ってから大きく展開している。この大きな流れは中央政府から地方政府への権限委譲であり、同時に政府から高等教育機関への権限委譲も起こっている。

3　高等教育に関する1990年代後半からの改革の動向

それでは1990年代後半からの政府と高等教育機関の関係に関する改革の動向について検討することにしよう。まず中央教育行政部門そのものの見直しである国家教育委員会から教育部への改組とそれによる権限関係の変化をとりあげる。次に1990年代後半からみられた高等教育機関の管轄をめぐる中央

政府と地方政府の関係および政府と高等教育機関の関係の変化を明らかにする。前者では1998年頃から急速に展開している高等教育の管理体制改革に焦点をあて、後者については高等教育機関の自主裁量が拡大している状況を確認する。

教育部の復活と権限関係の変化

近年の中央教育行政に関する注目すべき改革は、1985年にそれまでの教育部から格上げされて国家教育委員会となっていた中央教育行政部門が、1998年の国務院機構改革の一環として再び改組されて教育部に戻ったことである。この教育部の復活は、日本の内閣に相当する国務院全体の機構改革の一環であること、国家教育委員会成立時に格上げされた序列はそのまま変わらないことなどから、国にとっての教育改革の重要性が低くなったことを示すわけではないが、地方政府や高等教育機関への権限委譲を促進することに関しては重要な意味をもつ改革といえる。ここでは1985年の国家教育委員会の成立について簡単に確認したのち、1998年に教育部に戻ったことによって変化した部分についてみていくことにする。

文革中に廃止されていた教育部は1975年1月に復活していたが、1985年6月に新しい中央教育行政部門「国家教育委員会」となった。大臣に当たる主任には当時の李鵬副首相が就任し、国家計画委員会、国家経済委員会、国家科学技術委員会、財務部、労働人事部の各中央省庁から副主任、副部長を国家教育委員会の指導層に兼任で迎え入れるなどして、政府内で強い影響力をもつように組織された。国務院における序列も上がり、教育部当時の第42位から第5位になった。李鵬主任は、それまでの教育部と比較して、所轄範囲が広くなり、権限が強くなり、指導力が増したと説明している。つまり「統一的に指導し、各レベルごとに管理する」方針により、教育部は専門教育や高等教育を含めた全体を統括することになっていたが、これまで十分な統括、連絡調整の機能が果たせなかったとされて、序列を上位にし、教育を一元的に統括する権限を与えたものであった。この国家教育委員会のもとで義務教育制度や教育法が制定されるなど、1990年代後半までさまざまな教育改革が実施された(本間・高橋、2000年、226〜227頁)。

しかし1998年3月、第9回全国人民代表大会第1次会議において国務院機構改革方案が審議通過し、業務の効率化をはかるなどの理由により40あった中央省庁を29に減らすことになった。この国務院機構改革は、政府機構を社会主義市場経済に適応させるため簡素化し、地方政府も含めて公務員を半減させるものであり、これに3年という期限がつけられたことからも1980年代から3度実施された行政機構改革と比べても画期的といえる改革である。(『中国教育年鑑 1999』、156頁；浜、1999年、1〜6頁)。

　ここで国家教育委員会は1998年10月から教育部に改組されることになった。国務院全体の序列のなかで5番目という位置は変わらなかったが、関係する中央省庁との調整により教育部の機構改革を進めることになった。関係する中央省庁との職責調整ののち、部内の改革が1998年7月国務院辦公室公布の「教育部の職能配置、内部設置機構と人員編制の規定」に従って進められた。これによれば教育部の機構改革において原則とされたのは、教育部の業務の簡素化、権限の下方委譲を行い、教育部と地方政府の教育管理権限を明確に区分し、高等教育機関の自主裁量を拡大すること、職責の重複をできる限り減らし、1つの事柄を1つの部門が管理する体制とすることなどである(『中国教育年鑑 1999』、156頁)。

　こうした原則に従って、教育部は職員の数を4割削減するなど業務の簡素化に努め、多くの権限を手放した。高等教育の管理運営に関しても、高等教育全体に関する事項と教育部直属高等教育機関に関する事項それぞれで権限の下方委譲に相当する変更がなされ、同時に予算に関して一部の権限を新たに受け入れた(『中国教育年鑑 1999』、157頁)。

　高等教育全体に関する事項としては以下の6点が変更された。(1)専科レベルの学歴授与権のある普通高等教育機関の設立の審査・認可権を省レベル人民政府に委譲、(2)高等職業技術学校と成人高等教育機関の新入生募集計画について、それまで教育部が出していた「指令」的計画を「指導」的計画に改定、(3)省所属の本科専科をもつ高等教育機関の専門設置審査権を省レベルの教育行政管理部門に委譲、(4)同じく省所属機関の学士学位授与部門の審査・認可権とすでに碩士(修士)学位授与部門となっている省所属の碩士学位授与組織の審査・認可権を、省レベルの学位委員会に委譲、(5)すでに研究

生院³設立を認可した高等教育機関および科学研究機関に、自ら関係する専攻の碩士学位授与組織の審査・認可権を委譲、(6)博士学位授与部門の博士生指導教師の審査・認可権を、博士学位授与部門である高等教育機関と科学研究機関に委譲。

　教育部直属高等教育機関に関する事項としては以下の3点を手放すこととなった。(1)教育部直属高等教育機関の学費徴収基準は、機関所在地の教育行政部門による審査後、所在地の省レベル人民政府が認可、(2)関係規定のもと、教育部直属高等教育機関の内部人事制度、労働賃金と収入分配制度、内部機構の設置などの審査・認可権を直属高等教育機関に委譲、(3)教育部直属高等教育機関の副校長より下の管理職の任免管理権を直属高等教育機関に委譲。

　これに対して予算に関して新たに2点の権限を受け入れた。1つは中央政府レベルの財政のうち、教育部直属高等教育機関の経費予算(教育事業費、教育基礎建設資を含む)は確定後、教育部が配分することであり、もう1つは教育部直属ではない高等教育機関については、国家発展計画委員会が基礎建設投資項目を確定する際、教育部の意見を要求することである(『中国教育年鑑1999』、157～158頁)。

　こうした権限関係の変化により、高等教育機関設置基準の研究・意見提出、高等教育機関の設置、改名、削減と調整の審査は教育部に残しつつ、その他は専門分野専攻目録、教学基本文書を制定し、教育教学改革と評価事業について指導を行うといった指導的役割にとどまることとなった。機関設置に関する権限が教育部に残されたのは、過去設置権までも下方委譲したことによって質のともなわない量的増加を招いた経験をふまえてのことといえよう。その後も権限委譲は進行中であり、2003年には入学者募集、名誉教授任命、基本建設などについて委譲が検討されている。なお特別の多額の予算を必要とする「211工程」(後述)においては、その実施と調整活動の責任を負うなど、計画の実施について大きく関与していく方針が示された(『中国教育年鑑1999』、158頁；儲、2003年)。

「多数省庁所管方式」の変化

　次に、高等教育の管理体制改革についてみていくことにする。まず確認するのは、高等教育の管理をめぐる中央政府と地方政府との関係である。

　第2節でみたような「多数省庁所管方式」によって中央省庁と地方政府がそれぞれ高等教育機関を有するという方式は、その部門や地方だけでみると非常に合理的な配分が可能であり、必要な人材を計画的に養成できるという利点があった。しかし全国的にみると偏りや重複が激しく、限られた資源を有効に活用する必要のある状況においては非効率的であり大きな問題となっていた。とくに中央省庁に限っていえば、最大で62の中央省庁がばらばらに高等教育機関を管轄する状況にあり、それぞれが教育について別々に考えなければならないことは無駄が多く、本来の職責の遂行を妨げるものと認識された。また省庁の将来の幹部を自らが育成するための機関として機能していたことから、常に同じ教育機関の出身者が幹部を務めることになり、競争や人材の交流が起こりにくい閉鎖的な状況が生まれていた（大塚、1997年b、154頁；北京大学高等教育科学研究所、1995年、13〜16頁；紀、2000年、4〜7頁）。

　このような問題に加えて、一連の改革開放の流れのなかで、計画経済から市場経済への経済体制の転換や、中央政府が責任を負う事業の限定と規制緩和の動きは、高等教育の管理体制に大きく影響することになった。それまで高等教育機関の卒業生は国によって職場に配置される制度をとっていたが、これが基本的に廃止されたことにより、中央省庁は自省庁が採用する人材の確保を除いて、高等教育機関をもつメリットが少なくなった。また事業管理をしないことにより事業収入などの財源も失ったため、省庁が独自に高等教育機関を維持することも難しくなっていた。一方企業はこれまでのように国の分配に従って卒業生を採用する必要がなくなり、急速に変化する時代に対応できる多様な人材を確保するために高等教育機関への期待が大きくなり、政府との提携や共同管理という形で企業が物心両面から高等教育にかかわる要求も出てきた（大塚、1997年b、159〜162頁；本間・髙橋、2000年、245〜246頁）。

　こうした認識自体は比較的早くからあった。改革開放政策下での教育に関する重要な提示をした1985年5月中共中央「教育体制の改革に関する決定」（以下「決定」）および1986年5月国務院「高等教育の管理責任に関する暫定規

定」においてすでに、中央政府のマクロな指導と管理を強化すること、行政組織の簡素化と権限の委譲を実行して地方の管理能力を強化すること、高等教育機関の運営自主裁量を拡大し、経済および社会の需要に適応する能力を増強すること、国の任務の計画の範囲を適度に縮小し、社会的調節の行われる計画の範囲を拡大することが示されていた(北京大学高等教育科学研究所、1995年、16〜18頁)。

　これらの方針の実現は中央省庁が既得権益を手放すことに慎重だったことなどにより一部にとどまっていたが、1995年7月の国務院「高等教育体制改革の推進に関する意見」において中央所管高等教育機関の地方移管または中央政府と地方政府との共同管理、高等教育機関同士の協力関係の樹立、高等教育機関の統廃合、企業の管理運営への参加などの方針が示され、第9次5カ年計画期間(1996〜2000年)に高等教育の管理体制を大規模に改革していくことになった。なかでも地方移管は最も大きな改革といえ、中央省庁の高等教育機関の所管関係を見直し、中央省庁が所管している高等教育機関のうちとくに重要なものを教育部が所管する他は、地方政府を主体とする管理体制をひくことがめざされた(《中国高等教育》編輯部、2000年、7頁；本間・髙橋、2000年、245〜246頁)。

　実際に中央省庁が所管する高等教育機関を地方政府に移管する動きは1994年7月に対外経済貿易部所管だった上海対外貿易学院を上海市に移管したのが第1号であったが、1997年度になってもその数は8校にとどまっていた。また地方への権限委譲の動きとしてもう1つ注目される中央省庁と地方政府との高等教育機関の共同管理についても、その数は1997年までに92校にのぼったが、そのうち地方政府を主管部門としたものは4校にとどまっていた。合併する高等教育機関も1992年から1997年までに162校が参加し、74校となっていたが、基本的には中央省庁が関与するものは中央省庁が主管部門となっていた(『中国教育年鑑』1995〜1998年、各年版)。

　当初静かにはじまったこの動きは、大規模な国務院機構改革に合わせるように、1998年に大きな変化をみせた。この国務院機構改革では、政府機構の簡素化、公務員の削減などが重要な課題となっており、高等教育機関についても、財政難も含めて中央省庁が保持し続ける理由が大きく減少することが

明確になった局面ということができる。この改革計画の進展に合わせて、高等教育機関の管轄関係の変更についての準備も進められ、それが機構改革と同時にあらわれたと考えられる。

この1998年にはまず中央省庁が所管する高等教育機関の実に約半数に相当する153校が地方政府に移管された。合併や共同管理についても中央省庁が関与していても地方政府が主管部門となる動きが明確にみられるようになった(『中国教育年鑑 1999』、200～201頁)。

さらに2000年には、教育部以外の中央省庁が所管していた高等教育機関についての大規模な改革が断行され、一部の総合大学を教育部に移管し、残りの多くは地方政府へ移管した。この結果、教育部以外の中央省庁が所管する高等教育機関は前年の1999年に202校であったものが、わずか1年で44校へと激減し、さらに2001年には39校となった。上海対外貿易学院が地方移管第1号となった1994年には、国家教育委員会以外の中央省庁が1990年代最多の331校を所管していたが、その数は約10年で10分の1となっている(『中国教育年鑑 2001』、163～164頁；『中国教育事業統計年鑑 1994』、18頁；『中国教育統計年鑑 2001』、24頁)。

こうした改革の結果、普通高等教育機関に関して1994年には総計1,054校のうち国家教育委員会35校(3.3%)、その他中央省庁323校(30.6%)、地方606校(57.5%)であったものが、2001年には総計1,225校のうち教育部72校(5.9%)、その他中央省庁39校(3.2%)、地方1114校(90.9%)となっている。総合

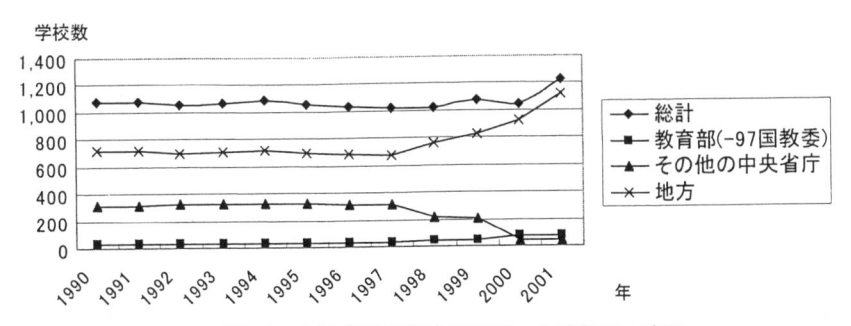

図8-1　中国普通高等教育機関の主管部門の変遷

(出所)『中国教育統計年鑑』1990～2001年、各年版より作成。

大学などの代表的な高等教育機関が教育部所管としてまとめられる他は、多くが地方に移管されたことになる(『中国教育事業統計年鑑 1994』、18頁；『中国教育統計年鑑 2001』、24頁)。

なおこの一連の移管に関して、地方政府内でも衛生庁や経済貿易委員会といった行政部門が所管していた高等教育機関を教育行政部門に移管するという動きがみられる。たとえば江西省衛生庁が管轄していた江西医学院や江西中医学院が1998年9月に江西省教育委員会の所管となったように、2000年末までに18校がこうした形の移管を実施している(『中国教育年鑑 1999』、208頁；『中国教育年鑑 2001』、164頁)。

こうした所管を変える改革の他、複数の高等教育機関が合同で活動を行ったり、企業や研究機関と協同して研究を行ったりする取り組みも進んでいる。1999年末までに全国の317の高等教育機関が227の合同事業体を作っており、また241の高等教育機関が5,000以上の企業や研究機関などと協同で事業や研究を行っている(『中国教育年鑑 2000』、163頁)。

なおここで扱った高等教育機関は基本的に普通高等教育機関を対象としている。中国でしばしば注目される成人高等教育機関にももちろん改革は及んでおり、所管部門についても、1994年に1,172校のうち277校が中央省庁所管であったものが、2001年には686校のうち22校となっており、普通高等教育機関と同様、中央省庁所管の機関数は減少していることが確認できる(『中国教育事業統計年鑑 1994』、94頁；『中国教育統計年鑑 2001』、304頁)。

高等教育機関の自主裁量の拡大

続いて、高等教育の管理体制改革のもう1つの側面として、管理主体である政府と高等教育機関との関係の変化について検討しよう。具体的にとりあげるのは、政府からの権限委譲による高等教育機関の自主裁量の拡大である。

機構改革などによって管轄機関にとっての高等教育機関の必要性が下がり、財政支出が減らされ、中央政府の管理も弱まる動きのなか、教育・研究の活性化や社会の要請への柔軟な対応を可能にするために、高等教育機関自身の自主裁量拡大を欠かすことはできない。1980年代からの高等教育管理に関する改革は政府から高等教育機関への権限の下方委譲という方針が貫かれ

ている。

　1985年5月の中共中央「決定」において、国の統一の教育方針と計画的指導のもと、高等教育機関の自主裁量を拡大するとして、国の政策、法令、計画を前提としたうえで、計画外として外部から養成を委託された学生や学費を徴収する学生を募集すること、教学計画や教学大綱を制定し、教材を製作選定すること、委託をうけて、あるいは外部機関と共同で、教学、科学研究、生産の共同体を作ること、副校長や各レベルの幹部を任免すること、国際交流を進めることなどの権利を高等教育機関に認めた。

　これをうける形で1986年3月の国家教育委員会「高等教育の管理責任に関する暫定規定」によって、予算運用、教育課程の編成、教員の採用、産学協同の推進などについて自主裁量の拡大が具体的に示されることとなった。これは高等教育機関に対する主管の中央政府や地方政府の管理統制が強く、高等教育機関の活力を失わせているとの反省から実施されたものであった。とくに予算について、主管部門が学校規模などに応じて教育機関への配分額を決めた後は高等教育機関自身が用途を決定できるようになった。また予算の過不足については次年度繰り越しとし、委託研究費などの独自の収入も高等教育機関が使用できるようになった。企業との共同研究なども独自に推進できるようになり、権限が増すとともに機関の努力が求められることとなった。その他、教員の任免や教育課程の編成、内容の決定、教科書の選択が独自にできるようになった（郝・顧、2002年、81頁；本間・高橋、2000年、244頁）。

　自主裁量は1990年代に入ってさらに拡大され、1992年8月に国家教育委員会から出された「直属高等教育機関の内部管理体制改革に関する若干の意見」によって、国家教育委員会直属の高等教育機関について、国の計画以外の入学定員の設定、授業料の額の決定、教員給与の額の決定、教員の昇格の決定、企業の経営、学内機構の設置および人員の配置などができるようになった。こうした拡大は、その他の中央省庁・地方政府所管の高等教育機関でもとられるようになっている。1999年1月から実施された「中華人民共和国高等教育法」には設置認可をうけた高等教育機関は法人格をもつと明記され、入学者募集、学問分野・専攻の調整、教学計画と教学活動、科学研究と技術開発、対外交流と協力、内部組織機構の設置と人員配置、財産の管理と使用の7項

目について、高等教育機関の自主裁量が明記されている。また企業経営は1980年代からも行われていたが、1990年代に入って活発となり、1996年には全国で7000あまりの企業が設立され、2000年度に納税額が100万元を越えた大学運営の企業は57社を数えている(本間・髙橋、2000年、244頁；郝・顧、2002年、83頁；大塚、2002年、7頁)。

　ただしこれに関して、政府も高等教育機関もこれまでの統一的な管理体制から脱却できていないという指摘は少なくない。高等教育機関の統廃合についても結局は政府主導の行動であって、政府の統制が厳しくなり、高等教育機関の自主裁量は結果的に縮小したとする研究者もいる。また標準となる課程計画や専攻リストなどを政府が作成してしまうことによって、高等教育機関の自主性、教育機関ごとの特色形成を阻害しているという意見もある。一方の高等教育機関側も依然として政府に頼る姿勢から脱し切れていない部分があり、この両者の意識改革が改革全体の成功の鍵を握っているといえそうである(21世紀的中国高等教育研究課題組・全国高等学校教学研究中心、2001年、81～83頁；張、2002年、14頁)。

4　評価による新たな管理体制構築の可能性

　以上、中央教育行政部門内部の変化、中央政府と地方政府の関係の変化、政府と高等教育機関の関係の変化についてみてきた。ここに共通してみられるのは政府の役割を減らし、管理をゆるめ、高等教育機関自身が決定できる事項を大幅に拡大するということである。中国ではこれまでこうした体制をとった場合、とかく放任になりがちであり、各地でばらばらに暴走し、結局管理を強めるという歴史を繰り返してきた。そうした反省を生かして政府のマクロ管理を機能させるために、現在はどのような方策がとられているのであろうか。ここではその1つとして評価をとりあげ、これが政府と高等教育機関の新たな関係を生み出す可能性をもっていることを示す。

　評価は教育機関単位や学位関連で個別の取り組みがなされたことはあったが、国として全国的に取り組むことが示されたのは1985年5月の中共中央「決定」によってである。その当初の目的は1980年代前半に各所管機関が無計画

に高等教育機関を増加させ質が悪化したことなどにより、評価を通じて高等教育の発展を制御するためであった。ここでは高等教育機関の運営状況に応じて定期的に評価を行い、重点的投資や運営の停止を行う方針が示された。この「決定」の趣旨にもとづいて試行や検討を繰り返した結果制定された大学評価に関する基本法規が1990年10月に制定された「普通高等教育機関の教育評価暫定規定」である。ここでは次のような評価を実施することが明記された（大塚、1997年a、49頁、52～56頁）。

まず新設校の第1期生卒業時に実施される合格認定評価がある。これは別にある設置基準よりも具体的で、その地域や行政機関の状況に応じた基準について、それがクリアされているか審査し、合格・暫定猶予・不合格の評価がなされる。その後は運営状況および個別項目について運営状況の評価が行われる。これは大学間で比較されるが、順位づけはされず、設定された項目が達成されているかを確認するにとどまる。こうした関門突破型のほかに、各種の優秀校選定のための評価も行われる。ここでは順位づけ、リスト公表がなされ、表彰奨励あるいは財政的な附加がつけられることになる。

国家教育委員会・教育部はこの規定などに従って、高等教育機関に対し設置基準の充足状況や教育・研究の質を評価する作業を実施しており、結果にもとづき改善命令を出したり、学生募集の停止や整理統合を進めたりしてきている。評価は、高等教育機関の自己評価にもとづき、学外の専門家を組織して行われる。1992年から大学院レベルの課程についても、学位授与権を授与する国務院学位委員会と共同で評価を開始している（陳・張、2000年、54～55頁；大塚、1997年a、52～56頁）。

また各種の評価を実施する準官的高等教育評価機構として、北京高等学校教育質量評議中心(1993年設立)、学位与研究生教育評価所(1994年)、江蘇教育評価院(1997年)、遼寧省教育評価事務所(1999年)、雲南高等教育評価事務所(2000年)、広東省教育発展研究評価中心(2000年)、上海市教育評価院(2000年)などが設立されている（熊ほか、2002年、258～259頁）。

この評価自体については、評価活動の権威が高く、規範性が強いことから、高等教育機関の基盤構築と発展の方向を指導するうえで重要な役割を果たしているという一定の評価をうけていた。しかし政府当局が高等教育機関を効

率的に管理するための手段という意味合いが強かったことから、しばしば一方的に要求を押しつけるような傾向がみられていた。また高等教育機関にとっても従来の管理体制下では評価に対する内的原動力を欠いており、関門突破型には努力するが、優秀校選定型にはあまり積極性がみられないという傾向が指摘されていた(陳・張、2000年、55～56頁)。

ところが市場経済体制下での改革が進行し、その影響は高等教育機関にも及んできた。経済効果や運営効率を重視する方針から、高等教育機関主管部門が直接的・短期的利益につながらない投資を抑える傾向が生じ、さらに権限の下方委譲も進行中である。これにより高等教育機関の経費不足が深刻化し、自ら積極的に収入を創り出す必要に迫られてきている。また高等教育機関の合併や連合、中央政府と地方政府の共同運営、企業との共同事業などが増加するようになってきた。

こうした状況のもと、高等教育機関は関門突破型だけでなく優秀校選定型の評価でよい成績をとることによって競争的資金を獲得したり、企業との共同事業を進めたりする必要が生じている。今後自校を内外にアピールするための手段として評価を積極的に利用することはますます重要になってくると考えられる(大塚、1997年a、61頁)。

このことが顕著にみられたのが、政府が100校前後の重点大学および一部の重点専門分野の集中的な充実をはかり、それらを21世紀までに世界の先進的水準に到達させるという「211工程」である。この計画は1992年に表明され、1995～96年を中心に100校を選ぶための予備審査が行われた。中央政府からの十分な経費的保障が約束されるこのプロジェクトに入るため、この時期財政的てこ入れなどとともに合併や連携に力を入れるなど多くの改革が進行し、高等教育機関が自発的に努力を行う契機となった。審査の結果対象となった96校には大学充実のために1996～2002年の間に総計186億6,900万元(約2,800億円)が充てられている(大塚、1997年b、160～161頁；大塚、2002年、9頁)。

このように高等教育機関の管理運営に関する多くの権限を高等教育機関に委譲するなかで、機関自身が積極的に評価を利用するようになることによって、これまでの政府による直接管理や監視とは異なる、政府と高等教育機関の新たな均衡関係が構築されていく可能性がある。今後の高等教育の発展の

ために、評価の重要性はより高まっていくといえよう。

5 まとめと日本への示唆

　以上、中国の高等教育の管理体制に関する行政改革の進展についてみてきた。中華人民共和国成立以来、中央政府と地方政府の関係は統制と放任を繰り返してきた。歴史的な変遷をふまえると文革終結後の改革は大きくみて権限の下方委譲の時期にあたるとみなすことができ、1990年代後半からの改革では中央教育行政部門内部の変化、中央政府と地方政府の関係の変化、さらに政府と高等教育機関の関係でも、政府の役割を減らし、管理をゆるめ、高等教育機関自身が決定できる事項を大幅に拡大するという傾向がみられた。ただし今回の改革ではこれまでのような放任とならないために、評価を効果的に用いて、政府のマクロ管理が機能するように取り組んでいることが確認された。高等教育機関側の意識にも変化の兆しがみられるため、今後政府と高等教育機関の新たな均衡関係が構築されていく可能性があることを指摘した。

　これをふまえてわが国の国立大学が法人化したあとの政府(文部科学省)と国立大学との関係についてコメントしたい。

　まず日本の国立大学法人は独立した法人格を付与され、自律的な運営が確保されることになっている。予算、組織などの規制も大幅に縮小し、大学の責任で決定できるとされているが、文部科学大臣が中期目標の制定、中期計画の認可を行い、これが評価の対象となるなど、実際に大学がどの程度の自由をもつことになるのかははっきりしない。中国の例をみるまでもなく資金の提供者の意向は多かれ少なかれ影響を与え、それが政府であるならなおさら政策とまったく乖離するわけにはいかない。政府と大学の関係をどのように位置づけるかは今後も課題となるであろう。

　また上記の点にもかかわるが、評価機関の立場の問題もある。国立大学法人では大学の教育研究実績について「第三者」評価を導入し、事後チェック方式によって評価することになっている。この結果は大学の資源配分に反映することになるため、その第三者性は非常に重要な要素となる。中国では政府

のマクロ管理の方策としての評価という意味合いが強いため、政府主導あるいは現在ある準公的機関によって評価が行われているが、半官半民の評価機関を作る必要性はたびたび指摘されている。これに対して日本では第三者機関とはいいながらも、その第三者性の確保は大きな困難がともなう。学術評価機構のような機関に任せる方法も検討されているが、教育評価の方法が確立していないうえに、専門性の高い研究の評価は結局関連する研究者同士の評価にならざるをえず、第三者性の確保は難しい。政府と大学に加えて、第三者評価機関との関係を明確にする必要があるだろう。

最後に財源に関して、中国では財源を多様化することによって、高等教育機関がある程度政府からの一定の自立が可能になった感がある。中国のように国立大学をそのまま地方自治体に委譲することは当面日本では考えにくい。しかし日本の国立大学も受託研究等による事業収入等によって生じた剰余金を自己裁量で使用できるほか、地方公共団体からの寄付金要件が緩和されるなど、資金調達ルートは多様化しようとしている。中国の例でも考えられるように、これによって政府の影響力が弱まり、よりいっそう法人の自主性が高まる可能性があり、この動向は注目に値するといえよう。

注

1 以下本章で扱う1997年までの法令は、断わりのない限り何、1998年を翻訳して利用した。

2 このことはしばしば「条塊分割」と呼ばれる。教育主管部門とその他の行政部門(条)、中央と地方(塊)というように、縦にも横にも分割されて、それぞれが高等教育機関を管理運営している状況をあらわす言葉である。

3 研究生院とは、学長の指導下で、独立性をもち、大学院生の教学と行政管理を統一的に指導する組織である(王・南部、2002年、35頁)。

引用文献

儲召生「教育部取消25個行政審批項目」『中国教育報』2003年5月28日。
21世紀的中国高等教育研究課題組・全国高等学校教学研究中心『21世紀的中国高等教育』高等教育出版社、2001年。

郝克明・顧明遠総主編『90年代中国教育改革大潮叢書 高等教育巻』北京師範大学出版社、2002年。

何東昌主編『中華人民共和国重要教育文献(1949年〜1997年)』(全3巻)海南出版社、1998年。

紀宝成「中国高等教育管理体制的歴史性変革」《中国高等教育》編輯部編『中国高等教育』(北京)、2000年第11期、3〜8頁。

「全国教育事業発展統計公報——2002年教育統計報告」(2003年2月27日)『中国教育報』2003年6月7日。

王瑜琨・劉華蓉「今天、全国613万考生踏入高考考場」『中国教育報』2003年6月7日。

熊志翔ほか『高等教育制度創新論』広東高等教育出版社、2002年。

張応強「談強化高校辦学特色的幾個問題」《中国高等教育》編輯部編『中国高等教育』(北京)、2002年第19期、2002年、14〜15頁。

《中国高等教育》編輯部「輝煌"九五"話高教」《中国高等教育》編輯部編『中国高等教育』(北京)、2000年第20期、6〜11頁。

《中国教育年鑑》編輯部編『中国教育年鑑(1949〜1981年)』中国大百科全書出版社、1984年。

《中国教育年鑑》編輯部編『中国教育年鑑』1995〜2002年、各年版、人民教育出版社。

教育部発展規劃司編『中国教育統計年鑑』1990〜2001年、各年版、人民教育出版社。
 (1990年版、1991-1992年版は国家教育委員会計劃建設司編、1992年版〜1997年版は国家教育委員会計劃建設司編『中国教育事業統計年鑑』、1997年版は教育部計劃建設司編『中国教育事業統計年鑑』。)

　なお、『中国教育年鑑』および『中国教育統計年鑑』は書名の年度と出版年が異なる場合があるため、本文中に引用を示す際は書名の年度のみを用い、(『中国教育年鑑2001』、164頁)のように表記する。

王幡・南部広孝「大学院教育及び学位の管理体制」南部広孝編『文革後中国における大学院教育』(高等教育研究叢書69)、広島大学高等教育研究開発センター、2002年、29〜40頁。

大塚豊『現代中国高等教育の成立』玉川大学出版部、1996年。

大塚豊「中国の大学評価」『大学評価に関する総合的比較研究』(平成6年度〜平成8年度科学研究費補助金(基盤研究(A)(1)、課題番号06301030)研究成果報告書、研究代表者:桑原敏明)、1997年a、49〜62頁。

大塚豊「中国高等教育の管理体制改革と組織変容」広島大学大学教育研究センター編『ポスト大衆化段階の大学組織変容過程に関する比較研究』(高等教育研究叢書46)、広島大学大学教育研究センター、1997年b、154〜164頁。

大塚豊「中国の大学の構造変化」『IDE 現代の高等教育』411号、民主教育協会、2002年、5〜17頁。

張清華「中国における高等教育の管理運営形態に関する研究──1949年から1985年までの国立高等教育機関を中心に」『東京大学大学院教育学研究科紀要』第38巻、1998年、423〜432頁。

陳武元・張彤(南部広孝訳)「中国における高等教育評価の回顧と展望」米澤彰純編『大学評価の動向と課題』(高等教育研究叢書62)、広島大学大学教育研究センター、2000年、50〜58頁。

南部広孝「文革後中国における高等教育システムの拡大過程に関する一考察──普通高等教育機関の役割を中心に」『大学論集』第32集、広島大学高等教育研究開発センター、2002年、59〜70頁。

浜勝彦「中国に於ける1998年の行政改革の展開」『創大中国論集』第2号、1999年、1〜33頁。

北京大学高等教育科学研究所(大塚豊訳)『中国の高等教育改革』(高等教育研究叢書33)、広島大学大学教育研究センター、1995年。

本間政雄・高橋誠編『諸外国の教育改革──世界の教育潮流を読む 主要6か国の最新動向』ぎょうせい、2000年。

文部科学省『文部科学統計要覧(平成15年版)』財務省印刷局、2003年。

第9章　中国の大学における管理運営改革

　　　　　　　　　　　　　　　　　　　　　　　　南部　広孝

1　法人格を有する大学

法規上の規定

　中国の大学には普通高等教育機関や成人高等教育機関、軍事高等教育機関などいくつかの種類がある。このうち普通高等教育機関と成人高等教育機関をとりあげると、2002年にはあわせて2,003校あり、そこで1,463万人の学生が学び、71万人の専任教員を含む130万人の教職員が働いている（教育部発展規劃司、2003年）。この人数は、約13億という中国の総人口から考えればそれほどではないかもしれないが、絶対数としてはかなり大きな規模だといってよいだろう。本章で対象とするのは、彼らが学び、働く大学の管理運営のあり方である。

　1998年に制定された「中華人民共和国高等教育法」（以下、「高等教育法」と略）によれば、中国の大学は法人の資格を有し、校長が法定代表人となるとともに、「中国共産党高等教育機関基層委員会の指導のもとでの校長責任制」を実施することとされている。法人としての地位は、国家教育委員会（当時）が直接管轄していた大学に対しては1992年にすでに認められていたが、この法律ですべての大学が法人の資格を有することが明記された。「高等教育法」ではまた大学は人材養成を中心に教学、科学研究、社会サービスを行い、学生募集案の策定や設置する学問分野・専攻の調整、教学計画の策定と教材の選

択・編集、科学研究や技術開発、社会サービスの実施、国外の大学との科学技術文化交流、内部組織機構の設置と人員の配置、財産の管理と使用等の活動は各大学が主体的に行うことになっている（長谷川・南部・吉村、1998年、1999年）。このように、各大学が法人の資格をもち、個々の大学の主体性が以前よりも求められるなかで、大学内部の基本的な管理運営体制として「中国共産党高等教育機関基層委員会の指導のもとでの校長責任制」をとることが規定されているのである。

大学内部の党組織

「高等教育法」のこうした規定からも分かるように、中国における大学の管理運営のあり方を研究するうえで、大学内部にある中国共産党の組織、とくに全学レベルに設置されている「中国共産党高等教育機関基層委員会」（以下、党委員会と略）の位置づけ、それからその党委員会を頂点とする党系統と校長を頂点とする行政系統との関係をあきらかにすることは、とりわけ重要な意味をもっている。また現在、大学では「党委員会の指導のもとでの校長責任制」が実施されているのに対して、高校以下の学校では「校長責任制」が実施されている。つまり学校教育体系のなかで統一的な管理運営体制がとられているわけではなく、大学においてのみ党委員会の指導が明記されている。この点からも、大学における党委員会の役割を明らかにすることは重要である。

中国における一般的な党政関係については唐(1997年)の研究等があり、教育の領域においても高校以下の学校を対象とした研究としては市川(1975年)や篠原(1989年、2001年)の研究があるが、大学を対象にして党組織の位置づけや役割を分析した研究はわが国ではほとんどなされておらず、大塚(1984年)や吉村(1997年)の研究で言及されている程度である。中国においても、大学の管理運営体制が研究対象としてとりあげられることは少ないし、そのうち党組織の役割に注目した研究は非常にまれである。

以上をふまえて、この章では、まず大学内部の管理運営体制の変遷を整理し、続いて現行の管理運営体制について概観する。これらを通じて管理運営組織としての党系統と行政系統が併存している状況をあきらかにしたい。それから、全学レベルと、その下位に位置する学院・系レベルそれぞれにおけ

る党系統と行政系統との関係を検討する。ここでいう学院や系は、わが国の大学でいえば学部や学科に相当する組織である。これら組織の編成は大学によって異なり、系だけが設置されている大学もあるし、学院がおかれてその下に系が設置されている大学もある。そして最後に、わが国の国立大学法人における管理運営体制について、中国の状況をふまえてコメントしたい。

はじめにあげた中国の高等教育機関(原語は「高等学校」もしくは「高等院校」)は、名称に注目すれば、「大学」、「学院」、「専科学校」といった種類から構成されており、機関の長は、機関の名称に従って「校長」もしくは「院長」と呼ばれる。本章では、法規の名称および条文を訳出する際に使用する場合を除いて高等教育機関を総称とする語として「大学」を用いることとし、わが国の大学における学長に相当するこれらのポストを、とくに断わらない限り、統一して「校長」とする(ただしわが国の学長を示す場合には「学長」を用いる)。同様に、機関の名称によって「校」と「院」が混在するような場合には、一般的な用語としては「校」の方を用いることにする。たとえば、「校務委員会」と「院務委員会」の場合には、個々の機関の具体的な記述のなかで後者を用いることはあるとしても、両者をあわせて示す用語としては前者の「校務委員会」に統一する。

2 大学内部管理運営体制の変遷

本節ではまず、中華人民共和国成立直後の1950年から現在までにおける中国の大学の管理運営体制の変遷を、主として法規にもとづきながら概観する。大学内部の管理運営体制は、党委員会と校長の位置づけをめぐって何度か変更が行われてきており、それを基準にすれば、1950年から今日まで、大きく6つの時期に分けることができる[1]。

第1期——「校長責任制」

最初は1950年から1956年までの時期であり、この時期には、党委員会が大学内に設置されつつあったがそれが大学の管理運営に直接かかわることはなく、重要事項は校務委員会で決議され、最終的な責任は校長が負うことにな

っていた。1950年8月に公布された「高等教育機関暫定規程」において、「大学および専門学院は校(院)長責任制を採用する」(第19条)と規定され、校長の職責として、(1)大学の代表、(2)全学におけるすべての教学・研究・行政にかかわる事項の指導、(3)全学における教職員や学生の政治学習の指導、(4)教職員の任免、(5)校務委員会の決議の認可の5点があげられていた。ここでいう校務委員会は、校長、副校長、教務長、副教務長、総務長、図書館長(主任)、各学院(大学における学院)院長、各系主任、教職員組合(原語は「工会」)代表4名ないし6名および学生会代表2名から構成されており、その職責は、(1)各系および各教研組の教学計画、研究計画および活動報告の審査、(2)予算と決算の承認、(3)各種重要制度および規則の議決、(4)関連する学生の賞罰事項の決議、(5)全学の重大事項の決議であった。同時に公布された「専科学校暫定規程」でも、「専科学校は校長責任制を採用する」(第14条)ことが規定されており、校長および校務委員会の職責は「高等教育機関暫定規程」とほぼ同じであった。

なおこの時期に、大学のなかに党委員会が作られている。たとえば、華東師範大学では1951年に中国共産党華東師範大学支部が作られ、中国共産党華東師範大学総支部委員会を経て、1952年に中国共産党華東師範大学委員会が成立している(袁・王、2001年、10頁)。また西南師範大学では、1952年に作られた中国共産党西南師範学院党組が翌年には総支委員会に改組され、1955年にはそれが党委員会となった(《西南師範大学校史》編修組、2000年、84頁)。

第2期——「党委員会の指導のもとでの校務委員会責任制」

第2期は、1956年から文化大革命(以下、文革と略)がはじまるまでの期間であり、この時期に党委員会の指導性が明確になるとともに、行政系統における責任が校長個人から校務委員会での集団責任体制へと移行した。この時期は、細かくみると、1961年を画期としてさらに2つの時期に分けることができる。前半の1956年から1961年までは「党委員会の指導のもとでの校務委員会責任制」が採用された。しかしこの管理運営体制では党委員会の役割が強調されるのに対して、行政活動に関して校長の地位や職責に関する規定がなく、校務委員会がしばしば形式的なものになる一方で、党委員会がすべて

の行政事務を一手に引き受けることになってしまい、「高等教育事業の発展や教育の質の向上に負の影響を与えた」とされる(姚、2000年、211頁)。

これをふまえて、1961年から文革がはじまるまでの時期には、校長の役割をよりはっきりさせた「党委員会の指導のもとでの校長を長とする校務委員会責任制」となった。これを規定した「教育部直轄の高等教育機関に関する暫定活動条例(草案)」では、党委員会は「中国共産党の高等教育機関における末端組織であり、機関の諸活動の指導の中核であり、機関の諸活動に対して統一的な指導を実施する」とされ、主要な任務として、(1)校務委員会の指導と党の教育方針およびその他の方針・政策の貫徹執行、(2)上級党委員会および行政指導機関から与えられた任務の遂行、(3)思想政治活動の実施、(4)党の建設活動の実施、(5)大学内の大衆組織の指導等が規定された。一方校務委員会は、第1の時期に設置されたそれとは異なり、校長、副校長、党委員会書記、教務長、総務長、系主任および若干の教授等から構成され、(1)大学の教学、生産労働、大学院生の養成、科学研究、物理的設備、生活管理、思想政治活動等の計画、(2)各系における重大問題、(3)新入生募集計画、卒業生の職場配置、教員養成、教員の昇進等の活動、(4)全学レベルの規則制度の制定・修正、(5)大学の予算・決算の審査と承認といった事項について討議・決定するとされた(何、1998年、1059〜1066頁)。

第3期——文革期の管理運営体制

第3の時期は文革の時期である。この時期は政治的に混乱しており、実態をつかむことは難しい。北京大学では1967年に文革委員会が設立されたという。この委員会は1960年代末に革命委員会と改称されたが、この革命委員会は「軍人と幹部と大衆組織代表者の三者を連合する形で生まれたもの」であり、「1969年の党再建とともに革命委員会もその指導的役割を失ったが、引き続き大学行政の先頭に立っていた」。そしてこの革命委員会は1978年まで存続した(リヒター、1993年)。清華大学では、文革開始時に「工作組」が入り、1966年に7月には、「清華大学の公印をひきつぎ、大学における権力を掌握すべき」文化革命臨時準備委員会が選ばれた。1969年には、北京大学と同様、清華大学革命委員会が樹立され、1970年1月には新しい党委員会が成立した

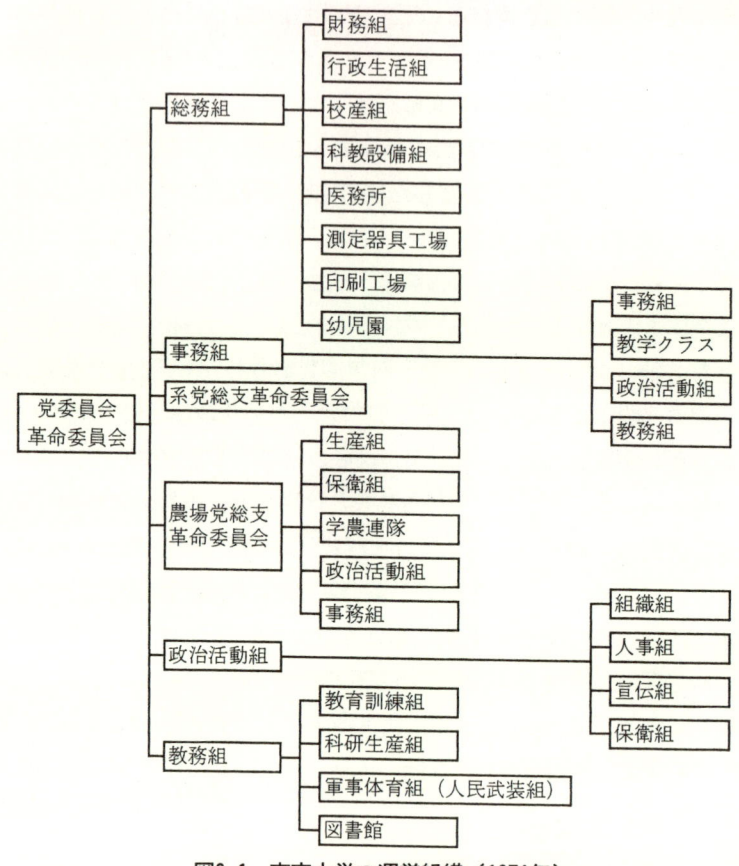

図9-1 南京大学の運営組織（1971年）

（出所）《南大百年実録》編輯組、2002年、244頁。

(ヒントン、1976年)。また**図9-1**は1971年時点での南京大学の管理運営組織である。これらの事例をもとにすれば、文革の開始から1960年代末までは文革委員会や革命委員会といった組織が大学における管理運営体制の頂点に立ち、1970年前後に党委員会が再建されると、それ以降は党委員会とこうした組織とが協力しつつ大学の管理運営を担ったと推測される。

第4期――「党委員会の指導のもとでの校長分担責任制」

第4の時期は文革終結から1985年までの時期である。この時期には、文革

以前にあった校務委員会を廃止し、重要事項に対する責任を党委員会と校長で共有する「党委員会の指導のもとでの校長分担責任制」が重点大学で採用された。この体制では、第2期の体制からみれば、校長の責任が重くなっている。1978年に、1961年の「教育部直轄の高等教育機関に関する暫定活動条例(草案)」を改訂した「全国重点高等教育機関暫定活動条例(試行草案)」が公布された。このなかで管理運営体制については、「第5期人民代表大会の規定に従って」、「党委員会の指導のもとでの校長分担責任制」をとることが盛り込まれた。校長は、国が任命した大学の行政責任者であり、対外的には大学を代表し、対内的には大学の日常活動を掌握するとされた。そして、大学の重要事項は、党委員会が討論・決定し、それを校長が責任をもって実施するということになった。これに対して党委員会は「中国共産党の高等教育機関における基層組織であり、機関の活動の指導的中核である」とされ、主要な任務として、(1)党の教育方針の貫徹執行、(2)上級党委員会および指導機関から与えられた任務の遂行、(3)思想政治活動の実施、(4)党の建設活動の実施、(5)大学内の人事問題の討論と上級機関への提案、(6)大学内の大衆組織の指導等があげられた。1960年代前半の規定と比べると、(5)の学内人事に関する任務が新たに付け加えられている。そして、この体制の転換にともなって、文革以前に存在した校務委員会をなくし、教学や科学研究の重大問題を扱う組織として学術委員会が設置されることになっていた(何、1998年、1640～1647頁)。

ただしこの「党委員会の指導のもとでの校長分担責任制」は重点大学における試行的導入という位置づけであり、「党委員会の指導のもとでの校務委員会責任分担制」をとる大学もあった(大塚、1984年、168頁)。また同じ時期に華東師範大学では、党政分離の原則を推し進めることを目的として、「校務委員会の指導のもとでの校長責任制」が試行されている(袁・王、2001年、148頁)。

第5期——「校長責任制」の試行

第5の時期、つまり1985年から1990年までの時期は中国社会全体で「党政分離」が謳われた時期であり、大学においてもその流れをうけて、一部の大学で、党委員会の指導性を後退させて校長が管理運営の責任を負う「校長責

任制」が試行された。この「校長責任制」では、党委員会を含む党組織は党の建設と思想政治活動に集中して精力を注ぐとされた(何、1998年、2285〜2289頁)。つまり党委員会の役割は党の方針や政策の実施を監督することに限定され、大学の重大事項についての決定を行う権限は校長に与えられた。1985年に中共中央から出された「教育体制の改革に関する決定」において、「機関は徐々に校長責任制を実施する」ことが求められ、これに応じて「校長責任制」の実験がはじめられた。またこの「校長責任制」の実施に関連して、審議組織としての校務委員会の設置も謳われている。重大な問題は、校長が提案し、諮問機関や専門の組織が草案を作成して、行政組織が基本的な決定をした後、全体の教職員に諮って修正案を作成し、校務委員会が討論・決定した後、校長が正式に公布して実施するという手順がとられた(郝・龍、2000年、421頁)。北京市の北京師範大学、北京工業大学、上海市の華東化工学院(現華東理工大学)、遼寧省の遼寧大学、中国医科大学、錦州工学院(現遼寧工学院)、四川省の成都科技大学(1993年に四川大学と合併)等の大学でまず試験的に導入され(郝・龍、2000年、421頁)、1980年代末までに100を越える大学で試行されるまでになった[2]。ただし西南師範大学のように、主管部門の指示や大学の現状を考慮して、「指導体制において現段階では党委員会の指導のもとでの校長責任制を実施する」ことを決めた大学もあった(《西南師範大学校史》編修組、2000年、195頁)。

第6期──「党委員会の指導のもとでの校長責任制」

最後の第6の時期は、1990年から現在までである。この時期には、第5期の「校長責任制」からみれば党委員会の指導性が再び強化されるとともに、党委員会と校長の役割分担をより明確にすることがめざされた「党委員会の指導のもとでの校長責任制」がとられている。1989年12月に出された国家教育委員会主任の李鉄映(当時)による「わが国の教育活動における若干の問題に関する報告」や、これをうけて1990年に中共中央から出された「高等教育機関の党の建設を強化することに関する通達」において、大学が「党委員会の指導のもとでの校長責任制」を実施することが基本方針として確立された。この「党委員会の指導のもとでの校長責任制」の実施はその後、1996年の「中国共

産党普通高等教育機関基層組織活動条例」(以下、「活動条例」と略)、1998年の「高等教育法」でも規定のなかに明記された。党委員会の任務を具体的に定めた「活動条例」によれば、党委員会には、(1)党の路線・方針・政策の学習、宣伝、執行、(2)大学の党組織における思想、組織、作風の建設の強化、(3)大学の改革・発展および教学、科学研究、行政管理等の活動における重大問題の討論・決定、(4)思想政治活動と徳育活動の指導、(5)幹部の選抜、教育、養成、審査、監督、(6)大学の大衆組織と教職員代表大会の指導等の職責がある。一方、校長の任務は「高等教育法」に明記されており、(1)発展計画案の作成、具体的な規則制度と年間活動計画の策定ならびにそれらの組織的な実施、(2)教学活動、研究活動および思想品徳教育の組織、(3)内部組織機構設置案の作成、副校長の推薦、内部組織機構の責任者の任免、(4)教師および内部のその他の業務職員の招聘・任用や解職、学生に対する学籍管理ならびに奨励もしくは処分の実施、(5)各年の経費予算案の作成と執行、大学財産の保護と管理、大学の合法的権益の保護等となっている(長谷川・南部・吉村、1998年)。

中央政府レベルの公的な法規や文書にもとづけば、大学内部の管理運営体制はこのように変遷してきた。その傾向は次のようにまとめることができる。第1に、1956年以降、党委員会の指導が明確に規定されている。1980年代後半の時期には「校長責任制」が試行され、党委員会を決定権のない監督組織と位置づけることも可能になったが、1990年代に入ってからは再び党委員会の指導が明確に規定されている。第2に、誰が管理運営の責任を負うのかという点では、校長個人が責任を負う体制から集団責任体制へと転じ、それが徐々に校長個人が責任を負う体制へと戻るという過程を歩んでいることが確認できる。すなわち、1950年代には校長責任制だったが、それが校務委員会責任制、校長を長とする校務委員会責任制、校長(分担)責任制というように変化してきているのである。

3　現行の管理運営組織

党系統の管理運営組織と行政系統の管理運営組織

すでにみてきたように、現在の中国の大学では「党委員会の指導のもとで

の校長責任制」が採用されている。この管理運営体制のもとで、大学には、党委員会を頂点とする党系統の管理運営組織と、校長を頂点とする行政系統の管理運営組織がおかれている。ここでは例として、瀋陽師範学院[3]の管理運営組織をとりあげる。図9-2および図9-3は、1980年および2000年における同学院の全学レベルの管理運営組織である。この2つの図から分かるように、最近20年間で大学の管理運営組織はその規模を拡大させている。また図9-3に出てくる組織と後にあげる北京大学の組織(図9-4)を比べることによってその一端を窺うことができるが、管理運営体制は、大学によって違いはあるものの、基本的な組織はどの大学にも共通して存在している。

党系統の管理運営組織に関しては、「活動条例」によって党委員会と紀律検査委員会の設置が規定されており、それ以外については役割を果たすうえで適正な規模を維持しつつ、党委員会事務室や組織部、宣伝部といった組織を設置することになっている。瀋陽師範学院では2000年時点で、これらの組織以外に、「民主党派」と呼ばれる共産党以外の諸党派や政治団体との連絡調整を行う統戦部(統一戦線部)や学生活動部といった組織、それから思想政治活動委員会をはじめとする5つの委員会が設置されている。同学院では、党委員会を構成するのは、書記、副書記、組織部長、宣伝部長等の7～9名となっている。党委員会での決定は、集団討論・決定が原則となっている。党委員会を構成するこうした人びとは、学内から選ばれることもあれば、大学の外にある共産党組織を含めた学外から招聘されることもある。また第4節で

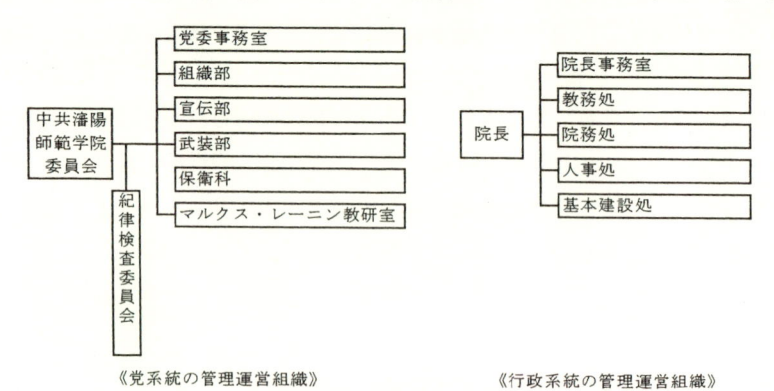

図9-2　瀋陽師範学院の管理運営組織（1980年）
(出所) 李等、2000年、408頁の図から全学レベルを抜粋。

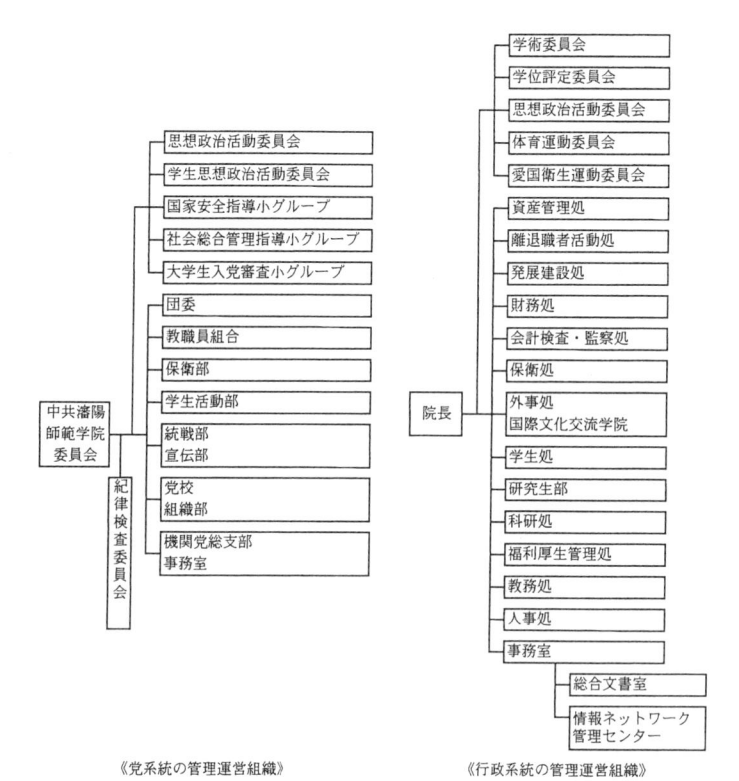

図9-3　瀋陽師範学院の管理運営組織（2000年）
(出所)瀋陽師範学院党政辦公室、2001年、3～4頁の組織図から全学レベルを抜粋。

言及するように行政系統の執行部と兼任することもあり、教員がこうした職に就くこともある。アメリカの大学における理事会のような「素人支配」の原理がとられているわけではない。

　行政系統では、「高等教育法」において設置が規定された学術委員会、「中華人民共和国学位条例」にもとづいて学位授与権を有する大学に設置される学位評定委員会を除けば、はじめに述べたように各大学が自ら内部組織の設置を行うことになっている。瀋陽師範学院では、院長事務室、教務処、人事処が1980年から変わらず設置され、2000年にはこの他に、学術委員会、学位評定委員会を含めた5つの委員会と科研処、財務処、資産管理処等の組織が設置されている。また図には示されていないが、副校長という職があり、複数の副校長が教学や科学研究等の分野を分担しながら校長を支えている。この

行政系統では、校長事務会議もしくは校務会議と呼ばれる会議が開催される。瀋陽師範学院の例では、この校長事務会議には校長、副校長、わが国の学長補佐に相当する「校長助理」、それから議題に関連する部門の長等が出席する。わが国でみられる部局長会議のような、各部局の代表が参加する会議はない。

またこれらの図には出てこないが、教職員代表大会が設置されている。「高等教育法」では、「高等教育機関では、教師を主体とする教職員代表大会等の形式を通じて、法に従って教職員が民主的な管理と監督に参画することを保証し、教職員の合法的権益を保護する」(第43条)と規定されており、教職員代表大会は教職員が意見を表明する正式なルートの1つとして位置づけられる。この教職員代表大会は毎年1度開催される。教職員代表大会に参加する教職員代表は3年の任期で、系や処、教研室等を単位として教職員の直接選挙によって選ばれることになっている。教職員代表大会の役割は主として、年次計画や発展計画、改革案等大学の重要事項を討論し、意見表明や提案を行うことと、教職員に関わる基本的制度や住居、福利等、教職員に直接関わる事項について討論・決定することである[4]。後者の事項については、教職員代表大会を通過しなければ実施に移すことができない。党委員会と校長を中心とする執行部をあわせて大学管理者とみなして、大学管理者と大学教職員との関係を考えると、大学教職員が全学レベルの意思決定に参加できる範囲はこのように限定的である。

近年では、以上の管理運営組織のほかに、理事会(原語は「董事会」、「校董会」)を設置する大学も増加している。1997年に理事会を設置した南京大学を例にすれば、理事会は「南京大学の建設と発展に対して意見を述べたり提案をしたりする組織であり、南京大学が社会各界と安定的、全面的で緊密な協力関係を結ぶ橋梁・紐帯である」とされ、構成メンバーは社会の名士、著名な学者、企業家、卒業生と大学の代表となっている(《南大百年実録》編輯組、2002年、370頁)。法人化以前のわが国の国立大学に設置されていた運営諮問会議に近い組織である。

近年の管理運営組織改革

ところで図9-2や図9-3は、党系統と行政系統という2つの系統が明確に分

第9章　中国の大学における管理運営改革　243

離した形で示されている。形式的には、どの大学についてもこのような図を描くことができる[5]。しかしこうした管理運営組織の体制は現在、改革されつつある。その大きな理由は大学の発展にふさわしい組織の構築と人員削減の圧力であり、党系統と行政系統それぞれで組織の新規設置や再編、廃止、統合等が行われるだけでなく、党系統の組織と行政系統の組織との合併も進められている。たとえば北京大学では、1999年に行われた内部機構改革において、党系統の管理運営組織に調整と改革の重点がおかれて、従来党系統だった12組織、行政系統の24組織、それと総務組織(原語は「後勤組織」)の5組織

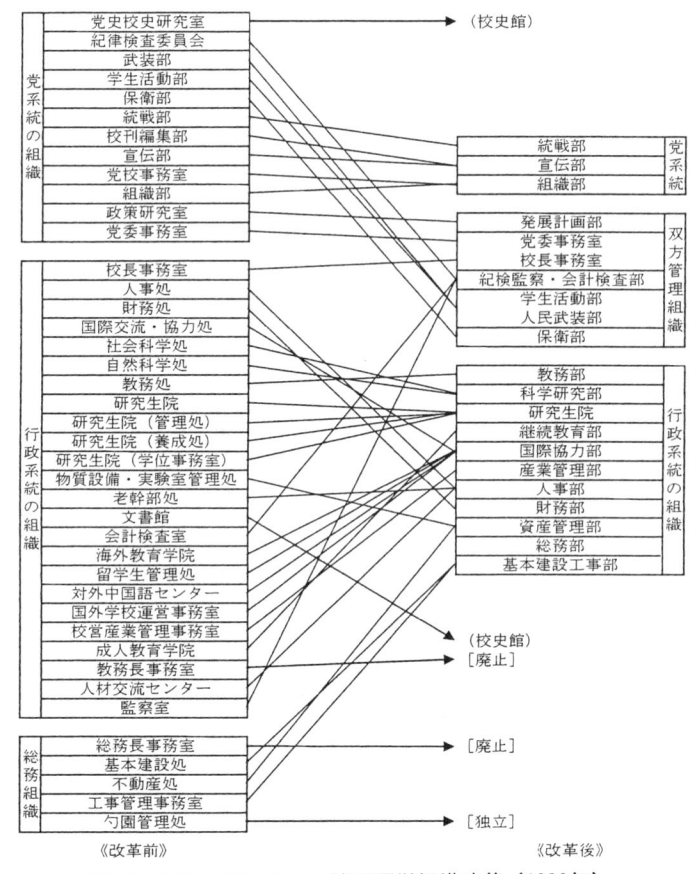

図9-4　北京大学における管理運営組織改革（1999年）

(出所)《北京大学年鑑》編委会、2001年、9〜15頁。

の計41の組織が対象とされ、これらの組織が改革によって党系統3組織、行政系統11組織、それから双方の管理を受ける組織(原語は「双管機構」)が5組織の計19の組織に再編された(図9-4)。また黒龍江省の斉斉哈爾大学でも1990年代末に、組織の名称は残したままでいくつかの組織を組み合わせる改革が行われ、宣伝部と統戦部といった党系統内での組み合わせの他、北京大学の場合と同様、党委事務室と校長事務室、武装部と学内の保安を担当する保衛処といった党系統の組織と行政系統の組織との組み合わせがみられた[6]。

このように、近年行われている管理組織改革の方向性は、「党委員会の指導のもとでの校長責任制」という管理運営体制の実施を前提としたうえで大学の運営の効率化をめざすものである。

4 全学レベルでの党系統と行政系統との関係

党系統と行政系統の分担関係

では、この2つの系統は全学レベルでどのような関係になっているのだろうか。すでに述べたように、実態としては両系統にまたがるような組織も作られるようになっており、両者の関係にはあいまいな部分もある。ここでは、とくに両系統の頂点に位置づけられる党委員会と校長の関係に焦点をあてて、2つの系統の関係を検討したい。

党委員会と校長の法規上の職責については、第2節ですでに述べたとおりであり、両者の間では役割分担が行われていることになっている。両者の関係に注目して大まかにいえば、党委員会の主な役割は、大学の発展や改革の方向性の決定、主要幹部の任免、思想政治活動の指導であり、校長はこうした点に関する提案と党委員会の決定事項の執行を行うことがその役割である。具体的な規則制度と年間活動計画の策定、教学や科学研究にかかわるより具体的な内容や教職員の人事といった事項は、第2節でも説明したように、校長の職責となっている。党委員会と校長がかかわる事項について両者の分担関係を具体的にみると、たとえば大学の内部組織の設置や責任者の人選については、党委員会が討論して決定する権限を有しているが、内部組織の設置案を作成したり、責任者の候補者選定を直接行ったりすることはできない

とされている。内部組織設置案の作成や責任者の候補者選定は校長の役割である。また大学の改革や発展、基本的な管理制度等の重要事項についても、党委員会は決定権を有しているものの、直接改革案や発展計画を策定したり、基本的な管理制度を制定したりすることはできない（全国人大教科文衛委員会教育室、1999年、141～142頁）。つまりこうした重要事項に関しては、校長が原案を提出して党委員会が討論・決定し、その結果を校長が責任をもって実施するという過程を経ることになる。

　以上のような分担関係から導かれるのは、党系統と行政系統、とりわけ党委員会と校長を中心とする行政系統執行部との協力である。規定を文字どおり執行すれば、党委員会だけでも、また行政系統の執行部だけでも、重要事項に関する提案、決定、執行のすべての過程を行うことはできない。両者がそれぞれの役割を果たすことによってはじめて、当該大学の重要事項が提案され、決定され、執行されるのである。「党委員会の指導のもとでの校長責任制」とはいっても、党委員会が最上部で絶対的な権限をもっているというわけではない。

両者の組織をつなぐ方策

　党委員会と行政系統の執行部は原則的には以上のような分担関係であるとされているものの、実態をみれば、大学によっては両者の関係が必ずしも明確でないことも多いと考えられる。その理由は、以下の3点である。まず第1に、党委員会書記が校長を兼ねることがある。以前と比べると現在このようなケースは多くないといわれるが[7]、2001年3月時点でもたとえば山西大学、上海財経大学、南京審計学院といった機関では党委員会書記と校長を1人が兼任していた。これら3校の当時の校長兼党委員会書記はいずれも教員出身である。もちろん形式的には党系統と行政系統は分かれているが、実質的には校長と党委員会書記を兼任している1人が両方の役割を果たすことになり、役割の分担はあいまいになりがちである。また副校長が党委員会書記を兼任したり、逆に校長が党委員会副書記や党委員会委員を兼任したりすることは多い。こうした場合には、本来行政系統の役割である事項に党系統が関与したり、逆に党系統の所管事項に関して行政系統が関与したりすることが

起きやすいと考えられる。
　第2に、党委員会と行政系統の執行部(校長、副校長等)との人的な相互乗り入れが行われることが多い。上記のように校長もしくは副校長と党委員会書記・副書記もしくは党委員会委員が兼任される場合は当然であるが、そうでない場合でも、校長が党委員会に出席したり、逆に党委員会書記や副書記が行政系統の会議に出席したりすることがある。出席することによってどの程度の影響力を有するのかは個々のケースごとに異なるであろうが、本来与えられた役割を超えてしまう状況も生じうるだろう。
　そして第3に、大学によっては党系統と行政系統を結ぶ連絡調整会議のような組織をおくところがある。たとえば南京大学には、1980年代前半に設置された校長・党委常委連絡会議(原語は「校長与党委常委聯系会議」)がある。この会議には、党系統からは党委員会の常務委員会委員(5～7名)が出席し、行政系統からは校長、副校長が出席することになっており、時には教務処長等行政部門の責任者も参加する。そしてこの南京大学の場合には、法規上は党委員会で討論・決定されることになっている重大事項が、この会議で実質的に討論・決定される。また東北師範大学には1992年時点で校長書記聯席会議が設置されている(吉村、1997年)。
　このように、法規上は役割分担を行うことになっているものの、実際にはさまざまな形式で協力関係が結ばれ、党系統のトップである党委員会と行政系統のトップである校長、副校長とが一体となって大学の管理運営を行っているというのが一般的な姿である。ただし両者の実質的な関係は、党委員会と行政系統の執行部を構成する個々のメンバーの資質や志向、考え方、メンバー同士の関係のあり方によって、大学ごとに多様な状況となっている。

5　学院・系レベルでの党系統と行政系統との関係

歴史的変遷

　それでは、わが国の大学の部局レベルに相当する学院・系レベル[8]において、党系統と行政系統との関係はどうなっているのだろうか。モデルとして考えれば、学院や系には、図9-2や図9-3にある党系統の管理運営組織の下位

組織として党総支部や党支部といった組織があり、行政系統の管理運営組織の下位組織として学院や系といった組織がある。焦点は、全学レベルと同じ枠組みを使えば、学院や系におかれている党総支部や党支部といった組織と院長や系主任との関係である。

　第2節と同様に、これまでの変遷を簡単にまとめておこう。1950年の「高等教育機関暫定規程」では、教学・行政の基層組織と位置づけられた系には主任がおかれ、教務長の指導をうけることが規定されているのみだった。1961年になると、全学レベルでは党委員会の指導を明記している「教育部直轄の高等教育機関に関する暫定活動条例（草案）」において、系の重要事項は系務委員会が討論・決定し、系主任がそれを組織的に実施する一方、系の党総支部委員会は当該系の活動に対する監督的な役割を果たすことが規定された。そして1978年に公布された「全国重点高等教育機関暫定活動条例（試行草案）」では、全学レベルと歩調をあわせる形で「系党総支部委員会（もしくは党委員会分会）の指導のもとでの系主任分担責任制」が試行された。この枠組みにおいては、系の党総支部委員会が当該系のすべての活動を指導し、系の重要事項を討論・決定することになっており、系主任は系の日常活動を主宰するとともに、系の党総支部委員会が決定した事項について、全学レベルの党委員会の認可後執行することになっている（何、1998年、1640～1647頁）。これ以後の具体的な規定は確認できていないが、現時点では系主任が責任を負う体制となっており[9]、党総支部委員会は、当該系の重大事項に関する討論に参画することになっているのみである。つまり比較的にいえば、全学レベルでは1950年代半ば以降党委員会の指導が重視されているのに対して、系レベルでは、1980年前後の時期を除けば、行政系統の側が権限を有しており、党系統の組織はどちらかといえばそれをサポートする立場として位置づけられている。学院が設置されている大学においては、学院でも同様で、党系統の組織が指導を行うことを規定した法規はみられない。

現行の体制

　このように学院・系レベルでは、党組織の位置づけに関して中央政府レベルでの明確な規定がないものの、現在は行政系統の長が責任を負う体制とな

っている。系レベルの系や研究所では、系主任や研究所所長が教学や科学研究、教職員の昇進や異動に関して権限を有しており、党組織の長である党総支部書記はこうした事項の検討に参加できるだけという状況になっている。党総支部書記の関与が強まることは望まれていないものの、逆に関与が弱いと党組織の本来の役割である監督を十分に行うことができない。党組織の関与の度合いは個々の系や研究所によって異なっていることが予想されるが、適切な度合いを選択してそれを維持することは困難であると思われる（呂・儲、2000年、114頁）。また党系統と行政系統の関係が全学レベルとは異なることによって、実際の運営場面で問題が生じることもあるだろう。

　現在設置されている学院には、管理運営組織としての実体を有するものと、形式的に設置されているのみで実質的な管理運営は系レベルで行われているものとがある。後者については上述した状況が系レベルで変わらず存在するし、前者では上述した状況が学院レベルにおいて生じている。

　なお院長や系主任といった幹部の任命は党委員会によって行われることになっており、従来は当該学院・系に所属する教員のなかから選ばれることが多かった。しかし近年、この点にかかわる新しい試みとして、院長や系主任の公募が行われるようになっている。人事プロセスは全学レベルの党系統にある組織部が進めるので、党委員会が幹部の人事権を握ることには変化がないが、公募を通じてこうしたポストに優秀な人材を呼び込みたいという意志があらわれている。

全学レベルと学院・系レベルとの関係

　本節の最後に、全学レベルと学院・系レベルとの関係について簡単に触れておきたい。それは、前章で述べられている政府と大学との関係に類似している。従来は、全学レベルの組織が学院・系レベルの組織を指導し、管理してきた。大学全体の方針や発展の方向性が全学レベルで決定された後、学院や系はそれに従って自らの活動を組織してきたし、幹部の任免や学内の予算配分は全学レベルで行われた。ただし近年は、内部管理体制の見直しが提唱されており、大学によっては一部の権限の学院・系レベルへの委譲もはじまっている。一例をあげれば湖南大学では、副教授（わが国の助教授に相当）や講

師への昇任の実質的な承認、学院の内部組織の編成や調整、所属教職員の招聘や学院・系内での配置換え、給与基準の策定や幹部職手当の支給といった権限を学院・系に与えようとしている(『中国教育報』2001年11月17日)。財政面ではまた大学からの予算配分が限定的になり、学院・系が独自の資金調達ルートを得て独立性を高めるようになっているところもある。湖南大学の改革状況が報道されていることじたい、こうした改革がまだそれほど普遍的ではないことを示唆しているが、改革が今後より多くの大学で進展すれば、全学レベルと学院・系レベルとの関係が「管理する―管理される」という図式にとどまらない新たな関係となることも考えられる。

6 総括と日本への示唆

大学組織モデルからみた中国の管理運営体制

中華人民共和国成立後、とくに1950年代半ば以降、大学における全学レベルの管理運営体制は党委員会の指導を前提として、校務委員会による集団責任体制から校長の権限が強い個人責任体制へと移行してきた。そしてその結果として、1990年からは原則として「党委員会の指導のもとでの校長責任制」を行うことになっている。党委員会と校長を頂点とする行政系統との分担関係は常に問題とされてきたが、現在の管理運営体制においては、党委員会が校長からの提案を集団討論・決定し、校長を頂点とする行政系統が責任をもって実施にあたることになっている。ただし実際の状況としては、党委員会と校長との関係は個々の大学によってかなり幅のあるものとなっているし、また党系統と行政系統という区分も明確ではなくなりつつある。「党委員会の指導のもとでの校長責任制」という管理運営体制の実施を前提としたうえで、党委員会の実際のあり方も含めて、大学の運営の効率化がめざされている。これに対して学院・系レベルでは1980年代前半以降院長・系主任が責任をもって業務を遂行し、同レベルの党組織は保証・監督の役割のみを担う体制が確立している。

序論でとりあげられているマクネイの大学組織モデルに従えば、中国の大学は、大まかには同僚制から官僚制・法人制へと移行してきており、現在は

企業制的な管理運営の要素が導入されつつあるといえる。系主任を構成メンバーに含む校務委員会が責任を負う体制だった1960年代半ばまでの時期には同僚制的な運営も一定程度行われていたと推測されるが、文革終結以降は、すでに述べたことからも分かるように、官僚制・法人制の側面が強くなっている。そして近年は、企業家を構成メンバーに含む理事会を設置したり、中長期的な発展計画のもとで個々の学院や系がある程度の自由度をもって活動を行ったりする大学があらわれてきている。

管理運営体制に対する教職員の意見

こうした中国の管理運営体制のあり方をめぐっては、これまで実証的な研究がほとんどなされていない。その数少ない研究のうち金子強と高旗は、雲南省の代表的な大学4校の教職員300名を対象とした質問紙調査を行い、「党委員会の指導のもとでの校長責任制」を堅持するという意見が13.5％だったのに対して、「教職員代表大会の決定のもとでの校長責任制」がよいとする者が45.5％、「教授会の決定のもとでの校長責任制」がよいとする者が34％いたとの結果を報告している（金・高、2000年）。この結果は、党委員会が指導する体制が必ずしも支持されず、教員もしくは教職員自身による意思決定を求めていることを示している。現在の管理運営体制でも、形式上は教職員代表大会等を通じて教職員の意見は大学の決定にある程度反映されることになっているが、教職員はこうした方式には満足していないということである。この調査結果が中国の大学における教職員の平均的な意見をあらわしているかどうかについてはさらなる検討が必要だが、意思決定へのより実質的な参加を求める教職員が一定程度存在していることが窺える。

国立大学法人への示唆

わが国では、国立大学の法人化への移行にあたって新しい管理運営体制が導入された。2003年10月1日に施行された「国立大学法人法」にもとづいて、移行後の主な運営組織として、学長と理事から構成される意思決定機関である役員会と、経営面を審議する経営協議会と教学・研究面を審議する教育研究評議会が設置されている。それから学長は、国立大学法人を代表し、法人

の業務を総理するとともに、経営協議会と教育研究評議会の議長として、これまでよりも強いリーダーシップと経営手腕を発揮することが求められている。最後に、この国立大学法人の管理運営体制について、これまで述べてきた中国における大学の管理運営体制の状況をふまえながら、いくつかコメントしたい。

　第1に、大学の方向性を決定する組織とその実現にむけてさまざまな施策の実施に責任を負う組織との関係性をどのように構築するのかが非常に重要だと思われるが、中国においては実際には個々の大学によってさまざまである。そしてどのような関係性が適切なのかは構成メンバーの資質や志向に依存している面があり、一概に決めることはできない。個人の資質や志向に過度に依存してしまうと制度に込められた本来の目的や意図が達成されない恐れはあるが、当該大学にふさわしい管理運営のあり方を考えるには、そこにいる個人の特性に配慮できるような一定の自由度をもたせることが重要ではないだろうか。したがってこの点については、多様な関係性が可能となるような柔軟な枠組みとする必要があると思われる。

　第2に、経営面を審議する組織(経営協議会)と教学・研究面を審議する組織(教育研究評議会)をどのようにつなぐかも重要な点となる。国立大学法人では役員会が意思決定を行うので審議組織としての両者を完全に分離させるという選択もありうるが、実際の運営では両者にまたがる審議事項もあると推測されることから、なんらかの連絡調整装置(組織・会議・委員会等)をくみこむことも考えられる。この場合、連絡調整装置の重要性が増すほど、役割を分離することになっている両組織の重要性が弱くなるとともに、そうした両組織による役割の分離という考え方が形骸化してしまいかねない。南京大学の例では、本来党系統と行政系統をつなぐものとして設置された会議が、党委員会が果たすことになっている役割を実質的に担ってしまっている。しかし逆に、この装置の役割が小さければ、調整を行うことさえ困難になるかもしれない。つまりこの装置の位置づけとそれにふさわしい権限の付与が適切に行われないならば、制度の目的が達せられなくなる恐れが生じるだろう。

　第3に、学長のリーダーシップを発揮するうえでどのように教職員の意見をくみ上げるのかも問題になりうると考えられる。中国の大学には、教職員

代表大会を除けば、教職員が自らの意見を全学レベルでの意思決定に反映させる直接的な手段はない。間接的には、幹部の任命時の意見聴取や、共産党員であれば党委員会委員の選出の際に自らの意見を表明することは可能であろうが、それらは非常に限定的である。つまり校長を中心とする行政系統の執行部と党委員会が全学レベルの意思決定に大きくかかわる体制となっている。しかしすでに述べたように、こうした現行の管理運営体制に満足していない教職員が一定程度存在している。わが国の大学では、これまでの伝統があるので、国立大学法人への移行後ただちに従来のやり方が変更されることはないと思われるが、将来的には、学長をはじめとする執行部と教職員との関係が変わることはありうるだろう。その際に、教職員の意見を大学の意思決定にどのように反映させるのかは重要な課題となると思われる。

注

1 ここで行った時期区分は、あくまでも主要法規をもとにしたものであり、ある時期にすべての大学で同一の管理運営体制が導入されていたわけではないことには留意が必要である。たとえば第2期の後半であげた「党委員会の指導のもとでの校長を長とする校務委員会責任制」は教育部直轄の大学が対象となっているし、第5期の「校長責任制」も試行することが謳われ、一定数の大学で試験的に導入されたのみである。つまり個々の大学をみれば、必ずしもこの時期区分どおりに管理運営体制が変化したわけではない。

2 この「校長責任制」を試行した大学の数については、103校(姚、2000年、213頁)、132校(《党支部工作問答》編写組、1998年、148頁)、約200校(郝・龍、2000年、421～422頁)等さまざまな数値があって一致しない。

3 瀋陽師範学院は2002年4月に、教育部の認可を受け、遼寧教育学院と合併して瀋陽師範大学となっている(『中国教育報』2002年4月26日)。ただし本章で利用した資料は、同校を訪問して聞き取り調査をした時(2001年11月)に収集したものであり、当時は瀋陽師範学院であったため、本章の記述にあたっては瀋陽師範学院としている。また以下の記述のうち同校に関するものは2001年11月の聞き取り調査による。

4 教職員代表大会に関する以上の記述は、「高等学校教職員代表大会暫定条例」(教育部研究室、1999年、699～702頁)による。

5 中国の大学のホームページに管理運営組織に関する情報が含まれていることは多いものの、図9-2や図9-3のように党系統と行政系統を分離し、しかも階層構造が

明確になるような図として示している大学は必ずしも多くない。両系統をあわせて1つの図で描かれていることもある。
6 斉斉哈爾大学の改革に関しては、2001年3月6日に同校を訪問し聞き取り調査を行った際に入手した資料にもとづく。
7 『中国高等学校簡介』(《中国高等学校簡介》編審委員会、1982年)は1980年時点で存在していた大学675校の状況をまとめた刊行物である。大学によって記載内容に違いがあり網羅的とはいえないが、これによれば1980年時点で少なくとも124校(675校の18.4％)では校長と党委員会書記が同一人物であることが確認できる。校長や党委員会書記が両方書かれていない大学やどちらかの記載のみという大学も少なくないので、両方を同一人物が担当していた大学はさらに多いと考えられる。
8 大学内部の組織構成については、大塚・南部(2003年)を参照のこと。
9 2002年9月3日の南京大学高等教育研究所における聞き取り調査によれば、「系党総支部委員会(もしくは党委員会分会)の指導のもとでの系主任分担責任制」が実施されていたのは短期間にすぎず、1980年代前半にはすでに「系主任責任制」となったという。なお南京大学では1984年に「系レベルで党政分離を実行し党総支部の職責を明確にすることに関する意見」が出され、そのなかで系レベルの指導体制を調整して系主任責任制を完全なものにすることが求められている(《南大百年実録》編輯組、2002年、610～612頁)。

引用文献

《北京大学年鑑》編委会編『北京大学年鑑(2000)』北京大学出版社、2001年。
《党支部工作問答》編写組編『党支部工作問答』中共中央党校出版社、1998年。
郝維謙・龍正中主編『高等教育史』海南出版社、2000年。
何東昌主編『中華人民共和国重要教育文献(1949年～1997年)』(全3巻)海南出版社、1998年。
教育部発展規劃司編『中国教育統計年鑑 2002』人民教育出版社、2003年。
教育部研究室編『中華人民共和国現行高等教育法規匯編』(上巻)人民教育出版社、1999年。
金子強・高旗『雲南省高校内部管理体制弊端透視』『雲南高教研究』2000年第4期、2000年、49～52頁。
李鉄君等編『瀋陽師範学院校史』遼寧教育出版社、2000年。
呂澄・儲霞主編『新編党的基層組織建設手冊』紅旗出版社、2000年。
《南大百年実録》編輯組編『南大百年実録』(下巻)南京大学出版社、2002年。
瀋陽師範学院党政辦公室編『瀋陽師範学院年鑑 2000』瀋陽師範学院、2001年。
《西南師範大学校史》編修組『西南師範大学校史』西南師範大学出版社、2000年。
全国人大教科文衛委員会教育室編『高等教育法学習宣伝講話』北京師範大学出版社、1999年。

姚啓和『高等教育管理学』華中理工大学出版社、2000年。
袁運開・王鉄仙主編『華東師範大学校史(1951～2001)』華東師範大学出版社、2001年。
《中国高等学校簡介》編審委員会編『中国高等学校簡介』教育科学出版社、1982年。

市川博「中国プロレタリア政権下における国家権力と民衆の教育権──貧農・下層中農による学校管理と関連させて」世界教育史研究会編『中国教育史』(世界教育史大系4)講談社、1975年、356～383頁。
大塚豊「中国の高等教育」天野正治編集・解説『世界の大学制度』(現代のエスプリNo.205)至文堂、1984年、164～183頁。
大塚豊・南部広孝「中国における21世紀の大学像と組織改革」『21世紀の大学像構築と戦略的組織改革の国際比較研究』(平成12年度～平成14年度科学研究費補助金(基盤研究(B)(2)、課題番号12571012)研究成果報告書、研究代表者：有本章)広島大学高等教育研究開発センター、2003年、92～97頁。
篠原清昭「現代中国の学校管理論──校長責任制を中心として」『日本教育行政学会年報』第15号、1989年、254～268頁。
篠原清昭『中華人民共和国教育法に関する研究──現代中国の教育改革と法』九州大学出版会、2001年。
唐亮『現代中国の党政関係』慶應義塾大学出版会、1997年。
長谷川豊・南部広孝・吉村澄代「『中華人民共和国高等教育法』訳と解説(前編)」『季刊　教育法』第118号、1998年、36～44頁。
長谷川豊・南部広孝・吉村澄代「『中華人民共和国高等教育法』訳と解説(後編)」『季刊　教育法』第119号、1999年、41～47頁。
ヒントン、W.(春名徹訳)『百日戦争　清華大学の文化大革命』平凡社、1976年。
吉村澄代「中国の改革・開放政策下における大学の自主権の拡大──経済改革との関連性においての一考察」京都大学大学院教育学研究科提出修士論文、1997年。
リヒター、ウーヴェ(渡辺貞昭訳)『北京大学の文化大革命』岩波書店、1993年。

第10章　トルコの大学における管理運営改革とグローバル化

宮崎　元裕

1　トルコの大学をとりまく状況

　地理的にヨーロッパとアジアの狭間に位置するトルコは、イスラーム教徒が国民の圧倒的多数(99％)を占め、宗教的にはイスラーム圏に属する。トルコはイスラーム圏のなかで最も西欧化を指向してきた国家の1つと位置づけられ、高等教育においても、トルコはイスラームの伝統的な高等教育機関であるマドラサを早い時期に完全に廃止し、西欧型の高等教育制度の確立を急いだという特徴をもっている。

　トルコの大学の学生数は、とくに1980年代以降急増し、トルコの高等教育は依然として拡大期にある。この点では、学生数の減少が問題となっている日本を含めた多くの先進諸国の状況とトルコの状況は大きく異なる。しかしその他の点では、トルコの状況は多くの先進諸国と共通点が多く、近年、トルコでも大学に対する公的支出が抑制され、大学の管理運営において同僚制の要素が弱まり、法人制・企業制の要素が強まっている。つまり日本を含めた多くの先進諸国では、高等教育の量的な拡大が一段落し、学生数が減少しはじめた後で公的支出の抑制や法人制・企業制の強化といった大学改革が本格化したのに対し、トルコでは高等教育の量的な拡大と大学改革が同時に起こっているのである。このように先進諸国とは違った状況でありながらも類似した改革が進められているトルコの事例を検討することで、日本の大学の

管理運営改革を位置づけることが本章の目的である。

そのために、まず次節でトルコの大学の歴史を整理し、トルコの大学の管理運営の転換点となった1981年の高等教育審議会の設置に至る背景をあきらかにする。第3節では現在のトルコの管理運営組織の概要を述べ、第4節では1980年代以降の大学をめぐる変化と管理運営改革の動向について論じる。そして第5節では、序論「大学の管理運営改革の世界的動向」の分析枠組みをもとに、日本の大学の管理運営改革を念頭におきながら、グローバル化をキーワードにトルコの大学をめぐる状況をとらえ直す。

2 トルコの大学の歴史

トルコ共和国の成立と大学制度の確立(1933年高等教育法)

近代以前のトルコを含めた多くのイスラーム圏で高等教育施設に該当するのは、11世紀後半以降、各地に広まったマドラサである。マドラサでは、イスラーム知識人の養成を目的におもにイスラーム諸学が教えられていたが、数学、天文学、医学なども教えられていた。

11世紀後半以降、マドラサが高等教育を一手にひきうけていた時代は長く続き、トルコでマドラサ以外の高等教育施設が設立されはじめるのは、18世紀に入ってからである。ロシアとの対立が激しくなった18世紀後半以降には、技術革新の必要性から、帝国海軍技術学校(1773年設立)、帝国陸軍技術学校(1795年設立)といった世俗高等教育機関が設立されはじめた。

19世紀に入ると、西欧型の総合大学を設立しようとする動きが強まり、1846年に総合大学の設立が決定された。しかし総合大学の設置に対しては、マドラサ関係者を中心に社会的な反対も強く、19世紀を通して総合大学は開設と閉鎖を繰り返した。安定した総合大学(Darülfünun)が設立されたのは、ようやく1900年になってからだった(Umunc, 1986, pp.433-438; YÖK1, pp.1-3)。

1923年に成立したトルコ共和国では、西欧をモデルに近代化が進められた。教育に関しては、1924年の統一教育法によってマドラサが廃止され、それまでの宗教教育制度と世俗教育制度の併存状態が終わり、世俗教育制度に一本化された。このように1920年代には教育に関する方向性が決められたものの、

高等教育に関して具体的な動きは少なかった。

トルコの大学制度を具体的に決定したのは、ジュネーヴ大学教授A. マルシュの意見を参考にして制定された1933年高等教育法である。この1933年高等教育法では、学長や学部長などといった用語がはじめて用いられ、それぞれの役割や任免方法が定められたほか、大学評議会や学部委員会などの大学運営組織の役割なども定義された。また1900年設立の総合大学を再編成してイスタンブール大学を設立することも定められた(Umunc, 1986, pp.438-443; YÖK1, pp.3-4)。

学部の自治権強化による大学内の意思決定の分断化(1946年高等教育法)

第二次世界大戦の終戦直後の1946年に、それまでの一党独裁制に代わって複数政党制が導入され、民主的な雰囲気のなかで国民の要望が政治に反映されはじめた。複数政党制の導入と同年に施行された1946年高等教育法では、大学の自治が明文化された(1933年高等教育法では言及されていなかった)。

1946年高等教育法の特徴は、大学だけでなく、学部にも多大な自治権を認めたことである。自治権の強化というと肯定的にとらえられがちだが、トルコでは結果的には各学部の自治権が強くなりすぎたことによって、1つの大学内で学部単位の分断化が起こり、大学としてのまとまりがなくなるという状況に陥った。なお、この状況は、1973年高等教育法が施行されるまで続いた(Umunc, 1986, pp.443-445; Sismek, 1999, pp.138-139)。

1950年代には、アメリカのランドグラント大学(国有地交付大学)をモデルにした4大学が設立された。それまでトルコの大学数は3校にすぎなかったことを考慮すると、ランドグラント大学をモデルにした大学が4校も一挙に設立されたことは特筆すべきことである。この取り組みによって新しいスタイルの大学をトルコに作り出そうとする意図は十分窺えるが、結果的に4大学のうち3大学は、次第に既存のトルコの大学との違いが不明瞭になっていった。しかし残る1大学の中東工科大学は、アメリカをモデルとした独自の発展をとげ、アメリカの大学と類似した学位制度や教育プログラムを採用したほか、理事会の権限が強い(ただし1982年まで)という点でもアメリカと類似している。さらに教授言語としてトルコ語ではなく英語を採用している点

でも異色の大学である。結果的に中東工科大学は短期間で教育・研究の両面で高く評価される大学になった(Sismek, 1999, pp.137-139; YÖK1, pp.4-6; Turgut, 1997, pp.61-63)。

高等教育審議会の設立と廃止、地方への高等教育の拡大(1973年高等教育法)

　1946年高等教育法から27年後の1973年に、新たな高等教育法が制定された。この高等教育法は、1971年の軍部の政治介入によって成立した超党派内閣が続くという状況下で制定された。こうした状況下で制定された1973年高等教育法は、大学の管理運営の中央集権化を進めようとするもので、全大学を中央集権的に管理する高等教育審議会の設置が決められた。高等教育審議会が設置された背景には、1946年高等教育法で大学や学部の強い自治権が認められて以降、大学間・大学内のまとまりがとれない状況が続き、中央集権的な管理運営組織の必要性が次第に認識されるようになっていたという事情がある。

　しかし高等教育審議会の設置は大学の自治を定めた憲法に反するとして、大学人を中心に強く反発され、1975年に憲法裁判所が高等教育審議会の権限を違憲としたことによって、高等教育審議会はいったん廃止された(Umunc, 1986, pp.447-450; Taylan and Taylan, 1992, p.745; Akyüz,1999, pp.313-316)。

　1970年代は大都市以外にも高等教育が普及しはじめた時期で、1970年代の新設11大学のうち10大学が三大都市(イスタンブール、アンカラ、イズミル)以外に位置している。また1974年には通信制の高等教育も開始された。こうした全国各地への高等教育の拡大にともない、大学間の単位互換・ある程度共通性を有した教育水準・入学基準を整える必要性が増してきた。しかし高等教育審議会の廃止によって、1970年代も大学・学部の自治権は以前と変わらず強いままで、大学間・学部間の統一はとれず、統一基準を作成できる機関もない無秩序な状況が続いた。ただし入学基準に関しては、1974年に全国統一の入学試験を行う入学者選考センターが設置され、全国規模での統一基準が作られる下地はできあがりつつあった。

　こうして1970年代には、大学数の増加と高等教育の地方への普及というそれまでとは違った状況が生じるなか、大学をめぐる状況の変化に対応できる

中央集権的な組織の必要性がさらに高まっていたのである (Umunc, 1986, pp. 447-450; Sismek, 1999, pp.139-141; YÖK1, pp.6-13)。

高等教育審議会の再設置による管理運営の中央集権化(1981年高等教育法)

　1980年に軍事クーデタが起こり、その後1983年まで続く軍政下で1981年高等教育法が制定され、1975年に違憲とされた高等教育審議会が再び設置された。トルコの全大学を管理する上部機関と位置づけられる高等教育審議会の再設置によって、1970年代を通じてとくに必要性の高まっていた中央集権的な管理運営体制が確立したのである。

　1981年高等教育法は、1973年高等教育法と同じく、軍部の影響下で制定されたもので、高等教育審議会の22名の構成員のうち1名を選考する権限が参謀総長に与えられている点に軍部の影響が窺える。1923年のトルコ共和国成立から現在に至るまで、高等教育法は、1933年、1946年、1973年、1981年の4度にわたって制定されているが、そのうち1973年と1981年の高等教育法に軍部が影響を与えているのがトルコの特徴といえる。ただし軍部の影響下で行われたといっても、高等教育審議会の再設置はトルコの大学をとりまく状況の変化(中央集権的な組織の必要性)に応じたものと考えられる。

　また1982年には、それ以前の中央集権的な管理運営組織が存在しない時代に設立された各種の非大学型高等教育機関(4年制または2年制のアカデミー、2年制の高等職業学校、3年制の教員養成学校)の併存状況を解消するために、高等教育機関の整備統合がはかられ、非大学型高等教育機関の統合により、8大学が新設された。こうした政策からも、トルコの高等教育機関を制度的に統一のとれたものにしようとする意図が伝わってくる。

　その一方で、それまで公的には認められていなかった私立大学の設立が許可され、1984年に初の私立大学としてビルケント大学が設立された。以後、多くの私立大学が設立された。中央集権的な管理運営体制を確立したうえで、私立大学の認可という点で多様性にも配慮されたのである(Umunc, 1986, pp. 450-455; Sismek, 1999, pp.139-141; YÖK1, pp.9-12)。

　1981年高等教育法による高等教育審議会の設立にともない、それ以前に比べると、大学・学部の自治権は大幅に制限され、高等教育審議会を頂点とし

260　第3部　アジア諸国の動向

た中央集権的な管理運営組織が確立した。いいかえると、1981年まではトルコでは同僚制の要素が非常に強かったものの、1981年の高等教育審議会の設置によって、同僚制の要素は弱まり、中央集権的に管理されるようになったという意味で法人制の要素が一挙に強まったのである。1981年高等教育法は、1923年のトルコ共和国成立以来、最大の大学の管理運営改革だったと位置づけられる。

3　高等教育の管理運営組織

1981年高等教育法は、これまで細部の修正が加えられているものの、基本的に現在でも有効な法である。この1981年高等教育法で定められた管理運営組織は図10-1のとおりである。

1981年高等教育法体制下の管理運営組織の特徴は、高等教育審議会を頂点

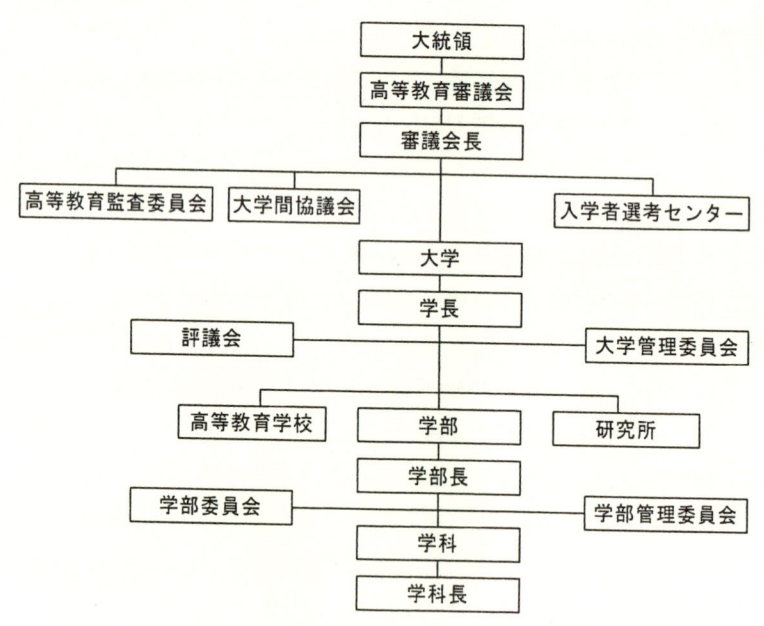

図10-1　トルコの管理運営組織（1981年）

（出所）　YÖK2の現行の組織図をもとに、1981年高等教育法に合わせて筆者が修正した。

とした中央集権的な要素が強いことである。高等教育審議会の権限は、高等教育機関の設立・発展に関する短期・長期計画を作成するなどの形で各大学に及んでいる。また学長、学部長の選考にも高等教育審議会がかかわっている。さらには高等教育審議会の下部機関である入学者選考センターの権限も非常に強く、実質的に各大学・各学部には入学者を選考する権限がないほどである。以下では、1981年高等教育法(YÖK3 ; YÖK4)をおもに参考にしながら、各管理運営組織の概要を述べる。

全国レベルの管理運営組織

　高等教育審議会はトルコのすべての高等教育機関を管理する最上位機関である。その機能は多岐にわたるが、1981年高等教育法で高等教育審議会の機能として定められているのは、たとえば高等教育機関の設立・発展に関する短期計画および長期計画の作成、各大学の年次活動報告の評価、各年度の学生の最大入学者数の決定、授業料の決定、大学が準備した予算案の教育省への提出などである。また各大学の学長や学部長の選考にも高等教育審議会がかかわる。高等教育審議会の構成員は22名で、その内訳は、大統領が選んだ7名(大学の前学長か優秀な教授が望ましい)、内閣が上級官僚のなかから選んだ7名、大学間協議会が選んだ7名、参謀総長が選んだ1名である。全構成員は大統領によって任命される。構成員の任期は4年で、再選は可能である。審議会長は審議会の構成員のなかから大統領が選ぶ。

　高等教育監査委員会は、高等教育審議会のもとで、高等教育法や高等教育審議会の決定規則に反しないように高等教育機関を監査する機関である。高等教育監査委員会の構成員は10名で、その内訳は、高等教育審議会が選んだ5名の教授、最高裁判所・国策会議・会計検査院が3名ずつ選んだ計9名の候補者のなかから高等教育審議会が選んだ3名、参謀総長が選んだ1名、教育省が選んだ1名である。構成員の任期は6年(ただし参謀総長が選んだ構成員の任期のみ2年)で、再選は可能である。高等教育監査委員会長は高等教育審議会長によって任命される。

　大学間協議会は、教学面を担当し、その役割は、たとえば全大学に共通する教育・研究・出版活動に関した規定を準備する、大学の教育・研究・出版

活動を評価し高等教育審議会と大学に勧告する、海外で授与された学位を評価する、準教授試験を準備するなどである。大学間協議会の構成員は、各大学の学長、各大学の評議会に任命された各大学1名ずつの教授、参謀総長に選ばれた1名の教授である。大学間協議会長は、各大学の設立年度順に学長が務め、1年ごとに交代する。大学間協議会は、原則として、会長の所属大学のある都市で1年に少なくとも2回開かれる。

入学者選考センターは、高等教育機関に入学するための全国統一試験を行う機関である。試験を行うだけではなく、志願者の志望と試験結果を考慮し、高等教育機関へ志願者を振り分ける。入学者選考センターの権限は非常に強く、実質的に各大学・各学部には入学者を選考する権限はない(ÖSYM, 2000)。

大学・学部レベルの管理運営組織

大学レベルの管理運営組織は、評議会と大学管理委員会である。評議会は教学面を担当し、その機能は、たとえば大学の教育・研究・出版活動に関する原則を決定する、大学とその附属機関に関する規則を準備する、毎年の教育プログラムと年間行事予定を決定する、学部委員会の推薦にもとづいて名誉学位を授与するなどである。評議会の構成員は、議長を務める学長、副学長、各学部の学部長、各学部委員会が選んだ教員、大学院と高等教育学校の長である。評議会は1年に少なくとも2回(各年度の最初と終わり)会合をもつ。

大学管理委員会は学長を行政面で補助する組織で、その機能は、たとえば評議会で決められた事柄を実行するうえで学長を補助する、大学の投資計画と予算案を検討する、学部管理委員会の決定事項に異議申し立てのあったときに最終決定を下すなどである。大学管理委員会の構成員は、議長を務める学長、学部長、評議会に選ばれた3名の教授である。大学管理委員会は、必要に応じて学長によって招集される。

学部レベルの管理運営組織は、学部委員会と学部管理委員会である。学部委員会は教学面を担当し、主要な役割は、教育・研究・出版活動に関する主要原則を決定し、年間行事予定を決定することである。学部委員会の構成員は、議長を務める学部長、学科長、学部附属の大学院と高等教育学校の長、教授陣に選ばれた3名の教授、準教授陣に選ばれた2名の準教授、助教授陣

に選ばれた1名の助教授である。学部委員会は各セメスターの最初と最後に開かれるほか、学部長が必要に応じて招集する。

学部管理委員会は、行政面で学部長を補助する組織で、その機能は、たとえば学部委員会で決められた事柄を実行する際に学部長を補助する、教育プログラム・年間行事予定の実行を確保する、学部の投資計画と予算案を準備する、学生の入学や単位の互換などに関する問題に取り組むなどである。学部管理委員会の構成員は、議長を務める学部長と、学部委員会で選ばれた3名の教授、2名の準教授、1名の助教授である。学部管理委員会は学部長によって招集される。

大学管理者・教員の選考方法

国立大学の学長の選考は、まず大学内で教員による無記名投票が行われ、投票数の多かった順に6名の候補者が選ばれ、次いで高等教育審議会が6名のなかから3名を選んで大統領に報告し、最終的に大統領が学長を任命するという手順で行われる。

学部長の選考は、まず学長が3名の候補者を選び、高等教育審議会がその3名のなかから選ぶ、という手順で行われる。

教授の選考は、まず5名以上(最低3名は学外者)の教授を学長が審査員として任命し、審査結果を学長が大学管理員会に提出する。大学管理委員会の決定にしたがって、学長が任命する。

準教授に関しては、称号の授与と任命が別々に行われる。まず志願者の専門分野を考慮して、大学間委員会が審査員(3名か5名)を任命する。審査員の評価にもとづいて、準教授の称号が授与される。準教授の称号保持者が大学に出願したのを受けて、3名の教授(うち1名は学外者)を学長が審査員として任命し、その審査結果と大学管理委員会の見解をもとに学長が任命する。

助教授の選考は、まず学部長が3名の教授または準教授(うち1名は学外者)を選考者として指名する。その結果と学部管理委員会の意見を参考に、学部長が1名を選び学長に伝える。任命は学長が行う。なお助教授は終身在職権をもたない。

4　1980年代以降の大学をめぐる変化と管理運営改革

高等教育の量的拡大と多様化

　1980年代以降のトルコの大学に大きな影響を与えているのは、学生数の急激な増加である。1980年度の高等教育機関の学生数は約24万人だったが、2001年度の学生数は約157万人にまで達した。なお1999年度の総就学率は約21％、純就学率は約12％である(SIS, 2002, pp.151-154；YÖK5, p.43)。急激な学生数の増加によって、設備面の拡充が追いつかないことや学生の質の低下が問題視されるようになっている(Dundar and Lewis, 1999；Sismek and Aytemiz, 1998, pp. 164-170)。

　さらに1980年代以降、高等教育は急激に拡大したとはいえ、大学進学希望者は飽和したわけではなく、トルコの高等教育は依然として拡大期にある。たとえば、2002年度の全国統一の高等教育入学者選考試験の受験者は約182万人だが、そのうち高等教育機関に進学可能とされた者は約61万人にすぎない(YÖK5, pp.29-33)。現在の学生数の3倍近くの高等教育進学希望者が存在することを考えると、今後、トルコの高等教育はさらに拡大する可能性が高い。それゆえ、さらなる急激な学生数の増加を念頭におきつつ、高等教育機関を整備・拡充していくという課題をトルコはかかえているのである。

　1980年代以降には高等教育の多様化も進んでいる。トルコでは長らく私立大学の設立は禁じられていたが、1982年にようやく私立大学の設置が認められ、1984年にトルコ初の私立大学(ビルケント大学)が設立された。1980年代に設立された私立大学はビルケント大学のみで、1990年までは国立大学28校に対し私立大学1校だった。しかし1990年代以降私立大学は急増し、現在では国立大学53校に対し私立大学23校となっている。とくに1996年以降の新設大学(19大学)はすべて私立大学である。このように、私立大学が急増しているのも近年のトルコの高等教育の特徴である(YÖK1, pp.12-14)。

　ただし私立大学は国立大学に比べると規模の小さな大学が多く、私立大学に通う学生数はそれほど多くない。たとえば2001年度の総学生数約157万人(通信制の高等教育で学ぶ学生を除くと約104万人)に対して私立大学の学生数は約5万人にすぎない。しかし私立大学は学生数は少なくとも質の高い教育を

行っているとされる。それゆえ私立大学の急増は、とくに教育研究の質が高いと定評のある国立大学にとっては手強い競争相手が出現したことになる (YÖK5, p.43; Sismek, 1999, p.143)。

通信制の高等教育が急速に発展したことも1980年代以降のトルコの特徴である。通信制高等教育への取り組みは1970年代頃からはじまっていたが、大学進学希望者の増加と通信技術の発達が相まって、1980年代以降、学生数が急増しはじめた。急増する大学進学希望者の受け皿として期待された通信制の高等教育は、ここまでは期待どおりの成果をあげてきた。しかし通信制の高等教育機関の卒業生の就職が困難な点、世界的にみても通信制高等教育の規模が大きすぎる点なども指摘され、これ以上、通信制高等教育の規模を拡大することは難しいのが現状である (Işman, 1997; Sismek, 1999, p.143)。

このように私立大学・通信制高等教育が発展したという点で、1980年代以降、トルコの高等教育は多様化が進んだ。しかし私立大学・通信制高等教育ともに今後急激な学生数の増加は望めず、さらなる高等教育の量的拡大に対処できない。そのため、現在は比較的規模が小さく今後の拡充が望める2年制の高等教育機関の学生数が増加していく可能性があり、それによって今後さらにトルコの高等教育機関の多様化が進むと考えられる (Sismek, 1999, pp. 142-144)。

大学に対する公的支出の抑制および大学評価システムの導入

1980年代以降、高等教育の量的拡大が急速に進んでいる一方で、高等教育への公的支出の増加率は低い。たとえば高等教育への公的支出額の対GNP比は、1984年には0.53％だったが、2002年には0.89％と約1.7倍に増加しているものの、同期間の学生数は約4倍になっているのに比べると見劣りする (YÖK5, p.121)。これに加えて、1980年代以降、大学数が急増したため、1大学当たりの割当額は減少している。そのため、予算不足に悩む大学が増加し、資金調達が大学の大きな課題になっている (Sismek, 1999, pp.141-151; Dundar and Lewis, 1999)。

こうした状況を背景に、1990年代以降、トルコの国立大学の財政構造が大きく変化している。トルコでは伝統的に、国立大学の収入の大半を公的資金

表10-1　トルコの国立大学の財政構造の変化

	1991	1992	1993	1994	1995	1996	1997	1998	1999	2000	2001	2002
公的資金(%)	80	80	79	77	69	65	57	61	60	57	52	58
自己収入(%)	20	20	21	23	31	35	43	39	50	43	48	42

(出所) YÖK5, p.131の表8-16。

が占めてきた。たとえば1990年の国立大学の全収入額のうち、公的資金は79％を占め、残りの21％が大学の自己収入だった。しかし1990年代半ばから、大学の自己収入の占める割合が次第に増加した結果、2002年には、国立大学の全収入額のうち公的資金が占める割合は58％にまで低下し、大学の自己収入が42％を占めるまでに増加した(表10-1参照)。

　また1997年以降、高等教育審議会がイギリスの質保証システムをモデルにした大学評価システムの導入の可能性を検討しはじめ、実際に実験を開始している。高等教育審議会がこのような大学評価システムを導入しようとした目的は、大学が説明責任を果たすため、あるいは、トルコの大学がOECDとEU諸国のなかで国際的な評価を得るためと推測されている。しかし高等教育審議会が大学評価システムを導入する理由を明確に述べていないために、大学内にその意図が十分に伝わっていないことが疑問視されている。また大学評価システムをうまく機能させるためには、高等教育審議会だけではなく、大学内でもなんらかのシステムが必要ではないかという指摘もされている(Billing and Thomas, 2000)。

中東工科大学における管理運営改革

　以下では、これまで述べてきた1980年代以降の大学をめぐる変化が、大学にどのような影響を与えたのかを中東工科大学を事例として検討する。

　中東工科大学は、1957年の設立以降、教育・研究ともに質の高い大学としてトルコでは位置づけられてきた。1950年代のアメリカのランドグラント大学をモデルにした大学のなかで、唯一、その独自性を維持し続け、今日まで一貫して英語を教授言語としている点でも異色の大学である。

　中東工科大学は、設立当初からアメリカをモデルに大学理事会を頂点にした管理運営体制下で、教育・研究の両面で大きな成果をあげてきた。その意

味では、中東工科大学はアメリカモデルの管理運営組織がトルコでうまく機能した事例ともいえる。しかし1981年の高等教育審議会の再設置によって、大学理事会の権限は消滅し、高等教育審議会を頂点とする管理運営組織への移行を余儀なくされた。この移行期には、高等教育審議会のあり方は大学の自治と学問の自由を損なうとして、大学を去った教員も多かった。管理運営組織の面からみても、この1981年の高等教育審議会の設置は、他のトルコの大学と同じく、中東工科大学にとっても大きな変化の時代だったのである。

このように高等教育審議会の設置による変化を結果的に受け入れる形になった中東工科大学では、1990年代以降、さらなる状況の変化が訪れかけている。トルコの高等教育の量的拡大の影響が中東工科大学にも及び、学生数が増加したことによって、学生の質の低下や伝統的な大学文化の崩壊が危惧されるようになり、また学生の生活環境の悪化も懸念されるようになった。

私立大学の増加も、中東工科大学にとって脅威となっている。私立大学は学生数が少ないものの、その質の高い教育面が評価されているばかりか、私立大学の多くは中東工科大学と同じく教授言語を英語としている。つまり私立大学と中東工科大学は、国立、私立の違いはあるものの、その性質は非常に似ており、中東工科大学にとっては厳しい競争相手が出現したことになるのである。さらに私立大学は一般に国立大学よりも財政面で豊かで、教育・研究設備が充実しているばかりか、教員の給与も高水準で、中東工科大学から教員が流出したり、優秀な若手研究者が私立大学に就職を決めたりしたことも、中東工科大学にとっては厳しい状況を招いた。

このような厳しい状況に加えて、公的支出が抑制されたことによって、自己収入を増大させ財政構造を改革させる必要性も高まった。しかしこの点に関しては、自己収入を増大させ、公的支出への依存度を弱めることは、高等教育審議会の設置以来、非常に乏しくなっていた大学の自律性を回復する契機と肯定的にとらえる見方もある。

こうした状況によって、大学改革が不可避となるなかで、中東工科大学の学長は、1995年に戦略的計画を発表した。この戦略的計画では、(1)学部教育よりも大学院教育と研究を重視する、(2)基礎研究よりも応用研究を重視し産業界との結びつきを強める、(3)教育技術の効果的な運用によって教育

の質を高め、評価システムを改革する、(4)私立大学との競争に打ち勝つために、昇進システムを改革し、他国の大学との交換プログラムを実施し、国際的な水準でプログラム認定を行う、研究設備を整備する、(5)学生の増加によってもたらされた問題を改善するために、学部段階では学生の入学者数を制限する、(6)産業界との結びつきを強めるために技術センターを作るなどが重視されていた。

この戦略的計画では触れられていないが、中東工科大学の関係者のなかでは、現状の管理運営体制に対する不満も出ている。大学の規模拡大と高等教育審議会による中央集権的な管理運営体制によって、大学内のコミュニケーションに壁ができ、管理運営計画を知らない無関心な教員が多くなってきたことや、逆に大学管理における専門的な管理者がいないことも問題視されている(Sismek and Aytemiz, 1998；Sismek and Balci, 2000)。

5 発展途上諸国におけるグローバル化の影響とその意義

本章では、トルコの大学の歴史および現行の管理運営組織とその改革動向を検討した。以上の検討をもとに、ここでは、序論「大学の管理運営改革の世界的動向」の分析枠組みをもとに、トルコの大学をめぐる状況をとらえ直し、発展途上諸国におけるグローバル化の影響とその意義を述べる。

まず序論で、転換期の大学改革を促す要因としてあげられている4点、つまり、(1)社会のグローバル化、(2)多文化主義の浸透、(3)情報技術革新の進展、(4)意思決定の政治化は、2点目以外は、すべてトルコにもあてはまる。グローバル化については後述するが、「高等教育機関の多様化」で述べたように、トルコでは1980年代以降、情報技術の革新によって通信制の遠隔高等教育が急速に拡大している。さらにトルコでは政治の動きが大学改革に大きな影響を与えている。たとえばこれまでのトルコの大学改革のなかで最も重要な位置を占める1982年の高等教育審議会の設置も、政治的転換期に軍事クーデタが起こるという状況のなかで軍事政権によってなされた政策だった。多文化主義の浸透については、トルコにまったく影響がないわけではないが、多文化主義が重要な位置を占めるアメリカなどに比べるとトルコでは

相対的に多文化主義の影響は小さいのが現状である。

　序論で「大学の未来像の予想」として論じられている点も、ほとんどすべてがトルコにもあてはまる。トルコでも公的資金は減少し、大学制度の再編成が行政主導で行われ、大学が制度的自律性を失いつつある。また中東工科大学の事例をみても、公的支出の抑制によって、大学と産業界の結びつきが強くなり、応用研究が重視され、大学教員の雇用環境が変わりつつある。

　大学の管理運営改革の方向に関しても、トルコの状況は序論でとりあげられている同僚制・官僚制から法人制・企業制へと変化するという指摘がほぼあてはまる。1981年以前にはトルコの管理運営は同僚制の要素が非常に強かったが、1981年の高等教育審議会の設置によって大学は中央集権的に厳しく管理されるようになり法人制の要素が一挙に強まった。しかし近年の公的支出の抑制によって、大学は自己収入を増加させる必要性に迫られており、今後は企業制の要素が強まる可能性が高い。

　このように、トルコの状況も多くの点で世界的な潮流と一致している。トルコは依然として高等教育の量的拡大期にあるという点で、学生数の減少が見込まれている多くの先進諸国の状況とは大きく異なる。こうした状況の違いにもかかわらず、改革の方向性が一致するということは、やはりグローバル化の影響が大きいことを示している。グローバル化の影響がトルコにまで及んでいることを考えると、現在の日本で進行中の同僚制・官僚制から法人制・企業制への変化の動きもやはり不可避なものといえるだろう。

　しかし全体的な傾向が一致しているといっても、各国の大学はそれぞれ違った歴史的背景や特徴をもっていることを見逃してはならない。国によって、また大学によって、改革以前の同僚制・官僚制・法人制・企業制の各要素の比重は異なる。もともと法人制・企業制の要素が比較的強かったところでさらにその比重を強める場合と、法人制・企業制の要素が弱かったところでその比重を強める場合では、対応策はおのずと変わってくる。また法人制・企業制の要素が強まるのが世界的な傾向といっても、その強まり方は、各国さまざまであろう。たとえばトルコの場合、1981年以来法人制の要素が非常に強く、今後企業制の要素が強まるとはいっても、法人制の要素を凌駕するほど企業制の要素が強まるとは考えにくい。

こうした点をふまえると、諸外国の改革動向を参考にする際には、それぞれの国独自の歴史的背景や違いを考慮し、また似たような言葉で改革の方向性が示されている場合でも、その言葉の意味するところを慎重に考慮しなければならない。そのうえで、日本なら日本の独自性をふまえた適切な方策を模索していく必要がある。

　さらにいうと、日本のこれまでの改革はおもに先進諸国をモデルに進められてきたが、グローバル化の影響が強くなればなるほど、発展途上諸国の動向にも目を配る必要性が高まってくるだろう。グローバル化の影響が強くなり、改革が世界同時進行の形で進むということは、違った状況にある諸国でも以前と比べると相対的に改革動向が一致するということである。そうなると、状況の違った諸国で進行する類似性をもった改革がどのような問題を生じさせているのか、あるいはどのような結果になりつつあるかを分析することによってより多面的な考察が可能になる。たとえば高等教育の量的拡大が一段落したあとで公的支出の抑制にいたった多くの先進諸国と、高等教育の拡大期と公的支出の抑制期が重なった発展途上諸国では、まったく背景が異なるが、公的支出の抑制という点に関しては類似性がある。ある程度の類似性があるならば、状況が異なるケースを分析することで、より多面的な考察が可能になる。

　また改革が世界同時進行の形で進むということは、お手本にできる(改革が先行している)事例がますます少なくなっていくということである。そうなると、同時進行の形でどのような改革が進んでいるのかをより多くの国家を対象に比較・分析しなければ、望ましい改革のあり方を予想しにくくなる。こうした点からも、今後、日本の大学の管理運営改革を進めるうえで、先進諸国のみならず発展途上諸国の改革もあわせて検討していかねばならない。

引用文献

Akyüz, Y. *Türk Eğitim Tarihi.* ALFA, 1999.

Biling, D. and Thomas, H. "The International Transferability of Quality Assessment System for Higher Education: the Turkish Experience." *Quality in Higher Education.* Vol.6, No.1, 2000,

pp.31-40.
Dundar, H. and Lewis, D. R. "Equity, Quality and Efficiency Effects of Reform in Turkish Higher Education." *Higher Education Policy*. Vol.12, 1999, pp.343-366.
Işman, A. "Diffusion of Distance Education in Turkish Higher Education." *Education Technology Research and Development*. Vol.45, No.2, 1997, pp.124-128.
ÖSYM (Öğrenci Seçme ve Yerleştirme Merkezi). *Selection and Placement of Students in Higher Education Institutions in Turkey*. 2000. (http://www.osym.gov.tr/eng/index.html) (2003年7月27日)
SIS (State Institute of Statistics Prime Ministry Republic of Turkey). *Statistical Yearbook of Turkey 2001*. State Institute of Statistics, 2002.
Sismek, H. "The Turkish Higher Education System in the 1990s." *Mediterranean Journal of Educational Studies*. Vol.4, No.2, 1999, pp.133-153.
Sismek, H. and Aytemiz, D. "Anomaly-based Change in Higher Education: The Case of a Large, Turkish Public University." *Higher Education*. Vol.36, 1998, pp.155-179.
Sismek, H. and Balci, A. "Current and Future Missions of a University: an Institutional Case From Turkey." *Mediterranean Journal of Educational Studies*. Vol.5, No.1, 2000, pp.77-94.
Taylan, E.E. and Taylan, C. "Turkey." In Clark, B. R. and Neave, G. R. (eds). *The Encyclopedia of Higher Education*. Volume 1, Pergamon Press, 1992, pp.742-751.
Turgut, M. F. "Higher Education." In Yildiran, G. and Durnin, J. (eds). *Recent Perspectives on Turkish Education*. Indiana University Turkish Studies Publications, 1997, pp.59-81.
Umunc, H. "In Search of Improvement: The Reorganisation of Higher Education in Turkey." *Minerva: A Review of Science Learning and Policy*. Vol.24, No.4, 1986, 433-455.

以下は高等教育審議会のホームページ (http://www.yok.gov.tr/index.htm) からダウンロードした資料。本文中で引用する際には、それぞれYÖK1- YÖK5と略した。
YÖK1, *The Turkish Higher Education System: Part1-History*.
    (http://www.yok.gov.tr/english/part1.doc) (2003年7月27日)
YÖK2, *The Turkish Higher Education System: Part 2-Governance*.
    (http://www.yok.gov.tr/english/part2.doc) (2003年7月27日)
YÖK3, *The Law of Higher Education*.
    (http://www.yok.gov.tr/english/law/content.html) (2003年7月27日)
YÖK4, *2547 Sayılı Yükseköğretim Kanunu*.
    (http://www.yok.gov.tr/mevzuat/kanun/kanun2.html) (2003年7月27日)
YÖK5, *Türk Yükseköğretiminin Bugünkü Durumu- Mart 2003*.
    (http://www.yok.gov.tr/egitim/raporlar/mart2003/baslik.pdf) (2003年7月27日)

第11章　マレーシアにおける大学法人化と民営化

杉本　均

1　マレーシアの国立大学法人化

コーポラタイゼーション

　1998年1月、マレーシア政府は国内最初の大学であるマラヤ大学を法人化し、続いて同年3月、他の主要な4つの国立大学を法人化することを宣言した。当初、残りのすべての大学も順次法人化される予定になっていた。マレーシアにおける法人化とはコーポラタイゼーション (Corporatisation) と呼ばれるものであるが、国立大学の管理運営の自律性を高め、運営経費の9割にまで達する国庫補助への依存を減少させるために、市場原理と競争原理をとりいれてその収入源を多様化しようとする試みである。

　法人化とは、狭い意味での民営化とは異なり、大学の資産が個人所有され、私立大学と同様な企業体になることではなく、大学は公的目的をもつ組織としてより大きな自治権を獲得し、大学がその施設を運用して利潤を生み、それを自ら処分できる営利組織を設立することが許されるようになることを意味している。大学は政府からの補助の多くを失う代わりに、学生数や授業料とその配分を自由に設定することが可能になり、事業収入、企業提携、子会社からの収入を一定の条件のもとで教員の給与に加えることか許されるようなるとされていた。

　法人化された大学は、会社を設立し、寄付を募り、債務者となり、投資株

表11-1 マレーシアの公立大学

	名称(略称)	創立年	所在(州)	学生数
1	マラヤ大学(UM)	1949/65	クアラルンプール	16,421
2	マレーシア理科大学(USM)	1969	ペナン州(ペナン)	17,832
3	マレーシア国民大学(UKM)	1970	スランゴール州(バンギ)	14,953
4	マレーシアプトラ大学(UPM)	1971	スランゴール州(セルダン)	13,400
5	マレーシア工科大学(UTM)	1975	ジョホール州(スクダイ)	14,816
6	国際イスラーム大学(IIUM)*	1983	スランゴール州(ゴンバク)	9,633
7	マレーシア北部大学(UUM)	1991	ケダ州(シントック)	10,159
8	マレーシアサラワク大学(UNIMAS)	1992	サラワク州	945
9	マレーシアサバ大学(UMS)	1993	サバ州	205
10	マレーシア教育大学(UPSI)	1997	ペラ州(タンジョンマリム)	(335)

(注) 学生数は2002年現在、網掛けの大学は法人化済み。
 ＊ 国際イスラーム大学はマレーシア政府と国際機関(OIC)の共同出資であるが、カテゴリー
  上国立大学の範疇に分類されている。
(出所) MoE, 2000.

式を保有し、ビジネスベンチャーに参入する権限が与えられる。大学の既存の資産の大部分は政府が今後とも保有し、新規プログラムや巨大な基幹プロジェクトの開発資金も政府が提供する。しかし法人化された大学は、その運営コストのかなりの部分を自ら工面しなくてはならないという重い荷を背負うことになる。大学は授業料の引き上げ、入学定員の拡大、政府や私企業へのコンサルタント業務、私立セクターからの要請に応える短期コースの提供、物理的施設の貸し出しなど、大学の財政を豊かにする他の種類の同様の活動を行い、収入を増やすためのあらゆる方法を通じて資金を確保しようとすることが求められている(Lee, 2000, p.326; Tan, 2002, p.95)。

マレーシアにおける国立大学法人化の試みは、オーストラリアの大学のコーポラタイゼーションの経験を色濃く反映したものであり、シンガポールの企業型大学やインドネシアやタイの自律的大学の動向も視野に入れたものである。これらの大学は社会財として知を生産し、伝播させるというよりは、市場の財、あるいは販売可能な財としての知を生み出し、移転させるように機能することが求められている。法人化されたマレーシアの大学は、その機能と管理運営機構において、劇的な転換と変化を経験することになった(Lee, 2002b, p.8)。

大学および大学カレッジ法と大学憲章

　マレーシアにおける国立大学の法人化を含む、高等教育の大きな政策転換は、主として1990年代後半、(1)規制緩和にもとづく私立高等教育(中等後教育)セクターの急速な拡大と、(2)それに連動した国立大学の法人化による公私連携の強化という形で行われた。1995年から96年にかけての以下の5つの法規の改正もしくは制定が、高等教育を含む教育政策に革命的な変化をもたらしたとされている。

　①「大学および大学カレッジ改正法」1995年
　②「教育法」1996年
　③「私立高等教育機関法」1996年
　④「国家アクレディテーション委員会法」1996年
　⑤「国家高等教育委員会法」1996年

　まず1996年の「教育法」の制定により、政府はこれまで国民教育制度の枠外としてきた私立学校を積極的に認知し、「国語以外の言語を授業用語とする教育機関」の存在を暗示した(Malaysia, 1996a)。さらに同年、「私立高等教育機関法」を公布し、私立の高等教育機関として、大学、カレッジのほかに外国の大学の分校というカテゴリーが加えられた。授業用語については、基本的には国語によるコースを提供するとしながらも、文部大臣の許可を得て、(a)その授業の大部分を英語で行うコースと、(b)アラビア語で行うイスラーム教育の授業の提供が認められた。この授業言語に関する規定はさらに拡大解釈されて、1998年には国語、英語だけでなく、華語(中国標準語)でも授業を行うカレッジも開校している(Malaysia, 1996b, 第41条)。

　また急速に拡大する私立セクターの教育と研究の質と水準を維持するために、同年「国家アクレディテーション委員会法」を制定し、私立大学・カレッジの設立およびコース開設には、独立法人である国家アクレディテーション委員会(LAN)の審査にもとづく文部省の認可を必要とすることとした(Malaysia, 1996d)。同時に「国家高等教育委員会法」によって、国家の高等教育の発展戦略と政策の策定を行い、高等教育機関への財源の配分、職員の給与階梯、学生の入学・授業料、国内外との提携のガイドラインを示した(Malaysia, 1996c)。

マレーシアにおける国立大学法人化の法的な基礎は、1995年に改正された「大学および大学カレッジ法」とそこに列挙された各大学憲章の改正にある。それぞれの大学憲章において新しい大学の組織、任免、権限、活動範囲が具体的に定められており、基本的にはすべての国立大学が法人への変換が可能とされていた(Malaysia, 1995)。各大学において既存の組織が異なるため、新たな規定も異なるので、ここではマレーシア理科大学(USM)の大学憲章を例に、その法人化の状況についてみてみたい。

(1) 学長・副学長

大学の長は学長(Chancellor)であるが、実際には大学式典などを主宰する名誉職であり、文部大臣の諮問のもとに国王が王族などを任命している。事実上の学長にあたる副学長(Vice-Chancellor)は大学の最高管理者でありアカデミックスタッフの長である。副学長は役員理事会(Board of Directors)の諮問のもとに文部大臣が任命する。副学長は大学の憲章・法規・諸規則の履行を監督し、大学の教育・研究・財務・管理・福利・風紀に関して憲章や法規・諸規則の定める権限を行使する(USM, 1998, 第12条)。1969年の民族間暴動以降、マレーシアの大学では大学管理者の任命権は大学当局から文部大臣に移されている。副学長は学部長、副学部長、学科長、副学科長、所長、副所長を任命する権利を有している(第2節、p.283参照)。

(2) 大学当局

大学当局とは役員理事会、評議会、学部、学科、センター、アカデミー、研究所、教務委員会、人事委員会、学生厚生委員会および評議会が指定した団体をさす。かつての大学理事会は役員理事会に改組され、以下より構成される。すなわち、議長、副学長、政府代表2名、大学所在地の代表1名、文部大臣が理事会に有益な知識と経験をもつと認められる人物3名以内、ただし少なくとも1名は私立セクターに属する。副学長以外のメンバーは文部大臣が任命し、任期は3年で再任は妨げない。理事会の秘書官は議長が任命する。議長と他のメンバー3人をもって議決定足とする。理事は文部大臣の定める手当てを支給される(USM, 1998, 第15・16・17条)。

評議会は以下により構成される。すなわち、副学長(議長)、副学長補佐全員、すべての学部長、学科長、センター長、アカデミーおよび研究所長。副

学長は評議会のメンバーを追加指名することができる。評議会は大学のアカデミック団体であり、大学の教育、研究、試験、学位等の授与、その他アカデミックな事項に関して責任を負う (USM, 1998, 第20条)。これにより従来およそ300名ほどの評議員会も40人程度に縮小された (Lee, 2000, p.326)。

(3) 大学の権限

大学憲章によれば、大学は教育・研究の実施や学位の授与など23の権限を認められている。そのなかで法人化に関連するものは、(a)研究成果の有効利用のための商業的研究の実施、(b)業務規定、給与スケール、休暇および風紀に関する大学の被雇用者の職務条件の規定を定める、(c)規定に定める授業料を請求し徴収する、などの項目である (USM, 1998, 第6条第1項)。また別条文に、大学は文部大臣の承認のもと、マレーシア内外の大学、高等教育機関、その他の教育機関と提携・協力・加盟あるいは共同その他の方法で、学術コースもしくは訓練プログラムを提供することができる (USM, 1998, 第9条)、と記載されている。

しかし法人化への中心的推進力となるのは役員理事会であり、財務大臣の承認のもと、以下の活動を行うことができるとされている。すなわち、(a)国内外の営利の企業・会社・組織、マレーシア政府、州政府、公的機関、被委託者および個人との提携、共同出資、共同業務、ジョイント・ベンチャー、請け負い、そしてあらゆる形態の協力および仲介、さらに(b)1965年会社法にもとづいて企業を設立し、大学が企画しあるいは請け負った業務を行うことができる、とされている。

また、(c)理事会が大学にとって有益であると認めるプロジェクト、企画、計画、事業を行い、請け負う法人(corporate)を設立する、(d)理事会が認めた利率、期間、条件において、大学が責務の遂行と事業処理に必要と認めた金額の債務を負い、(e)上項(d)の債務に対して、理事会が適当と認めた条件で資産、動産、不動産によって担保を保証し、(f)上項(a)のパートナーが発行し保証する株式、社債、債務証書、債務証券、信託、債権、担保を保有し、その配当を得ることができる。

また(g)上項(f)の株式、社債、債務証書、債務証券、信託、債権、担保を、寄附、入札、購入、転記、交換その他の方法によって取得し、(h)上項(f)の

資産の所有にもとづくすべての権限と権利を履行し、(i)大学の目的に照らして必要もしくは便益があるとみなされる不動産・動産を購入、賃借、雇い上げその他の方法で獲得もしくは投資することができる(USM, 1998, 第7条)。設立された法人は理事会が定める名称をもつ永続的団体であり、公印をもち、法務主体となり、契約を締結できる。また動産・不動産を所有し、処理し、それに付帯するこの憲章に違反しないすべての行為を行うことができる、と定められている(USM, 1998, 第8条)。

新しい大学憲章は1998年4月にすべての国立大学に導入されており、管理機構の改編と法人化による財政的な国庫への依存からの脱却は、全国立大学において最終的には達成され、文部省はこの改革によって国庫補助金の比率は従来の90％から将来の70％にまで軽減されると想定していた(MoE, 2001, p.119)。しかし文部省高等教育局によれば、2002年現在、社会の経済的状況を考慮して5大学への国庫補助の額の大きな削減は避けられ、教員の給与スケールの改定も一部にとどめられている。また残りの国立大学への法人化の波及も延期されている状態であるという[1]。

各大学の取り組み

2002年現在、法人化された5大学では急激な組織改革が進行中であり、訪問するたびに関連組織の名称が変化するほどの変化の最中であり、長期的な展望は述べにくいが、筆者の観察する限り、法人化への組織的対応は2つのパターンがみられた。1つは大学組織内に、投資、技術移転、知的資産、コンサルタントなどの業務を行うセンターやユニットを設置して、あるいはそ

表11-2 法人化した大学の関連組織

大学名	法人化年月	大学内組織	子会社
マラヤ大学	1998/1	経営コンサルタント機構(IPPP2000) 法人化計画ユニット(CPU)	UNホールディングス (計画中)
理科大学	1998/3	私立教育連絡ユニット(1998)←協力→	USAINSホールディングス(1998)
国民大学	1998/3	(技術革新コンサルタント局BRI)改組→	UKMホールディングス(1995)
プトラ大学	1998/3	大学ビジネス・センター(1996)	
工科大学	1998/3	研究経営センター：技術革新コンサルタント局(1981)	

(注) 網掛けは法人化済み。

れらを統合して一元化しようとする方法で、マラヤ大学がその典型である。もう1つは、大学が出資する法人を独立して作り、上記業務を行い、その収益を大学が配当としてうけるパターンで国民大学や理科大学で実現していた(以上**表11-2**参照)。

マラヤ大学(University of Malaya: UM)は1949年シンガポールに起源をもつ大学であるが、1959年にクアラルンプルに分校が設置され、1965年のマレーシア連邦とシンガポールの分離独立によって、本校から独立しマラヤ大学の名称を継承することになった(Selvaratnam, 1989, p.190)。マラヤ大学では市場化への対応として、1992年にコンサルタンシー・ユニット(UPUM)を設立し、大学の専門的人材を政府や私企業に紹介提供する活動を開始した。1995年にはさらにR&D経営ユニット(UPRD)を設立し、内外からの研究資金の流れについて管理を開始した。内部からの資金とは科学・技術・環境省(MOSTE)からの資金、外部からは国内の基金や私企業からの資金であった。また1998年には、ビジネス開発局(DBD)を開設し、研究を通じて得られた生産物・サービス、技術を商業化することをめざすものであった。

この間、マラヤ大学の大学院学生の数は、1994/95年度の1,723人から2001/2002年度の7,000人へと大幅に増加し、科学・技術・環境省からの委託研究費も第6次マレーシア計画時代の4,430万Mドルから、第7次マレーシア計画時代の7,880万Mドル規模(438件)に増加した。大学の資金運用と提携業務、そして大学院の規模がかなり拡大したために、大学のすべての研究活動、提携・顧問事業を統合する中心的機構を設立し、関係組織がより効率的に研究を促進、監督、評価できるようにする必要があると感じられた。2000年10月、上記の既存の3つのユニットを統合し、かつ個々の機能をさらに強化するためにマラヤ大学研究・経営およびコンサルタンシー機構(IPPP)が設立された。

IPPPの第1の機能は、アカデミック・スタッフの研究活動を促進し、モニターし、評価し、同時に産業界に対してコンサルタント・サービスを提供することであり、マラヤ大学が新たな知識の創造と普及、生活の質の向上に積極的に貢献するような研究において、指導的機関となることをめざしている。そして、(1)すべてのアカデミックスタッフを研究活動に積極的に参加させ、

(2)すべての契約された研究資金を最適に管理し調整し、(3)戦略的な研究領域においてセンター・オブ・エクセレンスの地位を確立し、(4)戦略的なパートナーシップを通じて、産業界に専門的知識や研究上の成果を提供することを目的としている。

　IPPPはその下部組織として、①研究開発ユニット、②外部資金管理ユニット、③コンサルタンシー・ユニット、④技術移転・商業化ユニットの4つの部局をもっている。そのおおまかな機能は、①研究開発ユニットは、教員の研究活動への貢献を高め、情報を発信し、国際的なリンクを結び、新たなスポンサーの開拓を行い、②外部資金管理ユニットは、研究助成金の会計管理、研究アシスタントの採用、研究成果の発表・セミナー・会議の企画、出版編集作業、研究奨学金・学習ローンの管理、国際的研究プロジェクトのコーディネイトを行う。そして③コンサルタンシー・ユニットは、政府各部局や企業と研究契約を結び、コンサルタントを行い、外部に対してサービスやコースを提供し、大学の専門的人材を紹介し、産業界への技術移転を促進し、④技術移転・商業化ユニットは、大学の科学的研究の成果を商業化し、その情報を公開宣伝し、大学の収入を生み出し、技術移転を通じて科学や技術に理解のある社会の創造に貢献する、とされている。

　2001年現在、技術移転・商業化ユニットにおける進行中のプロジェクトとしては、パームオイル(椰子油)、バナナ苗、IT生産性センター、クロム触媒、ポリウレタン、フィルム現像、都市再開発に関連したものなどがある。なおマラヤ大学は財務省の許可を得て、マラヤ大学ホールディングスの設立を準備中で、その設立後は大学の商業活動はすべてこの会社を通じて実施されることになる[2]。

　首都近郊でMSCプロジェクト地域に隣接するマレーシア国民大学(Universiti Kebangsaan Malaysia: UKM)では、さらに早く1979年に、技術革新コンサルタント局(Biro Rundingan dan Inovasi UKM: BRI)が設立され、国民大学の商業活動を管理し、学外の顧客に専門知識と人材と施設を提供する会社として機能してきた。BRIはUKMホールディングスのもとにあって、2001年資本金の50％を国民大学が所有するパカールンディン(専門家コンサル)という法人組織に移行しつつある。UKMホールディングスの傘下には、パカール

ンディンのほかに教育学部が運営する教育開発センター(PKP)および遠隔研究センター(PJJ)と、理学部が経営するユニペック(UNIPEQ)があり、PKPは経営者MBA/BAコースをPJJは遠隔教育コースをそれぞれ外部に対して提供し、ユニペックは食料研究に焦点をあてている。当局は年間収入2億6,000万Mドルのうちの30％までをこうした事業収入によりたいと計画しているが、2000年時点で10～20％の3,000万Mドル程度である、という[3]。

マレーシア理科大学の法人化のケース

マレーシア理科大学(Universiti Sains Malaysia: USM)は1969年にペナンに設立された、マレーシアでマラヤ大学についで2番目に古い国立大学である。イギリス型の伝統を残すマラヤ大学に対して、アメリカ型の学際的な学科(school)システムをもつ総合大学である。1998年にマレーシア理科大学が法人化されて以降の動向を事例に、マレーシアの法人化の現状をみてみたい。

法人化に連動してマレーシア理科大学は、1998年12月USMのビジネスの実践部門として、その商業活動のすべてを管理する持ち株会社であるユーサインス(USAINS)を設立した。ユーサインスは大学の知的資産のマーケティングと運用を行う唯一の窓口として、大学の専門家・専門技能の民間・政府へのアレンジ、パテント・著作権の管理、コンサルタント業務、検査、契約研究、大学敷地の貸与、USMの継続・拡張コースやディプロマや学位のフランチャイズ化事業などを行っている。ユーサインスはその傘下にユーサインス・テクノサービス、ユーサインス・テック・キャピタル、ユーサインス・インフォテックの3つの子会社をもっている(図11-1参照)。

その業務は大きくわけて6分野、すなわち、(1)プロジェクト・コンサル

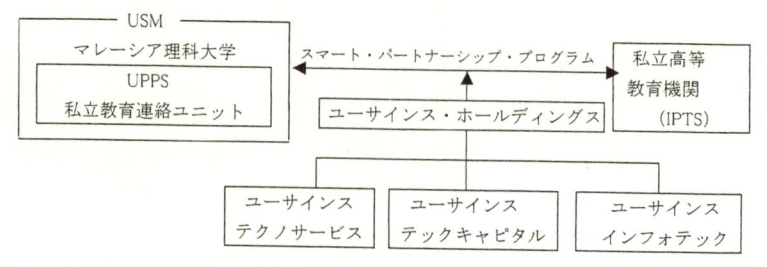

図11-1 マレーシア理科大学とユーサインス・ホールディングスとの関係

タント業務、(2)継続教育業務、(3)民間提携教育コース、(4)企業家育成関連事業、(5)投資、(6)減税対策事業に及んでいる。ユーサインスの供託資本金は500万Mドルで、フルタイムのスタッフは21名である[4]。

　1998年には私立教育連絡ユニット(UPPS)が設立され、USMからのフランチャイズ・プログラムを提供する私立カレッジとの仲介を行う機構として機能している。2002年現在USMは、管理、コンピュータ、工学、薬学、マスコミ学など23のプログラムを、12の私立カレッジにフランチャイズにより提供している (Lee, 2002b, p.15)。UPPSは大学登録部(Registry)のアカデミックセクションに設置され、ユーサインスと密接な協力のもと、スマート・パートナーシップ・プログラムを私立教育機関との間に運営している。このプログラムによって、十分な資格がありながら、大学の定員にはずれた学生に教育機会を提供し、USMの専門知識と科学技術的なノウハウを私立高等教育機関に転移させることを目的としている[5]。

　スマート・パートナーシップ・プログラムは、大学の学位コースを、私立カレッジなどの教室とスタッフを使って提供し、修了者に大学の学位を授与する、いわゆる提携学位制度の一種であるが、このプログラムでは従来の学士号のための外部学位コースに加えて、試験の出題、採点、成績表の作成もすべてカレッジ側が行う、ディプロマのフランチャイズ・プログラムも提供している。両者とも授業料はカレッジの設定により、学位授与式はカレッジで行う点は共通であるが、後者はコース名も大学で提供されているコースに一致する必要がない点で前者とは異なっている (USM, 2000, pp.1-3)。

　マレーシアの高等教育の動向において特徴的なのは、その授与する学位(大学)と、それを得るために学生が修得するコースの所在を、必ずしも結合させない考え方、あるいはヴァーチャルともいえる分離志向であった。これは英国のロンドン大学の外部学位の伝統を受け継ぐものであり、1980年代から開発されていたトゥニング・プログラムの発展した形態であった。

　そしてこれらの学位を法人化された元国立大学が、国内の私立大学やカレッジとの提携プログラムに応用することになった。すなわち、急増する国内の高等教育への需要をまかなうために、入学からもれた学生のために、元国立大学が授与しているものと同じ学位を、その大学にまったく在籍すること

表11-3 外部学位プログラムとフランチャイズ学位コースの比較

実施主体	外部学位プログラム	フランチャイズ学位コース
コースの履修	カレッジ	カレッジ
教員	カレッジ	カレッジ
授業料設定・支払い	カレッジ	カレッジ
試験問題の作成	学位授与大学	カレッジ
採点	学位授与大学／カレッジ＊	カレッジ
卒業者名簿掲載	学位授与大学	カレッジ
卒業式	カレッジ	カレッジ

(注)＊学位授与大学による採点の分担比率は1年次で70％、2年次で50％、3年次以降30％。
(出所) Panduan Kerjasama Pintar Pendidikan Universiti Sains Malaysia, 2000+, unpublished booklet.

なく、すべて民間のカレッジや大学のスタッフの指導のもとで、取得できるシステムを開発したのである。このフランチャイズ・システムは、年2回程度の視察と定期の報告だけで、すべてのコース運営を私立カレッジ等に委託しており、授業料はカレッジの基準で設定される。学生は威信の高い学位を取得することができ、元国立大学はそのスーパービジョンの手数料を取得し、カレッジは新たな人気コースからの収入が得られるという、三方が利益を得るというシステムとされる。

このプログラムを含むすべての提携プログラムにおいて、政府(文部省、高等教育局)のガイドラインとして、履修する学生の少なくとも30％はブミプトラ(*Bumiputera*: 土地の子、マレー系をはじめとする先住民族をさす)であることが義務づけられている。またこれらのコースの授業言語はマレー語であるが、文部大臣の許可を得て英語で行うことができる(MoE, 1999, pp.3-5)。2002年現在、私立教育連絡ユニットは、国内カレッジとの間で、外部学位プログラムを4分野6件、フランチャイズ学位プログラムを7分野12件、合計18件のスマート・パートナーシップ・プログラムを実施中である[6]。

2 国立大学法人化の背景

規制の緩和と管理の強化

マレーシアの大学は1957年の独立以来、とりわけ民族間の暴動が全国に吹き荒れた1969年以降、国家の強い管理下におかれてきた。その規制の一部と

してたとえば、民間セクターが大学を設立することは事実上認められない、入学者の選考で純粋に学力による選抜ができない、学部の授業言語に原則として国語(マレー語)以外の言語を使うことができない、などの規制であった。これらはマレーシア政府が、より望ましいと考える社会像、すなわちマレー人、マレー語、イスラームを中心としたマレーシア文化が主役となる「国家統合」を実現するための手段・機構として、大学という高等教育機関を位置づけ、利用してきたからである。すなわち大学のもつ、個人の社会的上昇の手段とか知的欲求の追及、学術・科学技術の発展のための先端機構という役割は、国家の上記の目的に合致した場合にのみ機能すべきものという暗黙の前提がしかれてきた。

マレーシアには人口の6割を占める先住のマレー系のほかに、19世紀に中国大陸から移住した華人系が約3割、南インドから来たインド系が約1割おり、経済的には大きな力をもっている。教育的にも独立当初、唯一の大学であったマラヤ大学の学生の大半は華人系かインド系であったことから、国家のエリートや専門職業人の構成に影響を与えるこれらの機関において、マレー系学生の比率を増やすために、政府は大学の管理運営を国家のコントロールのもとにおき、さまざまな積極的差別政策を行ってきた。

1971年の「大学および大学カレッジ法」を制定し、大学の設立を文部省の認可とすると同時に英国型の大学の自治を事実上停止し、そのコントロールを政府の手中に収めることに成功した。この法律のもとで、1972年、文部大臣の諮問機関として、高等教育諮問委員会が設置され、大学参与の構成員に政府の代表を送り込むと同時に、従来は大学参与会の専権事項であった副学長および副学長補佐(事実上の副学長)の任命権を文部大臣のもとにおいた。また従来は選挙で選ばれていた学部長や学科長も、その副学長によって任命されることになった。さらに政府はすべての国立大学の、(1)学生の入学、(2)スタッフの採用、(3)カリキュラムの設定、(4)財政運営におけるほぼ完全な権限を掌握した(Lee, 2002b, p.9)。

またこの法律にもとづき、中央大学入試委員会が設置され、大学生の民族構成が国民の民族構成を反映するように入学者選抜方針が変更され、これまでの能力主義による選抜の原則が一部崩れた。すなわち「最低限の大学入学

資格(中等教育修了試験HSCにおける主専攻1科目と副専攻2科目、論文での合格)を満たしており、政府やそれと同等の公的奨学金をうけている学生は、文部大臣の同意がない限り、入学を拒否されることはない」という方針が設けられた(UM, 1979, 第47条)。一方、政府はフォルム・シックスの修了生に与える進学のための奨学金のうち9割近くをマレー系を中心とするブミプトラの学生に集中支給することにより、事実上入学者の選抜も政府の影響下においた。これによりマレーシアの大学生に占めるマレー系・先住民系学生の比率は1965年の25.4％から1980年の70.6％にまで上昇した。

　政府はこの一連の大学管理機構の国有化により、大学の数を国立大学の数校に限り、その学生数を、当該年齢人口比にして1～2％というきわめてエリート性の強い限られた機関として維持する方向を選んだ。民族枠という政治的配慮と限られた奨学金という財源で、社会の専門職人口の民族構成比率を矯正しようという場合、その職種の人材を養成する主要機関である大学の定員があまりに大きいと、その効果は半減するか薄れてしまう。マレーシア政府がながらく国家の高等教育機関をきわめて絞られた「狭き門」に限定してきた理由はそこにあると思われる。

マレーシアの大学政策の転換

　マレーシアにおける教育を含めた公立セクターの民営化への急速な動きの背景には、世界的な経済の第三の波、知識を基盤とした経済の到来と、それに対応しようとする国家の政策転換が影響している。1991年にマハティール首相は「2020年国家発展構想(ビジョン2020)」を発表し、マレーシアは産業経済のランナーから情報化時代のリーダーへと転換することが必要であり、年7％以上の経済成長率を維持して、西暦2020年までに経済的にイスラーム国として最初の先進国の地位を達成するとともに、社会文化的に成熟したアジア的精神の先進国を建設するという構想を掲げた。

　その構想の具体化として、首相は1996年に、クアラルンプル郊外の2,823ヘクタールに及ぶ土地に、ハイテク工業都市サイバージャヤの建設を含むマルティメディア・スーパー・コリドー(MSC)のプロジェクトを打ち出した。MSCはマルティメディア通信情報技術の革新的な応用を通して、グローバ

ル化しつつある世界および地域の経済において、マレーシアのもつ潜在的な能力を引き出し、アジアの急成長市場におけるハブとなるための理想的インフラを提供する、政治、経済、社会、文化領域にまたがる20年間のメガプロジェクトである。そのモデルケースとして、首都クアラルンプル・シティーセンター(KLCC)から新国際空港(KLIA)までの幅15km、長さ50kmの地域に2つのハイテク都市を建設し、最新通信流通インフラを備えてマルチメディア関係の製造業、サービス業、研究所を誘致して、整備を行っている。

　この過程で明らかとなったことは、このプロジェクトには4年以内に30,000人の知的労働力が必要であり、1990年時点で就学年齢人口比で2.9%の就学率である大学や、カレッジまで広げても18.9%という小規模な中等後教育システムでは、とうていこの需要をまかなうことはできず、2020年までには中等後教育段階の学生が人口比にして40%にまで拡大される必要が認識されたためである (Tan, 2002, p.87 ; MoE, 2000)。そこでマレーシア政府はこれまで国内の高等教育の抑制的な発展を導いてきた上述の法規の制定もしくは改正を行うことになった。

　1998年タイの通貨危機にはじまるアジア経済危機は、マレーシア経済にも深刻な影響を及ぼし、マレーシア通貨は米ドルに対して2.50から3.80にまで暴落した。マレーシア政府はただちに海外留学のための政府奨学金を撤回し、私費留学生に対しても、出国ビザの値上げや留学生送り出し家族への税金控除を廃止するなどして、その流出をできる限り食い止めようとした。国立大学はその入学定員を1997年の45,000人から、1999年には一挙に84,000人にまで拡大させた。一方、「私立高等教育機関法」の実施を早めて、5つの私立大学の入学定員を拡大させ、海外留学から引き戻されたおよそ2,000人分の枠を確保させた (Tan, 2002, pp.12-13)。

　外国の大学へ留学する際のコストの高さは当時にはじまった問題ではなく、1980年代初めに英語圏の大学が留学生への公的補助を削減・廃止した頃から、留学生本人はもちろんのこと、その多くの奨学金を支出しているマレーシアなどの政府の頭の痛い問題であった。そこで1987年、従来から外部学位制度の伝統のあるこれらの英国系の大学は、一定の条件と監督のもとで、留学生の学位取得に必要な履修年限の一部を、出身国の提携カレッジで振り替

えるといういわゆる、トゥイニング・プログラムを開発してきた。これにより3年間のうち、1年間か2年間を出身国で過ごすことが可能になり、総コストの2～4割が軽減された(いわゆる「1+2」あるいは「2+1」プログラム)。

しかし通貨危機により外貨の流出がさらに重い負担となり、これらの諸国の大学との間に提携されていたトゥイニング・プログラムの最終学年もマレーシア国内で履修できる、いわゆる「3+0」プログラムを開始し、オーストラリアの10大学、英国の9大学との間に開始させた。2001年現在「2+1」「1+2」課程を実施しているコースは44、「3+0」課程は35コースである。さらに逆に海外からの留学生をマレーシアに誘致して、国家の教育歳入バランスを改善させるために、ブルネイ、インドネシア、中国などにマレーシア高等教育の宣伝使節を文部省主導で組織した。1998年にはマレーシアへの近隣諸国からの留学生は10,000人に達している(MoE, 2001; Tan, 2002, pp.12-13)。

3 マレーシアの私立セクターの拡大

急速に拡大する私立セクター

マレーシアの国立大学の法人化は1990年代の私立大学の認可と急増がその背景にある。1997年から2000年の経済危機によって、これまで大量に送り出されていた留学生が行き場を失い、授業料の安い国立大学に殺到した。当初国立大学は本来の学部および大学院教育だけで手がいっぱいとなり、その附属の大学予備門レベル(マトリキュレーション・コース)をフランチャイズ化して民間に委託するとともに、政府は大学カレッジを新設してその新たな受け入れ先とした(Haji Azmi bin Zakaria, 2000, pp.123-124)。

限られた財源という条件のもとで、教育制度を民営化・プライバタイズする最も有効な方策は、民間セクターに新たに教育機関を作らせることであるといわれる。マレーシアの私立高等教育セクターは、1996年の私立高等教育機関法による規制緩和により、急速に拡大しており、中等後教育機関にあたる私立カレッジを含めるとその数は2002年現在707校に達している。ユニバーシティの地位をもつ私立大学としては、現在14校を私立教育局は認知しているが、そのうち8校はマレーシアの大企業などの設立によるもの、4校は外

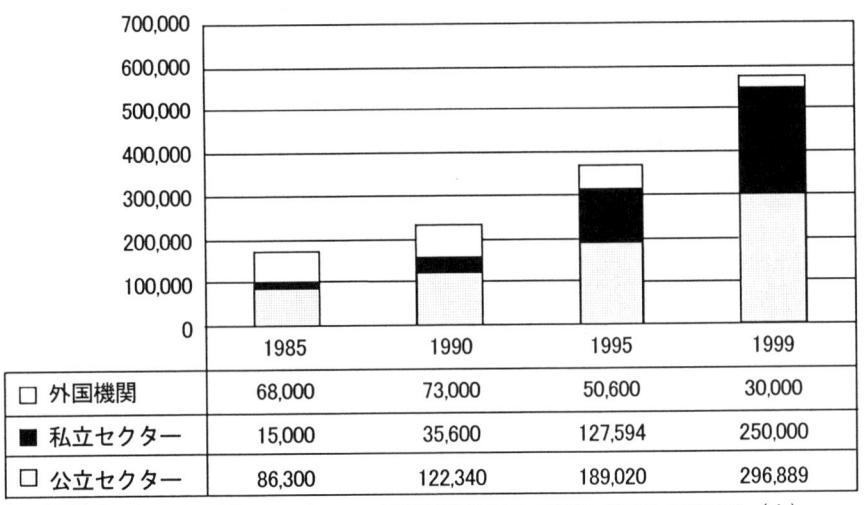

	1985	1990	1995	1999
□ 外国機関	68,000	73,000	50,600	30,000
■ 私立セクター	15,000	35,600	127,594	250,000
□ 公立セクター	86,300	122,340	189,020	296,889

図11-2　セクター別マレーシアの中等後教育人口の変遷（1985-1999年）（人）
(注)　1999年の統計は概数を含む。
(出所)　Lee, 2002a, p.35.

国の大学の分校、1校は放送大学、残りの1校はヴァーチャル・ユニバーシティである。

　マレーシアの高等教育人口は1990年の230,000人から2000年の385,000人に倍増し、19歳から24歳までの標準年齢人口に占める高等教育就学率は1990年の2.9％から8.2％にまで上昇した。この期間に私立高等教育機関(中等後カレッジを含む)の数は1992年の156校から2002年の707校にまでおよそ4倍となった。私立大学にいたっては1995年以前は1校もなかったのが、2002年では14校に達している。こうした教育機関に在籍する学生数は1990年の35,600人から2000年の203,000人にまで増加し、マレーシアの中等後教育人口の53％を占めるまでになった。またその反動で、かつては留学生送り出し大国と呼ばれたマレーシアからの留学生は、全就学者比率にして1985年の40.1％から、1995年で13.8％、1999年には5.2％にまで縮小した(Lee, 2002b, p.7; Lee, 1999a, pp.71-77)。

　急速に拡大するマレーシアの私立中等後教育機関について、タン・アイメイ(Tan Ai Mei, 2002)は、設立年代や経営主体などからみて、大きく3つの世代に分類している。すなわち、(1)第1世代は1980年代までに設立されたカレッジで、トゥイニング・プログラムを開始したサンウェイ・カレッジなど

に代表されるように、英国、オーストラリア、アメリカなどの大学との間の国際的なリンクが特徴である。(2)第2の世代は1990年代前半までに設立されたカレッジで、マレーシア経済が高度成長をとげている時期の設立であった。(3)第三世代は1996年の新たな法規制と改正の後に設立されたカレッジおよび大学で、新たな私立大学をはじめ、マレー系所有のカレッジ、華人系カレッジ、外国の大学の分校など多様な形態の機関が含まれる (Tan, 2002, p. 64)。

またこれらのカレッジを設立母体から分類すると、営利的機関としては(a)個人事業者、(b)私企業、(c)企業連合体、(d)政府系企業によるものがあり、非営利的機関としては、(e)財団系、(f)慈善団体や地域団体などの設置する機関があるという (Lee, 1999b, pp.44-45)。

新たに設立された国内系の私立大学の母体は、もと政府系大企業であり、その経営には政府の意向が強く反映されている。たとえば最初の私立大学であるマルティメディア大学(MMU)の理事会は母体企業テレコムの会長、文部省と通産省の次官、大学の学長などからなり、きわめて強い決定権があるという。MMUは事業収入の85％を学生からの授業料収入によっているので、学生からの評価は経営にとって重要である。開校当初の学生の人気は高く、10倍から14倍の競争率で優秀な学生を集めることができたという。そのため9割の学生が政府からの奨学金をうけることができ、実際の収入のほとんどは政府によって支えられていることになる。敷地は民間地の10分の1くらいの地価で取得でき、施設も免税措置が取られ、大部分の機器設備は大企業からの寄付などで設置されている。学生の半数は華人系で、女性が半数を占める。外国人留学生も200人おり、将来は30％を留学生にする予定であるという[7]。

私立高等教育機関については、これまでのような民族別の優先入学(クオータ)システムは設定されていないので、その学生の8割は非マレー系で占められている。政府はマレー系学生の私立大学への進学を支援するために、2000年国家高等教育基金(PTPTN)と呼ばれる政府奨学金を設け、マルティメディア大学など5つの私立大学を認定し500億Mドル規模の奨学金を支給しているが、公立セクターと異なり、全体に占めるその規模と効果は部分的なもの

にしかすぎない。

大学の質と水準の評価

しかしマレーシア政府が高等教育機関の唯一の設置者であることを放棄したことは、そのままただちに大幅な規制の緩和や分権化を促進するということにはならない。なぜならマレーシアは同じ1996年に「国家アクレディテーション委員会法」を通過させており、これにより、すべての私立高等教育機関は、機関およびコースの設置において、国家アクレディテーション委員会(LAN)という独立法人の認可を得なくてはならず、さらに提供する学位とコースの質を維持するために、継続的な評価をうけることが義務づけられたため、その施設、コース、教員、学生、管理運営において、より公的な監督をうけることになったからである(Malaysia, 1996d)。

LANは1996年の国家アクレディテーション委員会法にもとづいて1997年5月に設立された文部省管轄下の法人で、マレーシアの私立高等教育機関(IPTS)が提供する教育の水準と質のモニターに責任をもつ機構である。職員は90人程度で、アカデミックスタッフおよび元アカデミックスタッフは5名程度含まれている。LANは私立機関が提供するコースとそれが授与する学位(証明書、ディプロマ、学位)の水準に関する方針を定式化し、モニター、審査を行う。これらの学位に要求される必修科目と国語の達成レベルを設定し、コースの認定などについて文部省にアドバイスと推薦を行う。

私立高等教育機関の申請にもとづいて、LANの職員と国立大学の専門家からなる評価員パネル(Panels of Assessor)が組織され、提出された書類をチェックする。申請機関に対する訪問(実地視察)とインタビューは中間時に1回、最終審査前に1回、それぞれ計2回行われる。インタビューは学生団体の代表に対しても行われ、学生の間に不満や衝突がないかが確認される。評価員パネルはLANにレポートを作成し、認定の可否についての推薦を行う。認定の有効期間は5年間で、その後申請機関は再びすべての行程を繰り返さなければならない。その認定費用は証明書コースの場合1,500Mドル(約4万5,000円)、ディグリーコースの場合3,400Mドル(約10万2,000円)である[8]。

また国民教育システムの一部という位置づけを保証するために、マレー語、

マレーシア研究、道徳またイスラームの3つの義務科目の提供が規定されることとなり、教育内容についても規制は強化されたといえるであろう。したがってマレーシア政府は私立高等教育機関を認可して、高等教育のプライバタイゼーションを促進したが、それは政府の高等教育のコントロールを弱める方向ではなく、より法的基礎をもった堅固な統制のなかに包摂するという結果をもたらしたといえる。

　一方、マレーシアにおける国公立大学の研究と教育の質・水準の維持は、これまで非公式の相互評価以外は、文部省の高等教育局の計画評価部が責任をもってきた。各国立大学はプログラム、施設、財務などの報告書を提出する義務を負ってはいたが、その評価によって認可が左右されることはなかった。2001年12月に文部省は大学質保証局(Quality Assurance Division)を設置し、国公立大学(国立大学と法人化した旧国立大学)へのアカデミックな監査を組織するようになった。この機関は大学でうけられるコースに質保証システムを開発し、科目ごとのベンチマーク基準や資格の枠組みの規定を行っている。上述の私立高等教育機関向けの国家アクレディテーション委員会と国公立大学向けの大学質保証局は近い将来一元化される予定である(Lee, 2002b, pp.14-15)。

4　大学改革の動向と日本への示唆

　90年代にはじまるマレーシアの大学改革の動向は国立大学の法人化と私立大学セクターの創設という2点にまとめられるが、管理運営機構における変化は多大に外国の大学の改革モデルの影響をうけたものであった。現時点においてマレーシアモデルといえるような改革の顕著な独自性は見出し難く、むしろ社会のグローバル化にもとづく、世界同時進行的に進む高等教育の機能の変容の一断面として説明することができる。しかし同じような外的環境の変化に対しても、それを受け入れる歴史や教育状況の違いによって、各国の改革の意味するものはまったく異なったものになりうる。

　マレーシアの大学において、序論に引用されているマクネイ(McNay, 1995)らの分類する同僚制の組織文化が機能していたのは、制度的にみて民族間暴

動の発生する1969年までと推測される。それ以後大学は知識や科学技術の追求機関というよりは、国民統合をめざして社会の民族間不平等を矯正する国家装置として、官僚制の組織文化に強く支配されることになる。1996年からはじまる高等教育政策の歴史的転換によって、一部の国立大学は法人化され、大学憲章において新たに認められた大学の23の機能は日本では考えられないほどの自由度(理念的自律性)をもつことになった。しかし一方で役員理事会に政府代表や文部省の指名者を送り込むなど手続き的な自律性は依然として厳しくコントロールされており、マレーシアの新しい公立大学は、その名称や憲章の条文とはうらはらに、実態としては法人制や企業制ではなく官僚制の組織文化の性格を強く維持していることを示している。

　マレーシアの動きに遅れること5年、日本においても2003年7月に国立大学法人法が通過し、2004年4月に89の国立大学法人が誕生した。まだ流動的な部分も多く、全体像を語るには早いが、管理運営部門が学長および役員会(BoD)のもとに経営協議会(Management Committee)と教育研究評議会(Academic Senate)という二元的構造をとるところは類似している。日本の国立大学法人の場合、外的な影響力は主として理事を通じて、私立セクターから及ぼされる可能性が強い。理事には学外の人物が含まれなくてはならず、理事は役員会、経営協議会、教育研究評議会、学長選考会議のすべての管理組織に代表を送ることが明記されているからである(国立大学法人法、第10条、第14条、第20条、第21条)。

　しかし一方で法人化された大学に許容される活動や権限を規定する条文に関しては、マレーシアの大学憲章にみられた具体的な23の活動や役員理事会のイニシアティブに比べて、日本の国立大学法人の規定は抑制的であり、具体性を欠いている(国立大学法人法　第29条)。とくに学位の授与をめぐる外部委託ともいえる、マレーシアのフランチャイズ学位のようなビジネスは日本の大学の入学試験の難しさからくるメンバーシップの閉鎖性を考えると、ほとんど不可能のように思われる。

　マレーシアにおいても、日本においても、新しい企業体としての性格をもった大学をとりまく経済環境はけっして良好な状態とはいえない。これは新大学の船出としては厳しい天候であるといえる。マレーシアの国立大学の法

人化が、当初全大学に拡大される予定であったのが、5大学への実施のみで事実上凍結されているのは、法人化後の大学の収入を支える私立セクターとの提携や投資による収入が、経済の回復の遅れにより、予想を下回っているからである。その意味で、法人化のタイミングという点でアジアでの教訓は日本で生かされたとはいい難い。

　しかし法人化をとりまく社会環境において、マレーシアと日本で決定的に異なる状況が存在する。それは高等教育規模の拡大・縮小を規定する人口動態である。マレーシアは23.6‰の人口成長率をもつ若い拡大期の国家である。ところがこれまで人口規模に比して異常なほどに高等教育セクターの規模を抑制してきたところに、経済のグローバル化による規制緩和に続いてアジア経済危機による留学生の国内回帰をうけ、科学技術や情報関連分野を中心した国内の大学・カレッジへの入学圧力が爆発的に拡大しつつある局面にある。学部レベルの授業料の設定は厳しく抑制されているが、正規の入学定員も数倍に拡大したうえに、フランチャイズ学位や外部学位制度により、スタッフはほとんど教育負担を負うことのない、私立カレッジのコースからのクレジット収入が、新大学のベンチャー部門やコンサルタント部門での事業の不振をかなりカバーしている状況がみられる。

　それに対して、日本の国立大学法人をとりまく状況は、そうした逃げ道はほとんど期待できない。教育の外部委託や大幅な授業料の値上げは社会通念上許される環境にはなく、自明のとおり日本における18歳人口の縮小傾向は長期的であり、授業料収入に期待できる収入源としての存在感は今以上に減少するかもしれない。したがって、日本の国立大学法人は、その収入源を企業提携・委託・コンサルタントなど本来の趣旨にもとづく事業に求めざるをえないが、その業務の形態や種類において日本の大学がマレーシアのような自由度をもつことは考えにくい。国営企業が私企業化・グローバル化するということは、これまでの国内の独占的な経営環境を剥奪され、国内私企業だけでなく、世界の同業者との国際競争にさらされるということを意味している。このことは同じ国立大学法人のなかでも、企業化・商業化対応に有利な大学や学部や学問分野とそうでないものとの間に大きな体力や生存能力における格差を表出させる可能性があるといえる。

第11章　マレーシアにおける大学法人化と民営化　293

注

1 2002年9月2日、マレーシア文部省、高等教育局、Mohd Taib bin Hashim氏などへのインタビューおよび、2001年9月25日マレーシア文部省、私立教育局Siti Zahara Mak Akib局長、Rosmin Md. Amin 氏他へのインタビューによる。

2 2001年2月2日および9月24日、マラヤ大学、研究経営およびコンサルタンシー機構(IPPP UM)、技術移転・商業化ユニット(UPTK)におけるMuhamad Zakaria 教授(ユニット長)、2002年9月3日同研究支援ユニット(UPDiT)副局長D. Agamuthu氏へのインタビュー、およびIPPPブローシェ、*Beyond the Frontiers of Knowledge*; Infosheet; URL (http://www.ippp.um.edu.my) (2003年2月18日)などによる。

3 2001年9月27日、マレーシア国民大学、コンサルタンシー・イノベーション・ビューロー(Biro Rundingan dan Inovasi UKM)でのMohd Fauzi Mohd Jani局長へのインタビューによる。

4 http://www.usains.usm.my/usainsPublished19 (2002年8月05日).

5 http://registry.usm.my/upps/uppsmaster.htm (2002年5月27日).

6 2002年9月5日、マレーシア理科大学USAINSのSam Teng Wah 教授およびZaharin Yusoff 教授らへのインタビューによる。

7 2001年9月26日、マルティメディア大学Kenzo Takahashi氏らへのインタビュー。

8 2001年9月24日、国家アクレディテーション委員会(Lembaga Akreditasi Negara: LAN)におけるAbdul Aziz Hitam氏らへのインタビューなどによる。

引用文献

Haji Azmi bin Zakaria. "Educational Development and Reformation in Malaysian Education System: Challenges in the New Millennium." *Journal of Southeast Asian Education*. Vol.1, No.1, 2000, pp.113-133.

Lee, Molly N.N. "Corporatisation, Privatisation, and Internationalization of Higher Education in Malaysia." *Private Higher Education in Malaysia*. USM *Monograph Series No.2/1999*, 1999a, pp.66-63.

Lee, Molly N. N. "Private Higher Education in Malaysia: International Linkages." *Private Higher Education in Malaysia*. USM Monograph Series No.2/1999, 1999b, pp.35-58.

Lee, Molly N.N. "The Impact of Globalization on Education in Malaysia." In Stromquist, N. P. and Monkman, K. (eds). *Globalization and Education, Integration and Contestation Across Cultures*. Lanham: Rowman and Littlefield, 2000, pp.315-322.

Lee, Molly N. N. "Educational Reforms in Malaysia: Global, Challenge and National Response." In her *Educational Change In Malaysia*. School of Education Studies, University Sains Malaysia, Penang, 2002a, pp.25-43.

Lee, Molly N. N. "Global Trends, National Policies and Institutional Responses: Restructuring

Higher Education." A paper presented at the CESE Conference 2002 in Institute of Education London, 15-19 July 2002, 2002b.

Malaysia (Government of Malaysia). *Education Act 1961 (Act 43)*. 1961.

Malaysia (Government of Malaysia). *Universities and University Colleges Act of 1971, 1971: Amendment Act of 1995*, 1995.

Malaysia (Government of Malaysia). *Education Act 1996 (Act 550)*. 1996a.

Malaysia (Government of Malaysia). *Private Higher Educational Institutions Act 1996 (Act 555)*. 1996b.

Malaysia (Government of Malaysia). *National Council on Higher Education Act 1996*. Laws of Malaysia, 1996c.

Malaysia (Government of Malaysia). *Akta Lembaga Akreditasi Negara (National Accreditation Board Law)* (Act 556). 1996d.

McNay, I. "From the Collegial Academy to Corporate Enterprise: The Changing Cultures of Universities." In Schuller, T. (ed). *The Changing University?* Buckingham: The Society for Research into Higher Education and Open University Press, 1995, pp.105-115.

MoE (Ministry of Education, Malaysia). *Garis Parduan Program Kerjasama IPTA/IPTS Di Dalam Negara* (unpublished), 1999.

MoE (Ministry of Education, Malaysia). *Perankaan Pendidikan di Malaysia (Malaysian Educational Statistics)*. Shah Alam, 2000.

MoE (Ministry of Education, Malaysia). *Education in Malaysia: A Journey to Excellence*. Educational Planning and Research Division, MoE, 2001.

Selvaratnam, V. "Change Admidst Continuity: University Development in Malaysia." In Philip G. Altbach and Selvaratnem (eds). *From Dependency to Autonomy: The Development of Asian Universities*. Dordreht: Kluwer Academic, 1989. 邦訳、セルバラトナム「マレーシアにおける大学の発展——持続の中の変容」アルトバック／セルバラトナム編(馬越徹・大塚豊監訳)『アジアの大学：従属から自立へ』玉川大学出版部、1993年。

Tan Ai Mei. *Malaysian Private Higher Education: Globalisation, Privatisation, Transformation and Marketplaced*. Asian Academic Press, London, 2002.

UM. *University of Malaya Constitution*, cited in Majid Ismail Report, *Report of the Committee Appointed by the National Operation Council to Study Life of Students of the University of Malaya*. 1979.

USM. *The Constitution of the University Sains Malaysia*. In University and University Colleges Act 1971 (Amendment 1995), 1998.

USM. *Panduan Kerjasama Pintar Pendidikan Universiti Sains Malaysia.* (unpublished), 2000+.

おわりに

杉本 均

　日本においても、各国においても、大学界はまさに世界同時進行の変革の時代にある。機会があって各国の大学などを調査や会議のために訪問するたびに、組織の名前が変わり、大学人の肩書が変わり、その表情も変わりつつあるように思う。日本の国立大学も2004年に法人化し、国立大学の教官も身分上は法人職員となり、研究、教育、財務、行政にわたってその変化はひしひしと押し寄せている。それらの多くは見方によれば改善ともいえるし、別の見方をすれば改悪ともいえる表裏一体の影響を与えつつあり、日本以外の各国においても実に鏡を見ているかのような同じ風景が展開していることに、本書の各章をご覧になった読者は驚かれるかもしれない。本来これだけ多様な背景を持つ国々の教育現象を扱う場合、比較を行う以前の土台において共通の土俵が見出しにくいのが通常である。しかし今日のグローバル化の波は、各国の高等教育にかなり類似の変化や改革動向をもたらしており、逆説的ではあるが、それがかえって各国の違いや特徴を明確に浮き出させてくれているといえる。すなわちまったく異なるものより、似て非なるものほど比較がしやすいという原理である。この本がこの時期に企画され、このような専門研究者の執筆陣を得たことは、比較教育学にとっても千載一遇の貴重な機会であったといえる。この本が、学生、大学人、研究者、行政担当者、

教育関係者、そして一般のビジネスに携わる方々などの幅広い層に読まれ、今大学に起こりつつある変化を自分のものとして位置づけることのお役に少しでも立つことがあれば幸いなことである。

　本書の第1編者である江原武一先生は2005年3月に、京都大学大学院教育学研究科をご退職になる(従来、「退官を記念して」と表現していたであろうところを「退職」としているのは、まさにこの本のテーマとする上記の変化が起こったゆえんである)。この本は江原先生の長年のご功績を記念するために、友人や門下生にあたる研究者による寄稿によって編纂された本である。ただし本書は江原先生の主要な研究分野のひとつである、高等教育の比較研究を主題とする刊行書として、統一された構成と追求すべきテーマを有しており、単なる網羅的な寄稿論文集ではない。したがって各章にその目的に合致した論文を厳選するために、分野上収録のかなわなかった他の多くの関係者の方々、およびその論文があったことをここにお断わりし、その方々にはお詫び申し上げなくてはならない。

　先生は1941年8月1日のお生まれで、1965年に東京大学教育学部教育学科を卒業された。その後東京大学大学院教育学研究科で修士および博士課程を修められ、1980年に博士号を取得された。ご職歴としては東京大学教育学部助手、奈良教育大学教育学部講師、そして同助教授を歴任されて、1983年に京都大学教育学部助教授に就任(併任)されている。その間、1980年より「社会科学国際フェローシップ・プログラム」により2年間、米国のカリフォルニア大学バークレー校およびハーバード大学教育学大学院に、また1989年より文部省在外研究員として1年間、英国のオックスフォード大学に在籍されている。先生は1992年から小林哲也先生の後任の教授として比較教育学講座を担当されて現在にいたっている。

　先生のご研究の第1の功績は、比較教育学という研究分野に社会学的な方法論とアプローチを導入されたことにある。先生はこれまで記述的・歴史的方法が主流であった比較教育学の研究方法に、多変量統計解析を駆使した社会学的分析を積極的にとりいれられ、比較教育学の科学としての実証性・検証性の確立に大きく寄与された。第2に、当時まだ未踏の研究対象であった高等教育にご研究の焦点をおかれ、新しい学問分野としての可能性を明らか

にされるとともに、日本高等教育学会の創立と発展にご尽力された。第3に、アメリカを中心とした大学モデルや教授職の研究を通して、世界的な規模でのシステム流動のダイナミズムの解明に取り組まれ、ひるがえって日本の高等教育の位置づけと将来への方向性に深い示唆をもたらされた。第4に、広く国内の研究者を集める研究会を主宰し、高等教育、多文化教育、価値・宗教教育など、さまざまなテーマに関する国際比較のためのフレームワーク構築に努力されたことも大きな功績であろう。

こうした研究活動に加えて、先生は大学基準協会の基準委員会員や特色ある大学教育支援プログラム（教育COE）実施委員会委員、あるいは大阪府の学校教育審議会委員、府立の大学あり方懇談会委員など、さまざまな社会活動を通じて国や地域の21世紀へ向けての教育のあり方にもかかわってこられた。

科研の研究会として発足して以来、この記念論文集を世に出すにあたり、力作をお寄せいただいた執筆者の方々をはじめ、多くの方のご協力をいただいた。とりわけ筑波大学大学研究センター長の山本眞一先生、東京大学大学総合教育センター長の金子元久先生から玉稿をいただくことができたことは、刊行への大きな力添えとなった。また科研の報告書から今回の刊行書まで、煩瑣な編集作業を助けていただいた、京都大学大学院教育学研究科の鈴木俊之研修員と、同博士後期課程院生の宮崎元裕君の貢献はここに特記したい。最後にこの企画に対して、記念論文集としてだけでなく、この本に対する社会的な要請を早くから認めていただき、出版をお引き受けいただくというよりはむしろ提案し、激励していただいた東信堂の下田勝司社長、質の高い編集をしていただいた同じく二宮義隆氏には深く謝意を表したい。

江原先生のご健康とご研究のさらなるご発展を祈念するとともに、本書が日本の高等教育のかつてない激動期に何らかの光明を与えられることを期待したい。

2005年2月

索引

(1) ( )内は、関連する追加語句、略語、別称、説明等である。
(2) ／の後に併記されている語句は、同義、同種の別表現を示す。
(3) 複数の同種見出し語がある場合などは、→で示す見出し語の方に該当頁を記し、もう一方を〔 〕内に記している。
(4) 必要と思われる場合は下記の略号で該当の国名を示した。
　　（日）：日本、（米）：アメリカ合衆国、（英）：英国、（独）：ドイツ、（中）：中国、（ト）：トルコ、（マ）：マレーシア

〔ア行〕

アカウンタビリティ〔説明責任〕　10, 17, 19, 20, 31, 36, 73, 75, 113-115, 117, 124, 125, 130, 133, 165, 168, 175, 176, 179, 184, 185
アクセスの平等性　36, 138, 142-144, 149, 153, 154, 157, 161, 162
アクレディテーション〔基準認定〕　129, 133
アジア経済危機　283
アメリカ教育協議会　116, 125, 128
アメリカナイゼーション　115
意思決定機構の簡素化　190, 191, 198, 200-202
1年次教育　130, 131
一括所管方式　212
一般会計(予算)　91, 92, 104, 106
インディアナ大学　123
ウイルムス, W.　123
ウェイク, K.　180
運営費交付金　84
江原武一　122, 128
エルカワス, E.　119
エンロールメント・マネージメント　138, 147-149, 151, 153, 155-157, 160, 162
オートノミー→自律性
オーバーヘッド〔間接経費〕　86

〔カ行〕

カー, C.　113
科学的管理運営　116
学位取得率　143, 156-158, 160
学院・系(中)　232-235, 242, 246-249
学生援助　138, 145, 148, 149, 151-156, 160-162
大学独自の――　151, 153-155
連邦政府の――　151-155
学生確保　138, 139, 147, 148, 156, 160
学生数にもとづく計算式(FTE)　127
革命委員会(中)　214, 235, 236
金子元久　76
カリー, S.　113
カリフォルニア州　121, 126
カリフォルニア大学ロサンゼルス校〔UCLA〕　121-123
カリフォルニア・マスタープラン　126
間接経費→オーバーヘッド
管理運営モデル　115, 124
管理情報システム　116
官僚制　14, 25, 29, 30, 32-34, 37-39, 41, 180-182, 269, 249, 291
企画計画予算方式〔PPBS〕　116, 124
機関調査研究部門〔IR〕　128, 132, 134
企業型管理運営(体制)　121, 138, 146, 147, 160, 161
企業型大学化　9-12, 31
企業制　27-32, 34, 37, 38, 40, 41, 123, 180-183, 255, 269
基準認定→アクレディテーション
旧国鉄の分割・民営化　91, 95
旧ポリテクニク大学(英)　29, 169, 172, 173, 178, 179, 181-183
教育研究評議会(日)(マ)　19, 62, 291
教育工作に関する指示(中)　213, 214
教育資源調達力　93
教育体制の改革に関する決定(中)　219, 223-225

索引 299

教育部(中)	212, 214-218, 221, 225
教授会	24, 39, 40, 62
教職員代表大会(中)	242, 250-252
行政主導	4, 9, 10, 34, 37
共同財源化	92
共同参加型	15, 16
「距離をおいての操縦」	183, 184, 186
ギンティス, H.	143
クラーク, B.	186
経営協議会(日)(マ)	19, 62, 72, 291
系主任(中)	234, 235, 247-249, 253
研究大学	24, 33-36, 39, 129, 139-141
権限共有型(管理運営)	15, 115, 121, 123
高校から大学への移行	131
合成の誤謬	86, 88
校長責任制(中)	232-234, 237-239, 252
公的資金	9-11, 35, 38, 39, 145, 146, 151, 152, 266, 267
——に見合う価値	168, 169, 178
公的支出	255, 265, 267, 269, 270
高等教育カレッジ(英)	165, 167, 172-174
高等教育財政審議会(英)	165, 170, 173, 177, 181, 184
高等教育審議会(ト)	256, 258-263, 266-269
高等教育大綱法(HRG)(独)	52, 190, 192, 193
高等教育体制改革の推進に関する意見(中)	220
高等教育の量的拡大／大衆化	8, 199, 200, 214, 255, 264, 265, 267, 269, 270
高等教育法(米)	117
校務委員会(中)	233-235, 237-239, 249
コーポラタイゼーション	272, 273
国務院機構改革(中)	216, 217, 220
国立学校財産	106
国立学校財務センター(日)	106
国立学校特別会計	90-94, 99, 100, 102, 105-107
国立高等教育管理制度センター(米)	117
国立財団型大学	190-198, 201-203
国立大学財務・経営センター(日)	106, 107
国立大学法人(化)	37, 40, 49, 57, 61-79, 81-84, 87, 90, 92, 93, 96, 99, 100, 102, 105, 106, 227, 233, 250-252, 272-275, 286, 291, 292
国立大学法人評価委員会(日)	66
国立大学法人法(日)	19, 34, 49, 62, 63, 65, 66, 70, 72, 79, 81, 90, 250, 291
国立直轄型大学	191, 192, 196-199
国家アクレディテーション委員会(マ)	289
——法	274, 289
国家教育委員会(中)	212, 215-217, 221, 223, 225, 231
国家教育委員会財政センター(米)	118
国家高等教育委員会法(マ)	274
国家施設型大学	49-61, 64, 65, 69-71, 76
国家事務	192-194, 196
国家付託型大学	50, 51, 55
コリンズ, R.	144

〔サ行〕

財源調整(機能)	90, 94, 96, 100, 106
財産管理運営方式〔RCM〕	115, 122-124
財政投融資資金	92-94, 96, 97, 104
財団評議会(独)	194-196
財投機関債	100, 102, 104
サウスカロライナ州	126, 127, 129
サッチャー政権	165, 166, 169
産学連携	123, 168
「仕組み」	91, 94, 96, 99
自己収入	266, 267
自己点検・自己評価	18, 113, 114
事後・評価基準	58
自主団体型大学	49-51, 55, 64
市場競争の原理	10, 11, 31, 35, 36
施設整備費／資金	92, 93, 100, 103
事前・競争基準	59
自治事務	192, 193, 199
社会のグローバル化	4-9, 55, 113, 115, 124, 211, 212, 256, 268-270
ジャラット報告(英)	175, 179, 181, 186, 187
18歳人口の減少	77, 80
準官的高等教育評価機構(中)	225
上級大学経営陣／管理者	26-28, 40, 41, 120, 172-174, 179-181, 183-186
情報技術革新	4, 268
私立高等教育機関法(マ)	274, 285
自律性〔オートノミー〕	52, 53, 115, 196,

	272, 291
（大学の制度的自律性もみよ）	
私立大学の経営に関する研究会(日)	80
新規借入主体	90
新保守主義	7, 8, 31
瀋陽師範学院	240-242, 252
信用力形成	103
ステークホルダー→利害関係者	
スマート・パートナーシップ・プログラム(マ)	
	281
清華大学	235
政府保証	100, 102, 104
政府補助金	58-60, 64-67, 69
説明責任→アカウンタビリティ	
全学協議会(独)	198-200
1992年継続・高等教育法(英)	167, 169, 170, 172, 173, 177, 178
1981年高等教育法(ト)	259-261
1988年教育改革法(英)	167, 170, 173, 177, 178
全体調整システム	96, 97, 99, 100, 102-106, 108
戦略的管理運営	18, 20, 21, 42, 127
戦略的計画	16, 21, 26, 129
総合的戦略計画	134
総合的品質管理〔TQM〕	29, 32, 118-120, 124
総長部(独)	194, 198, 199, 201
卒業率	125, 129, 131

〔タ行〕

大学および大学カレッジ改正法(マ)	274, 275
大学および大学カレッジ法(マ)	274, 275, 283
大学憲章(マ)	275, 277, 291
大学質保証局(マ)	290
大学進学率	143, 156-158, 160
大学の「学校化」	79
大学の制度的自律性／大学の自治	10, 17, 20, 23, 30, 42, 257, 258, 267, 283
（自律性もみよ）	
大学の組織文化	22, 23, 29, 31, 32, 37, 40, 41, 123, 166, 180, 181, 290, 291
大学の非国有化	190, 191, 201, 202

大学評価委員会(日)	62, 66
大学評議員会(独)	196
大学補助金委員会(英)	165, 166, 170, 175, 177, 184
第三者評価(機関)	18, 72, 114, 227, 228
多数省庁所管方式	215, 219
脱政府化(国立大学の)	56-60, 69
多文化主義	4, 5, 268, 269
担保資産	103, 104
「小さな政府」	7, 9, 20, 30, 35, 36, 39, 145, 161
中央集権(化)	16, 18, 33, 258-261, 268, 269
中華人民共和国高等教育法	223, 231, 232, 239, 241, 242
中期目標・中期計画(日)	62, 63, 73, 75, 79, 82, 227
中東工科大学(ト)	257, 258, 266-269
長期借入金	64, 100, 102, 107
長期借入主体	93
長期債務償還	90, 93, 95, 100
長期債務の借り換え	95
長期債務の承継	96, 97, 99, 100
デアリング報告(英)	178, 179, 186, 187
デミングサイクル	119
デミング，W. E.	119
伝統的大学(英)	29, 169, 170, 173, 178, 179, 181-183
党委員会(中)	232-240, 242, 244-252
党委員会の指導のもとでの校長責任制(中)	232, 236-239, 244, 245, 249, 250
トゥイニング・プログラム(マ)	281, 286, 287
同僚制	23, 24, 28-32, 34, 37, 38, 41, 42, 123, 147, 174, 180-182, 186, 249, 255, 260, 269, 290
特別教育研究経費	67, 69
独立行政法人	61, 63, 73, 92, 94

〔ナ行〕

南京大学	242, 246, 251, 253
ニーダーザクセン州	190, 192-194, 199, 202, 203
――新大学法	191, 194-201
211工程(中)	218, 226
21世紀に向けた教育振興行動計画(中)	210

索引　301

二重性(国立大学の)　50, 52, 55-58, 192, 193, 198
2020国家発展構想〔ビジョン2020〕(マ)　284
入学者選考　138, 148-151, 155, 156, 160, 162
ノースカロライナ州　126-129

〔ハ行〕

バーダール, R.　29, 30
バーンバウム, R.　117, 120
パフォーマンス・インジケーター　127, 176, 177
パフォーマンス・ファンディング〔PF〕　18, 19, 31, 126, 127, 132
バラ, C.　166
ビジネス・スクール　123
ビジョン2020→2020国家発展構想
非伝統的学生　142, 156, 157
評議員会(マ)　276
評議会(英)　170-176, 178, 180, 183, 185, 186
評議会(独)　191, 199, 200
ファーストイヤー／フレッシュマン・セミナー　130, 131
副校長(中)　234, 239, 241, 245, 246
普通高等教育機関の教育評価暫定規定(中)　225
ブミプトラ(マ)　282
フランチャイズ学位　291, 292
　——プログラム　282
ブルデュー, P.　143
フレッシュマン・サーベイ　131
プロフェッショナル・スクール　121, 122
分離管理型　15, 16, 42
北京大学　235, 240, 243
ペンシルベニア大学　123
編入枠　126
法人制　26-32, 34, 37-41, 180-182, 249, 255, 260, 269
ボウルズ, S.　143
ポリテクニック(英)　165, 167, 168, 172-174, 177, 179

〔マ行〕

マクネイ, I.　22, 29, 123, 180, 249, 290

マクミラン, J.　119
マラヤ大学(UM)　272, 278, 279
　——研究・経営およびコンサルタンシー機構(IPPP)　278
　——コンサルタンシー・ユニット(UPUM)　278, 279
マルチメディア・スーパー・コリドー(MSC)(マ)　284
マルチメディア大学(MMU)(マ)　288
マレーシア国立大学(UKM)　279
　——技術革新コンサルタント局　279
　——UKMホールディングス　279
マレーシア理科大学(USM)　275
　——ユーサインス　275
南カリフォルニア大学　123
文科省の「霞が関化」　78

〔ヤ行〕

役員理事会(マ)　275-277
優秀校選定(中)　225, 226
ユニバーサル化　114, 115, 133, 167

〔ラ行〕

ラーニング・コミュニティ　132
ランド研究所　116
リース　99, 105
利害関係者〔ステークホルダー〕　9, 13, 27, 42
理事会　51
理事会(英)　169, 170-176, 178-180, 183-186
理事会(中)　242
リテンション率　125, 129-132

〔欧字〕

GPA　132
IR→機関調査研究部門
IR学会(Association of Institutional Research)　128
MBO (Management by Objectives)　117, 118, 124
PF→パフォーマンス・ファンディング
PFI (Private Finance Initiative)　91, 93, 96, 97, 100, 102, 105, 108
Plan-Do-Study-Act　119

Planning Programming Budgeting System
　(PPBS) →企画計画予算方式
Responsibility Centered Management (RCM)
　→財産管理運営方式

SAT　　　　　　　　　　　　125, 127, 143
Total Quality Management (TQM) →総合的品
　質管理
UCLA→カリフォルニア大学ロサンゼルス大学

執筆者紹介および執筆分担　　○印編者

○江原　武一(えはら　たけかず) ……………………………はじめに、序章
　　編著者紹介(奥付)参照

　金子　元久(かねこ　もとひさ) ………………………………第1章
　　東京大学大学総合教育センター長・教授(大学院教育学研究科)

　山本　眞一(やまもと　しんいち) ……………………………第2章
　　筑波大学大学研究センター長・教授(教育学系)

　髙見　茂(たかみ　しげる) ……………………………………第3章
　　京都大学教授(大学院教育学研究科)

　山田　礼子(やまだ　れいこ) …………………………………第4章
　　同志社大学教授(文学部)

　深堀　聰子(ふかほり　さとこ) ………………………………第5章
　　京都女子大学短期大学部講師(初等教育学科)

　鈴木　俊之(すずき　としゆき) ………………………………第6章
　　京都大学研修員(大学院教育学研究科)

　金子　勉(かねこ　つとむ) ……………………………………第7章
　　京都大学助教授(大学院教育学研究科)

　楠山　研(くすやま　けん) ……………………………………第8章
　　京都大学大学院(日本学術振興会特別研究員)

　南部　広孝(なんぶ　ひろたか) ………………………………第9章
　　長崎大学講師(アドミッションセンター)

　宮崎　元裕(みやざき　もとひろ) ……………………………第10章
　　京都大学大学院(教育学研究科博士課程)

○杉本　均(すぎもと　ひとし) …………………………第11章、おわりに
　　編著者紹介(奥付)参照

江原　武一（えはら　たけかず）

1941年生まれ。東京大学教育学部卒業。同大学大学院博士課程単位取得。教育学博士。比較教育学・教育社会学を専攻。東京大学教育学部助手、奈良教育大学教育学部助教授を経て、現在、京都大学大学院教育学研究科教授。

編著書
『現代高等教育の構造』（東京大学出版会、1984年）、『国際化社会の教育課題』（共編著、行路社、1987年）、『現代アメリカの大学』（玉川大学出版部、1994年）、『大学のアメリカ・モデル』（玉川大学出版部、1994年）、『自己意識とキャリア形成』（共編著、学文社、1996年）、『大学教授職の国際比較』（共編著、玉川大学出版部、1996年）、『多文化教育の国際比較』（編著、玉川大学出版部、2000年）、『世界の公教育と宗教』（編著、東信堂、2003年）。

翻訳書
『リースマン　高等教育論』（共訳、玉川大学出版部、1986年）。

杉本　均（すぎもと　ひとし）

1958年生まれ。京都大学教育学部卒業。同大学大学院博士課程学修認定退学。英国レディング大学大学院教育・地域研究科Ph.D.　比較教育学専攻。京都大学教育学部・同高等教育教授システム開発センター助手を経て、現在、京都大学大学院教育学研究科助教授。

編著書
『ティーチング・ポートフォリオと大学授業改善の研究』（1998年）、『アジア教育研究報告』（2000年）、『教育の比較社会学』（共編著、学文社、2004年）、『マレーシアにおける国際教育関係——教育へのグローバル・インパクト』（東信堂、2005年）。

University Governance in Transition: World Trends and Implications for Japan

大学の管理運営改革—日本の行方と諸外国の動向—
2005年3月10日　初版　第1刷発行　　　　　　　　　　　　〔検印省略〕

＊定価はカバーに表示してあります

編著者Ⓒ江原武一・杉本均／発行者　下田勝司　　　印刷・製本　中央精版印刷
東京都文京区向丘1-20-6　　振替00110-6-37828　　　　　　　　発　行　所
〒113-0023　TEL（03）3818-5521　FAX（03）3818-5514　　株式会社　東　信　堂
　　http://www.toshindo-pub.com　E-Mail tk203444@fsinet.or.jp

Published by TOSHINDO PUBLISHING CO., LTD.
1-20-6, Mukougaoka, Bunkyo-ku, Tokyo, 113-0023, Japan

ISBN4-88713-596-3　C3037　Ⓒ2005, T.Ehara, H.Sugimoto

東信堂

大学の自己変革とオートノミー——点検から創造へ	寺﨑昌男	二五〇〇円
大学教育の創造——歴史・システム・カリキュラム	寺﨑昌男	二五〇〇円
大学教育の可能性——教養教育・評価・実践	寺﨑昌男	二五〇〇円
大学の授業	宇佐美寛	二五〇〇円
大学授業の病理——FD批判	宇佐美寛	二五〇〇円
作文の論理——〈わかる文章〉の仕組み	宇佐美寛編著	一九〇〇円
大学の指導法——学生の自己発見のために	宇佐美寛編著	二八〇〇円
大学授業研究の構想——過去から未来へ	児玉・別府・川島編	二四〇〇円
戦後オーストラリアの高等教育改革研究	杉本和弘	五八〇〇円
学生の学びを支援する大学教育	京都大学高等教育教授システム開発センター編	二四〇〇円
私立大学の財務と進学者	丸山文裕	三五〇〇円
私立大学の経営と教育	丸山文裕	三六〇〇円
公設民営大学設立事情	高橋寛人編著	二八〇〇円
校長の資格・養成と大学院の役割	小島弘道編著	六八〇〇円
短大ファーストステージ論	舘昭高鳥正夫編著	二〇〇〇円
短大からコミュニティ・カレッジへ——飛躍する世界の短期高等教育と日本の課題	舘昭編著	二五〇〇円
立教大学へ〈全カリ〉のすべて	全カリの記録編集委員会編	二一〇〇円
ICUへリベラル・アーツ〉のすべて——リベラル・アーツの再構築	絹川正吉編著	二三八一円
〔シリーズ大学改革ドキュメント・監修寺﨑昌男・絹川正吉〕		
大学改革の現在〔第1巻〕	山野井敦徳編著	三二〇〇円
大学評価の展開〔第2巻〕	清水一彦編著	三二〇〇円
学士課程教育の改革〔第3巻〕	舘昭編著	三二〇〇円
大学院の改革〔第4巻〕	江原武一馬越徹編著	三三〇〇円
〔講座「21世紀の大学・高等教育を考える」〕	山本眞一	

〒113-0023 東京都文京区向丘1-20-6
☎03(3818)5521 FAX 03(3818)5514
E-mail:tk203444@fsinet.or.jp 振替 00110-6-37828

※定価：表示価格(本体)＋税

東信堂

比較・国際教育学〔補正版〕	石附　実編	三五〇〇円
比較教育学の理論と方法	J・シュリーバー編著／馬越徹・今井重孝監訳	二八〇〇円
教育改革への提言集1～3	日本教育制度学会編	各二八〇〇円
世界の公教育と宗教	江原武一編著	五四二九円
世界の外国語教育政策―日本の外国語教育の再構築にむけて	大谷泰照・林桂子他編著	六五七一円
アメリカの才能教育―多様な学習ニーズに応える特別支援	松村暢隆	二五〇〇円
アメリカの女性大学：危機の構造	坂本辰朗	二四〇〇円
アメリカ大学史とジェンダー	坂本辰朗	五四〇〇円
アメリカ教育史の中の女性たち〔ジェンダー・高等教育・フェミニズム〕	坂本辰朗	三八〇〇円
教育は「国家」を救えるか〔現代アメリカ教育2巻〕―質・均等・選択の自由	今村令子	三五〇〇円
永遠の「双子の目標」〔現代アメリカ教育1巻〕―多文化共生の社会と教育	今村令子	二八〇〇円
アメリカのバイリンガル教育―新しい社会の構築をめざして	末藤美津子	三二〇〇円
ボストン公共放送局と市民教育―マサチューセッツ州産業エリートと大学の連携	赤堀正宜	四七〇〇円
21世紀にはばたくカナダの教育〔カナダの教育2〕	小林順子編	二八〇〇円
現代英国の宗教教育と人格教育（PSE）	柴沼晶子・新井浅浩編著	四六〇〇円
ドイツの教育	天野正治・結城忠・別府昭郎編著	五二〇〇円
21世紀を展望するフランス教育改革―一九八九年教育基本法の論理と展開	小林順子他編	八六四〇円
フィリピンの公教育と宗教―成立と展開過程	市川　誠	四六〇〇円
社会主義中国における少数民族教育―「民族平等」理念の展開	小川佳万	五六〇〇円
中国の職業教育拡大政策―背景・実現・帰結	劉　文君	五〇四八円
東南アジア諸国の国民統合と教育―多民族社会における葛藤	村田翼夫編著	四四〇〇円
オーストラリア・ニュージーランドの教育	笹森健実編	二八〇〇円

〒113-0023　東京都文京区向丘1-20-6　☎03(3818)5521　FAX 03(3818)5514　振替 00110-6-37828
E-mail:tk203444@fsinet.or.jp

※定価：表示価格（本体）+税

東信堂

グローバル化と知的様式——社会科学方法論についての七つのエッセー	J・ガルトゥング／矢澤修次郎・大重光太郎訳	二八〇〇円
現代資本制社会はマルクスを超えたか——マルクスと現代の社会理論	A・スウィンジウッド／矢澤修次郎・井上孝夫訳	四〇七八円
階級・ジェンダー・再生産——現代資本主義社会の存続メカニズム	橋本健二	三二〇〇円
現代日本の階級構造——理論・方法・計量分析	橋本健二	四五〇〇円
「伝統的ジェンダー観」の神話を超えて——アメリカ駐在員夫人の意識変容	山田礼子	三八〇〇円
現代社会と権威主義——フランクフルト学派権威論の再構成	保坂 稔	三六〇〇円
共生社会とマイノリティへの支援——日本人ムスリマの社会的対応から	寺田貴美代	三六〇〇円
社会福祉とコミュニティ——共生・共同・ネットワーク	園田恭一編	三八〇〇円
現代環境問題論——理論と方法の再定置のために	井上孝夫	三三〇〇円
日本の環境保護運動	長谷敷夫	二五〇〇円
環境と国土の価値構造	桑子敏雄編	三五〇〇円
環境のための教育——批判的カリキュラム理論と環境教育	J・フィエン／石川聡子他訳	二三〇〇円
イギリスにおける住居管理——オクタヴィア・ヒルからサッチャーへ	中島明子	七四五三円
情報・メディア・教育の社会学——カルチュラル・スタディーズしてみませんか？	井口博充	二三〇〇円
BBCイギリス放送協会（第二版）——パブリック・サービス放送の伝統	蓑葉信弘	二五〇〇円
サウンド・バイト・思考と感性が止まるとき——メディアの病理に教育は何ができるか	小田玲子	二五〇〇円
ホームレス ウーマン——知ってますか、わたしたちのこと	E・リーボウ／吉川徹・轟里香訳	三二〇〇円
タリーズ コーナー——黒人下層階級のエスノグラフィー	E・リーボウ／吉川徹監訳／松川・河美嶺訳	二三〇〇円

〒113-0023 東京都文京区向丘1-20-6　☎03(3818)5521　FAX 03(3818)5514　振替 00110-6-37828
E-mail: tk203444@fsinet.or.jp

※定価：表示価格(本体)＋税

====東信堂====

書名	副題・叢書	著者・編者・訳者	価格
責任という原理	科学技術文明のための倫理学の試み	H・ヨナス 加藤尚武監訳	四八〇〇円
主観性の復権	心身問題から「責任という原理」へ	H・ヨナス 宇佐美・滝口訳	二〇〇〇円
空間と身体	新しい哲学への出発	山本・レンク	三五〇〇円
環境と国土の価値構造		桑子敏雄	三五〇〇円
森と建築の空間史	南方熊楠と近代日本	桑子敏雄編	四三八一円
感性哲学1〜4		日本感性工学会感性哲学部会編	一六〇〇〜二二〇〇円
メルロ=ポンティとレヴィナス	他者への覚醒	屋良朝彦	三八〇〇円
思想史のなかのエルンスト・マッハ	科学と哲学のあいだ	今井道夫	三八〇〇円
堕天使の倫理	スピノザとサド	佐藤拓司	二八〇〇円
バイオエシックス入門【第三版】		今井道夫・香川知晶編	二三八一円
今問い直す脳死と臓器移植【第二版】		澤田愛子	二五〇〇円
三島由紀夫の沈黙	その死と江藤淳・石原慎太郎	伊藤勝彦	三八〇〇円
洞察=想像力	知の解放とポストモダンの教育	D・スローン 市村尚久監訳	七五七三円
ダンテ研究Ⅰ	Vita Nuova 構造と引用	浦一章	
ルネサンスの知の饗宴〔ルネサンス叢書1〕		佐藤三夫編	四四六六円
ヒューマニスト・ペトラルカ〔ルネサンス叢書2〕	ヒューマニズムとプラトン主義	佐藤三夫	四八〇〇円
東西ルネサンスの邂逅〔ルネサンス叢書3〕		根占献一	三六〇〇円
カンデライオ〔ジョルダーノ・ブルーノ著作集1巻〕		加藤守通訳	三二〇〇円
原因・原理・一者について〔ジョルダーノ・ブルーノ著作集3巻〕		加藤守通訳	三二〇〇円
ロバのカバラ	ジョルダーノ・ブルーノにおける文学と哲学	N・オルディネ 加藤守通訳	三六〇〇円
食を料理する	哲学的考察	松永澄夫	二〇〇〇円
イタリア・ルネサンス事典		J・R・ヘイル編 中森義宗監訳	七八〇〇円

〒113-0023 東京都文京区向丘1-20-6　☎03(3818)5521　FAX 03(3818)5514　振替 00110-6-37828
E-mail:tk203444@fsinet.or.jp

※定価：表示価格(本体)＋税

── 東信堂 ──

東京裁判から戦後責任の思想へ〈第四版〉	大沼保昭	三二〇〇円
〈新版〉単一民族社会の神話を超えて	大沼保昭	三六八九円
なぐられる女たち――世界女性人権白書	米国・国務省 鈴木澤・小寺・米田訳	二八〇〇円
国際人権法入門	T・バーゲンソル 小寺初世子訳	二八〇〇円
摩擦から協調へ――ウルグアイラウンド後の日米関係	中川淳司	三八〇〇円
不完全性の政治学――イギリス保守主義思想の二つの伝統	A・クイントン 岩重政敏訳	二〇〇〇円
入門 比較政治学――民主化の世界的潮流を解読する	H・J・ウィアルダ 大木啓介訳	二九〇〇円
国家・コーポラティズム・社会運動――制度と集合行動の比較政治学	桐谷仁	五四〇〇円
ポスト社会主義の中国政治――構造と変容	小林弘二	三八〇〇円
クリティーク国際関係学〔第二版〕	中川涼司 関下秀樹編	三二〇〇円
軍縮問題入門	黒沢満編著	二三〇〇円
時代を動かす政治のことば――尾崎行雄から小泉純一郎まで	読売新聞政治部編	一八〇〇円
明日の天気は変えられないが明日の政治は変えられる	岡野加穂留	二〇〇〇円
ハロー！衆議院	衆議院システム研究会編	一〇〇〇円
【現代臨床政治学シリーズ】リーダーシップの政治学	石井貫太郎	一六〇〇円
アジアと日本の未来秩序	伊藤重行	一八〇〇円
【現代臨床政治学叢書・岡野加穂留監修】村山政権とデモクラシーの危機	岡野加穂留 藤本一美編著	四二〇〇円
比較政治学とデモクラシーの限界	岡野加穂留 六野耕作編著	四三〇〇円
政治思想とデモクラシーの検証	岡野加穂留 伊藤重行編著	三八〇〇円
〔シリーズ〈制度のメカニズム〉〕アメリカ連邦最高裁判所	大越康夫	一八〇〇円
衆議院――そのシステムとメカニズム	向大野新治	一八〇〇円
WTOとFTA――日本の制度上の問題点	高瀬保	一八〇〇円

〒113-0033 東京都文京区向丘1-20-6
☎03(3818)5521 FAX 03(3818)5514 振替 00110-6-37828
E-mail:tk203444@fsinet.or.jp

※定価：表示価格（本体）＋税